"岭南学丛书"
系列二
左鹏军/主编

岭南近代文化与社会转型

谢放◎著

中山大学出版社
SUN YAT-SEN UNIVERSITY PRESS
·广州·

版权所有　翻印必究

图书在版编目（CIP）数据

岭南近代文化与社会转型/谢放著. —广州：中山大学出版社，2016.9
（岭南学丛书/左鹏军主编. 系列2）
ISBN 978-7-306-05607-8

Ⅰ. ①岭⋯　Ⅱ. ①谢⋯　Ⅲ. ①文化史—关系—社会转型—研究—中国—近代　Ⅳ. ①K250.3　②D616

中国版本图书馆 CIP 数据核字（2016）第 027967 号

出版人：徐　劲
策划编辑：嵇春霞
责任编辑：陈　霞
封面设计：林绵华
责任校对：翁慧怡
责任技编：何雅涛
出版发行：中山大学出版社
电　　话：编辑部 020-84111996，84113349，84111997，84110779
　　　　　发行部 020-84111998，84111981，84111160
地　　址：广州市新港西路 135 号
邮　　编：510275　　　　传　真：020-84036565
网　　址：http://www.zsup.com.cn　　E-mail：zdcbs@mail.sysu.edu.cn
印 刷 者：广州家联印刷有限公司
规　　格：787mm×1092mm　1/16　19 印张　305 千字
版次印次：2016 年 9 月第 1 版　2016 年 9 月第 1 次印刷
定　　价：52.00 元

如发现本书因印装质量影响阅读，请与出版社发行部联系调换

广东省普通高校人文社会科学重点研究基地
华南师范大学岭南文化研究中心项目成果

"岭南学丛书"缘起

吾国土地广袤，生民众多，历史悠远，传统丰硕。桑田沧海，文化绵延相续，发扬光大；高谷深陵，学术薪火相传，代新不已。是端赖吾土之凝聚力量者存，吾民之精神价值者在。斯乃中华文化之壮举，亦人类文明之奇观。抑另观之，则风有四方之别，俗有南北之异；学有时代之变，术有流别之异。时空奥义，百转无穷；古今存续，通变有方，颇有不期而然者。

盖自近代以降，学术繁兴，其变运之迹，厥有两端，一为分类精细，一为学科综合。合久当分，分久宜合；四部之学而为七科之学，分门之学复呈融通之相，亦其一例也。就吾国人文学术言之，旧学新学，与时俱兴，新体旧体，代不乏人。学问之夥，盖亦久矣。是以有专家之学，许学郦学是也；有专书之学，选学红学是也。有以时为名之学，汉学宋学是也；有以地为名之学，徽学蜀学是也。有以范围命名之学，甲骨学敦煌学是也；有以方法命名之学，考据学辨伪学是也。外人或有将研究中国之学问者概称为中国学者，甚且有径将研究亚洲之学问者统名为东方学者。是以诸学之广博繁盛，几至靡所不包矣。

五岭以南，南海之北，或曰岭表岭外，或称岭海岭峤；以与中原相较，物令节候殊异，言语习俗难同，盖自有其奇骇者在。岭南文化，源远流长。新石器时代，已有古人类活动于斯；汉南越国之肇建，自成其岭外气象。唐张曲江开古岭梅关，畅交通中原之孔道；韩昌黎贬阳山潮州，携中原文明于岭表。宋寇准苏东坡诸人被谪之困厄，泂为岭隅文明开化之福音；余靖崔与之等辈之异军突起，堪当岭外文化兴盛之先导。明清之岭南，地灵人杰，学术渐盛。哲学有陈白沙湛甘泉，理学有黄佐陈建，经史有孙蕡屈大均，政事有丘濬海瑞。至若文学，则盛况空前，传扬广远，中土嘉许，四方瞩目，已非仅岭南一隅而已。明遗民诗家，自成面目；南园前后五子，各领风骚。韶州廖燕，顺德黎简，彰雄直狷介之气；钦州冯敏昌，嘉应宋芷湾，显本色自然之风。斯乃承前启后之关键，亦为导夫先路之前驱。晚清以还，诸学大兴，盛况空前。其颖异者，多能以先知先觉之智，兼济天下之怀，沐欧美之新风，栉西学之化雨，领时代之风骚，导历史之新潮，影响远播海外，功业沾溉后世。至若澳门香港之兴，则岭海之珠玉，亦华夏之奇葩。瞭望异邦，吾人由斯企足；走向中国，世界至此泊舟。故曰，此诚岭南之黄金时代也。然则岭南一名之成立，则初由我无以名我，必待他者有以名我而起，其后即渐泯自我他者之辨，而遂共名之矣。

晚近学者之瞩目岭南，盖亦颇久矣。刘师培论南北学派之不同，尝标举岭南学派，并考其消长代变；汪辟疆论近代诗派与地域，亦专论岭南诗派，且察其时地因缘。梁任公论吾国政治地理，言粤地背岭面海，界于中原，交通海外；粤人最富特性，言语习尚，异于中土。盖其所指，乃岭南与中原之迥异与夫其时地之特别也。梁氏粤人，夫子自道，得其精义，良有以也。斯就吾粤论之，其学亦自不鲜矣。有以族群名之者，若潮学客家学；有以宗派名之者，若罗浮道学慧能禅学；有以人物名之者，若黄学白沙学。晚近复有以各地文化名之者，若广府、潮汕、客家、港澳，以至雷州、粤西、海南之类，不一而足；且有愈趋于繁、愈趋于夥之势。

今吾侪以岭南学为倡，意在秉学术之要义，继先贤之志业，建岭南之专学，昌吾土之文明。其范围，自当以岭南为核心，然亦必宽广辽远，可关涉岭南以外乃至吾国以外之异邦，以岭南并非孤立之存在，必与他者生种种之关联是也。其方法，自当以实学为要务，可兼得义理考据、经济辞章之长，亦可取古今融通、中西合璧之法，冀合传统与现代之双美而一之。其目标，自当以斯学之成立为职志，然其间之思想足迹、认识变迁、求索历程均极堪珍视，以其开放兼容之性质，流动变易之情状，乃学术之源头活水是也。倘如是，则或可期探岭外之堂奥，究岭表之三灵，彰岭峤之风神，显岭海之雅韵也。

考镜源流，辨章学术，为学当奉圭臬；学而有法，法无定法，性灵原自心生。然何由之从而达至此旨，臻致此境，则时有别解，地有歧途；物有其灵，人有其感。唯所追慕向往者，则殊途同归、心悟妙谛之境界也。吾辈于学，常法朴质之风；吾等之怀，恒以清正为要。今此一名之立，已费踌躇；方知一学之成，须假时日。岭南学之倡导伊始，其源远绍先哲；岭南学之成立尚远，其始乃在足下。依逶迤之五岭，眺汪洋之南海；怀吾国之传统，鉴他邦之良方。愿吾侪之所期，庶能有所成就也。于时海晏河清，学术昌明有日；国泰民安，中华复兴未远。时势如斯，他年当存信史；学术公器，吾辈与有责任。

以是之故，吾等同仁之撰著，冠以岭南学丛书之名目，爰为此地域专学之足音；其后续有所作，凡与此相关相类者，亦当以此名之。盖引玉抛砖，求友嘤鸣，切磋琢磨，共襄学术之意云耳。三数著作既成，书数语于简端，略述其缘起如是。大雅君子，有以教之；匡其未逮，正其疏失，为吾侪所綦望且感戴焉。

左鹏军
丁亥三秋于五羊城

前　言

中国近代文化与社会转型是近二十余年来学术界持续关注的研究课题。文化转型、社会转型原是人类学和社会学界提出的学术概念，近年来也被广泛应用于中国近代史的研究之中。这两个学术概念的内涵及其相互关系学术界还在持续讨论，虽有不同的理解和阐释，但从晚清到当下的国人似乎都有一个共识：在"西潮"冲击之下，自近代以来，中国文化和社会皆面临"数千年未有之变局"，或者如梁启超所言皆处于一个"过渡时代"。从近代文化与社会转型的视角去研究中国近代史、区域史也成为了学术界关注的"热点"。其实，文化转型和社会转型或许更多反映了不同学科的建构和认知，在研究中两者却很难截然分开。正如耿云志先生《近代中国文化转型研究导论》一书（四川人民出版社2008年版）"前言"所指出："在中国漫长的文明发展史中，发生了两次重大的转变。一次是从列国并立的先秦时代，转变到秦汉大一统的中央集权的君主专制时代；另一次是从晚清开始的，从大一统的中央集权的君主专制时代，向基于人民自治的民主的现代社会转变。这种重大的转变，既是社会形态的转变，也是文化形态的转变。"学术界之所以十分关注晚清以来的文化与社会的转型，或许不仅因为这一转型经历了艰难曲折的过程，呈现出错综复杂的面相，而且这一转型至今仍在继续。

梁启超在1912年发表的《莅广东同乡茶话会演说辞》中说："吾粤僻处岭海，与中原邈隔，故在数千年历史上观之，其影响于国家政局者不甚大;虽然,以世界的眼光观之,则吾粤实为传播思想之一枢要也。大抵一社会之进化,必与他社会相接触,吸受其文明而与己之固有文明相调和,于是新文明乃出焉。"确如梁氏所言,以中国的眼光观察,岭南在中国古代文化和社会中处于边缘地位;而以世界的眼光观察,中外文化交流,新思想的传播,则为岭南的文化特色和地域优势,自近代以来尤其凸显,而且延续至今。岭南近代文化与社会转型研究,也就具有一定的典型意义和范式效应。在这一领域,学术界已有了不少成果问世,当然,或许还需要在"问题意识"和"研究路径"上更具有"世界的眼光"。

我最初的研究方向是中国近代地方(区域)史,在四川大学求学和任教期间主要关注的是四川近代社会经济史和中国近代城市史。1994年起开始尝试研究张之洞,翌年又参加了华中师范大学举办的"社会转型与文化变迁"国际学术研讨会,受这次会议的影响和启发,逐步将研究兴趣转向了中国近代人物和思想研究,开始较多涉及中国近代文化与社会转型的问题。自南下任教于华南师范大学后,虽然也较多关注岭南人物与岭南文化,但在这一研究领域内毕竟还是一名"新兵",在众多前辈、同辈学者以及他们已有的丰硕成果面前,检视自己的初步探讨和不成熟认识,不禁汗颜。

"岭南学"是近年来岭南学界随着岭南文化研究的拓展和深入而提出的学术命题,其学术概念和学科建构也还在探索之中。自受聘为华南师范大学岭南文化研究中心研究员后,也多次参与中心举办的关于"岭南学"的学术研讨会。在讨论中,我曾认为目前所希望建构的"岭南学",就研究基础和条件而论,似乎更接近于学术界方兴未艾的地域文化研究,以研究岭南地区的历史文化为重点。地域文化研究虽然与我最初的研究方向有一定关联,但似乎具有更高的学术要求,也面临更多的研究难点。就学科而言,需要涉及的领域不仅包括思想史、学术史、文化史,也要涉及经济史、政治史、社会史;就视野而言,不仅要对岭南历史文化有深入的了解和研究,还需要以全国性乃至全球性的眼光来审视岭南历史文化,才能更准确地把握其共性和个性,从而提供更富有学术内涵的"地方性知识";同时还需要深入发掘和利用有地方特色的资料,对相关问题进行更为精细的研究。以自己的积累和学力,显然难以胜任,仅仅希望就力所能及的范围进行些微探索。

本书收入我近二十年来相关研究的心得和习作,曾先后以论文的方式发表于学术刊物，或提交学术会议。现大体按主题列为四编：第一编主要研究了中国近代两股重要思潮即民主思潮与"中体西用"思潮的演变以及由此引起的文化变迁。第二编重点论述了在全国和岭南都有重要影响的历史人物推动政制改革和社会转型的构想与努力。第三编对部分有代表性的岭南人物的相关史实进行了梳理与辨析。第四编探讨了近代文化与社会转型研究中的多维视野和学术路径问题。

  本书的主要内容虽然直接或间接与岭南历史人物、文化和社会有关，但严格说来，研究的空间范围并不限于岭南地区。之所以能够作为"岭南学丛书"之一，忝列其中，这要感谢华南师范大学岭南文化研究中心主任左鹏军教授的提议和支持，我将选编的篇目呈交鹏军教授审阅时，获得他的首肯，从而得以付梓。本书若幸有所获，皆受益于众多师友的教诲、指点和帮助。当然，所有谬误之处，皆由我个人负责，尚祈师友和读者不吝指教。

谢　放

2015 年 3 月 18 日

目 录

第一编　民主思潮与文化变迁

《万国公报》与西方民主思想在近代中国的传播 …………… 3
戊戌前后国人对"民权"与"民主"的认知 ………………… 24
早期维新士人的议院观及其自由平等思想 ………………… 39
中体西用：转型社会的文化模式 …………………………… 52
从尊经、广雅书院看晚清中西文化交流的地域差异 ………… 77
孙中山对中国现代学术文化的影响
　　——以中山文化教育馆为例 ……………………………… 88

第二编　政制改革与社会转型

张之洞与戊戌政制改革 ……………………………………… 113
张之洞与清末立宪 …………………………………………… 125

张之洞与清末社会经济发展 …………………………………… 140
梁启超的"政体进化"论 ……………………………………… 165
孙中山与中国城市近代化 …………………………………… 179

第三编　人物研究与史实辨析

陈兰彬史实补正及辨析 ……………………………………… 193
张树声督粤政绩 ……………………………………………… 206
丘逢甲抗日保台的活动 ……………………………………… 222
武昌起义后孙中山在美国和欧洲的活动 …………………… 232

第四编　多维视野与学术路径

"岭南学"的研究对象及其重点 ……………………………… 247
近代中国社会变迁的互动研究 ……………………………… 251
陈锡祺先生关于戊戌维新与辛亥革命研究的真知灼见 …… 265
多维视野下的辛亥革命史研究 ……………………………… 276

第一编　民主思潮与文化变迁

《万国公报》与西方民主思想在近代中国的传播[①]

在华基督教传媒中,《万国公报》无疑是内容丰富、影响较大的报刊之一,其大量介绍和传播西方宗教、政治、经济、文化等各方面的知识和资讯,是晚清士人普遍阅读的刊物;在介绍欧美民主制度和传播西方民主思想方面亦颇具特色。学术界对此虽不乏关注和研究,但似有进一步系统梳理和深入研究之必要。

一、介绍西方民主政制

中文"民主"一词,原是中国古代文献中的词汇,最早见于《尚书·多方》:"天惟时求民主,乃大降显休命于成汤。"(蔡沈《书集传》注:"言天惟是为民求主耳。桀既不能为民之主,天乃大降显休命于成汤,使为民主。")"简代夏作民主。"(蔡注:"简择也,民择汤而归之。")因蔡沈《书集传》作为钦定"五经"之一,在晚清士人中有较大影响,所以,在19世纪后期士人的认知中,《尚书·多方》中"民主"之本义固然是"民之主",但这一"民之主"既然是由"天"为民求得或由"民"择而归之,则"民主"一词实隐含有"传贤不传子""民择主"之意。1864年总理衙门译印的《万国公法》中较早出现的"民主"一词,也具有"民择主"这一含义:"若民主之国,则公举首领,官长均由自主,一循国法,他国亦不得行权势于其间也。"[②]

《万国公报》的前身《教会新报》(美国监理会传教士林乐知于1868年9月5日创办于上海)较早出现了"民主"一词。该报1872年第170期所刊《美国近事》称:"美国民主之国也,传贤不传子,凡立君则臣民集议,选于众,众服其贤者立为君,以四年为期,届期又选,于众择贤立

[①] 本文系作者与谢尚芸合著。
[②] 《万国公法》,上海书店出版社2002年版,第37页。

之,旧君逊位退处如凡民,使旧君而众仍爱戴也,可展期再为君四年,今美国皇帝御名格兰德,已为君四年矣。大约众服其贤,仍愿其为君,再为君四年。"此文既称美国为"民主之国",又称美国总统为"君""皇帝"。显然,其使用"民主"一词的含义,仍保留了《尚书》中的"民主"的引申之义。

再如1874年11月14日《万国公报》第311卷所刊《大日斯巴尼亚国事》称:"本馆按:外国称皇称王皆系世及,即称大公亦属传。唯称伯理玺天德则知为民主之国,而无世及之例也。"1875年1月30日《万国公报》322卷发表的李善兰《美国志序》(原载《中西闻见录》)一文,在介绍美国"公会议立大统领"时称:"公会议立大统领,所谓伯理玺天德者也。定例四年一易,传贤不传子,令通国公举其人,群推华盛顿,四年期满欲避位,举国共留之。又四年,卒让副统领而去,遂为永制,至今百余年未有传子者。呜呼!华盛顿可谓非常之人矣。"仍然是强调大统领"传贤不传子""无世及之例"的含义,其间隐然参照的正是中国上古之"三代之治"。而"三代之治"恰是当时国人之理想政治,似表明了对"民主之国"的高度赞誉。

19世纪后期,时人对"民主"的这一认知已是一种较普遍的现象。正是从这一认知出发,《万国公报》将美国、瑞士等国由民"选举"的"伯理玺天德"(president)称之为"民主"。1879年5月17日《万国公报》第539卷所刊《华盛顿肇立美国》称:"美国虽得自主而尚无人君治理,故通国复奉顿为民主,四年任满,再留任四年。……美国有民主以顿为始。"同年5月31日《万国公报》541卷所刊《纪两次在位美皇来沪盛典》称:"篇中所称伯理玺天德者,译之为民主,称之皇者。"这表明,19世纪后期中文文献中作为"总统"之义的"民主"一词,即《万国公报》上屡屡出现的"选举民主""民主易人""新举民主""民主晓谕"等等,与《尚书·多方》中的"民主",实有含义相通引申之意。时人常谓西洋之"民主"不过是得中国经籍之要旨精义,往往以"礼失求诸野"之说,作为采纳西政的文化认同,鉴于时人对"民主"之义的最初认知,这亦在情理之中。

西文民主(democracy)源于希腊语,其词根为 demos(人民),kratein(治理)。亚里士多德《政治学》云:"我们可以以此作为准则:

不容许所有公民共享的制度是寡头的,容许所有公民共享的制度是民主的。"①19世纪后期中文文献中出现"民主"一词亦有明确为democracy本义者。1875年6月12日出版的《万国公报》340卷所刊的本馆主(林乐知)《译民主国与各国章程及公议堂解》一文,是近代较早详细介绍欧美民主政制和民主主旨的一篇重要文献。其解释"何谓民主国乎?"明确指出:"民主国"的主旨为"治国之权属之于民","治国之法亦当出之于民",正是democracy的本义"人民治理",即稍后之中译"民治"。该文称:

> 泰西各国所行诸大端,其中最关紧要而为不拔之基者,其治国之权属之于民,仍必出之于民,而究为民间所设也。……因恍然于治国之法亦当出之于民,非一人所得自主矣。然必分众民之权,汇而集之于一人,以为一国之君,此即公举国王之义所由起也。而辅佐之官亦同此例矣。第以众民之权付之一人,为其欲有益于民间,而不致有叛逆之举与苛政之行。

该文还详细介绍了"民主国"的宪法(章程)制定、议会制度以及三权分立、司法独立等原则:

> 夫章程有行之自然,而非语言所能宣者;有守之勿替,而为笔墨所能纪者。其以笔墨而著为章程者,岂一时所能核定乎?必经数世之后,因之革之,尽美尽善,而始垂为令典也。试以英国论之,数百年来详加考订,而成此一定之章程也。且以美国论之,立国之初,斟酌至当,至今无多增损而章程实善也。若必举各国之章程而历言之,则大同小异无庸赘述矣。然即其中之最紧要者言之,不过分行权柄而已。其权柄之所必分者,欲行之有利而不相悖,有益而不相害耳。约举其目盖有三焉,一曰行政,二曰掌律,三曰议法。曷言乎行政?传位之国君为尊,欧洲各国之法是也。若美国与南亚美利加各国,由公举而为君者是也。曷言乎掌律?必经行政者之所命,由议法者议定,而允从者是也。曷言乎议法?议法之员,有由君派民举者,有悉听民

---

① (美)科恩著:《论民主》,聂崇信、朱秀贤译,商务印书馆1988年版,第6页。

间公举者是也。然则行政者权安在乎？皆照章程中已定之法，及公议堂议定之事办理也。其所办理者，凡钱粮出入、国用开销，以及简派督兵官职，提调水陆兵丁，与邻国往来立约等事而已。掌律者权安在乎？凡清厘案牍，分给家产，判断债务，不为朝廷所拘，不受公议堂所制，且可解说律法于国皇之前也。议法者权安在？总理国中一切律例，听其酌议。凡增减钱粮，筹划国用是也。第议法之员分言之为上下两院，合言之即为公议堂。其上院中大员，在英国则以国中亲王与爵位，及朝廷所派之员充之，在合众之美国，即由各国所派人员充之。其下院中大员则直由民间公举之人充之，特管钱粮与国用也。

旷观泰西各国，以何国为宽政之国耶？夫所谓宽政之国者，即是使公议堂人员掌握大权，使士农工商皆得有公举人员之位分也。近来泰西各国，渐欲效法宽政之国之所行也。观于法国与日斯巴尼亚国，欲立民主之国可知矣。是以泰西各国立国学、立义学，国中男女老少皆当入学，读书、读史、读律，增长识见以明爱国之心，而知本身非无用之人，并知用本身所有之权也。况复多立新报馆，辩输国政之是非，品评人员之人贤否。凡阅新报者，无不知国政何者为是，何者为非，无不知人员谁则为贤，谁则为否也。夫岂乡愚无知者所可同日而语哉？凡此皆欲为宽政之国耳。

当日者泰西各国，教会与国事并驾齐驱，今则欲分而为二矣。国家不必轻视教会，而教会实不得干预国事，此即欲为宽政之国之明证也。即如英、德两国，近年来于教会之事多所议论，非以教会为轻也，亦只欲兴起宽政之国而已。试观美国不既行之多年乎？

且夫利之所在，其权不必全为国家操之，散之入民间与民共之可耳。盖与各国商，凡远适异国者，非惟无所禁阻，且简派钦差，设立领事，差遣兵船，凡皆为保护商民起见，而且开挖煤铁等矿，以备铸造之需。起筑轮车铁路，以便商贾之行。至若电报轮船，在在均关紧要，国内民人无不优游于宽政之天也。

上述文字阐明了民主政制的如下基本特征：第一，制定宪法，"因之革之，尽善尽美"，成为国家之最高法典。第二，实行立法、行政和司法三权分立。立法者议订一切法律，核准国家财政；行政者依法行政，对议会负责，拥有委派官员、统帅军队和外交立约之权；司法者独立审案，不受行政首脑和议会之干预，拥有解释法律之权。第三，实行议会制度，由亲王贵族及朝廷所派之员（如英国），或由各州所派代表（美国）组成上议院；由"民间公举之人"组成下议院，执掌国家大权。第四，实行舆论监督，人民有议论国政、品评官员之权利。第五，实行政教分立，互不干预。第六，推行国民教育，使人民明爱国之心及自身权利。第七，国家保护商民，鼓励民间投资，发展国民经济。正是确立了上述民主制度和民主原则，使欧美国家成为"宽政之国"，人民亦"无不优游于宽政之天也"。由此可知，至迟于1875年，关于西方民主政制已由《万国公报》向国人作了比较具体而准确的介绍。

1881年6月4日《万国公报》642卷所刊林乐知《环游地球略述（第二十六次）》，第一次将美国1787年的联邦宪法完整地介绍到中国来。该文首先将各国政制分为三种：一是"权由上出，惟君是专"，如中国、土耳其、俄罗斯；其特点是"独权者称曰皇帝，统理国政，治世尚武，以力服人"。二是"君民同权，相商而治"，如英国、意大利、西班牙，其特点是"同权者称曰君主，君传其位，民权公议，临治天下，允文允武"。三是"群非世及，惟民所选"，如法国、美国；其特点是"民权者称曰民主，权在庶民，君供其职，治世以文"。

该文指出："美国之政法，皆民自立，权不上操，其法之已立者，则著为定例，上下同遵。未立者，则虽事关国计人君者，亦不得妄断焉。"并叙述了美国联邦宪法的制定过程和联邦宪法共七条的基本内容。1881年6月11日《万国公报》第643卷所刊《续环游地球略述（第二十七次）》又进一步介绍了美国联邦宪法修正案前十五条内容，主要是有关保护人民的信仰、言论、出版、集会、人身、财产等方面的自由权利；并评论道："上略述增修政体十五条，皆按前七条详叙，觉前条有未明者益晓然矣。此即联邦立国之章程也。不论民主，不论公议堂，不论联邦官员，会议何事，不得不确遵章程。凡遵之者则兴，而不遵者则衰，此乃一定之理也。其政体之关系岂不伟哉。"据王林将上刊美国联邦宪法及修正案同今译的宪法及修正案逐条进行对照研究，"发现《万国公报》的介绍相当详细和准确，除个别条文字句有省略外，基本原则未变"[①]。

---

① 王林：《西学与变法——〈万国公报〉研究》，齐鲁书社2004年版，第74页。下引该书同此版本，不再另注。

1889年《万国公报》复刊后，改为月刊。从是年10月第9册起，连载得一庸人所撰长文《海外闻见略述》，其中第13册（1890年2月）连载之该文（题目改为《环地球略述》）介绍了民主国之人民有选举、监督和罢免官员的权利，致使官员不得不勤政为民，官民关系由此而十分融洽，其文称：

"其国选士耳，论其居官，举措在民，此与官天下不异而迥异者也。""除国主系全国兆民公举外，其余大小官吏，概由各省自行选举。""官民相合，为政自无扞格"，"然犹恐日久玩生，窃柄专权，以贻地方之害，故必四年满任，以示光阴有限，冀其靖共尔位，恪守官箴，时凛履霜之戒"。"任内不协人望者，集议会议之。议会者民也亦官也，官与民一而二、二而一者也"。"民之害即官之害，民之利即官之利，谁不愿尽心竭力除其害而兴其利哉！""故官民相视，俨如一家，可并坐鼓瑟，可同车共语，有上下之分，无上下之嫌。官事必使周知，下情无不上达。虽欲无王，不可得矣。"

《万国公报》第15册（1890年4月）连载之该文（题目为《环地球略述》），进一步介绍了美国的地理、物产和国制，有关国制则重点介绍了议会制度：

> 美利坚，民主之国也。凡法制政令均由公议而出，故不特京都省会有公议院，即各县各乡亦必有之。议事之人亦由民间选举，县之议事由各乡而来，省之议事由各县而来，又每省举二人，赴京都上议院，又随省份大小、人数多寡，举三四人或五六人赴下议院。议会即集，公举一人为会正，主理期会。每议事件必详细辩论，反复审度，以期尽美尽善而后已。极少须得过半人，言是则为定议。凡事下议院议定，呈于上议院，复由上议院议定呈于国主，画押为据，然后颁发民间一体遵照。

1890年8月《万国公报》第19册所刊海滨逸民《论泰西国政》还进一步分析了世界各国民主政体"足以久安而长治"的原因。指出：

> 今者，普天之下，环大地球数十万里，数百千国，化理之优，足以久安而长治者，孰有如民政者哉。次之则君民并主之政，亦为有利

而无弊。何以言之？天生烝民而树之君，非专为君也，恐民之无以善而立，君以养之者也；恐民之无所教，而立君以教之者也。天既隐以教养之职尽责于人君，则为人君者，自当以民心为己心，而民之所好亦好之，民之所恶者亦恶之。

泰西民政之国，美具首也，而合南西北阿墨利加计之，昔惟巴西独为王政，而于去岁之冬，改从民主，则阿墨二洲，无一非民政者矣。法之王政民政迭为兴废，而近改民政，久历岁月，业已和安无事，则法亦民政矣。其他英国为君民并主之国，而亦不尽英国如是，则泰西大例然也。至民政与君民并主之政之所由善，大都由于上下议院，而其预议之员，实为国人所公举，内而宫廷，外而边塞，军国之度支，臣工之更易，赋税之增减，无不由议院核准而后施行，故在上永无虐民之君，在下永无病民之吏。□□议员由民公举，皆与民休戚相关，故其擘画独为详备也。

该文指出了民主政制已经成为当时世界之潮流，欧美各国相继由"王政"改为"民主"，已为人心所向，大势所趋，"为人君者，自当以民心为己心，而民之所好亦好之，民之所恶者亦恶之"。实行民选议会，形成"在上永无虐民之君，在下永无病民之吏"之善政，从而达到"久安而长治"。

到20世纪初，介绍和赞誉美国共和政体，依然成为《万国公报》的主要内容之一。第216册（1907年1月）所刊林乐知译、范祎述《论美国立宪之历史》一文，再次阐明了美国宪法成为确立其成为强国的基础，其关键要素有六端：

一曰政体。美国之政体不同于他国，以其为共和政体，亦曰合众代表政体。其政治之原理乃由民而出、自民而行。为民而施也。故宪法既立为一国至高无上之主权，彼有司者执行之而已、总统不过众有司之首领、亦有司也，于宪法万不能增损一字，欲增损之，仍待诸所自出之民，此美国之政体也。

二曰政权。一国之大权有三，定法、行政、司法是也。三权掌于一人谓之专制，三权分为三部，而以人民之代表握定法权之全，且上议院代表一邦，无他国贵族之制，此美国之政权也。

三曰人民之天赋权。（一）人人有己身自保之权，不能侵犯；（二）人人有分内自由之权。不能蔑弃；（三）人人有财产自主之权，不能攘夺。以上诸权苟非失其国民资格者，皆得享受而利用也。此美国之民权也。

四曰学校与宗教。夫美国政治既出于民，其民若无智慧与道德，何以能长保而传其后乎？故美国之中学校与宗教二者并重。地方上既立无费之公学，其高等分科诸大学校亦极兴盛。至宗教者，所以供给社会之道德。而壮人民为善而不为恶之胆，以坚固其治化，使之日蒸也。美国并无国教，信仰自由，著于宪法，随其天良，于人民之名位无关焉。此美国之教育也。

五曰重女。凡重男轻女之国，其社会风俗必不能发达。美国男女并重，且以女学为必不可缺、尤为全国所注意，故家庭之间能清洁而尊贵，无委琐龌龊之状。以之立家，即以之立国。

六其他诸端，不克枚举。且再言其一最有关系者，即美国之选举是也。夫选举之法最足以显人民之程度，其程度如何，则所选举之官如何，慎勿谓有选举即为善也。凡言人民无立宪之资格者非他，徒以所选举者恐非其人耳，选举得人在人民之学问与识见。故必以学校宗教握其源，而无智慧无道德之人民，譬如合散沙而为泥，虽有团体，何能自强哉？

《万国公报》在介绍西方各国政制之时，尤其赞誉和推崇美国的民主政制，这显然与《万国公报》的主编和主要撰稿人美国传教士林乐知的理念和阅历有关。他作为《万国公报》的灵魂和支柱，对于《万国公报》越来越多地介绍和传播西学、西政起了至关重要的作用。

二、比较中外政治之异同

自甲午战争后，国人对西学的关注已经从"西艺"全面转向了"西政"甚至"西教"。梁启超在1896年即指出："采西人之意，行中国之法；采西人之法，行中国之意。其总纲有三：一曰教，二曰政，三曰艺。"并认为自同文馆及各地洋务学堂开设以来，所讲求的西学中，"言艺之事多，言政与教者少。其所谓艺者，又不过语言文字之浅，兵学之末，不务其大,不揣其本",这正是洋务学堂"不能得异才"的根本原因。① 作为《万国公报》读者的张之洞②,更是提出了"西人政事法度之美备","十倍精于"军事技术的见解③。并在《劝学篇》中反复强调:"不变其习不能变法,不变其法不能变器。""西艺非要,西政为要。"④ "大抵救时之计,谋国之方,政尤急于艺。"⑤ 不仅认识到了仿效"西政",进行政制改革的重要性和迫切性,而且从较深层次上看到了政制与文化的相互依存制约关系。20世纪初,随着清政府推行新政,要求全面知晓西政,实行政制改革的呼声亦此起彼伏。

正是在这种情势下,《万国公报》介绍"西政"的内容亦日益增多。从1903年2月第169册起,开始发表美国传教士李佳白的长文《列国政治异同考》,不间断连载21期。此文将中、美、英、日、德、法、俄、澳等国的政治制度两两进行比较。

1903年2月第169册所刊李佳白《中美政治异同考》(《列国政治异同考》之一部分),从地理、人口、赋税、政制、民权等方面,逐一比较了中美两国的异同。其中有关两国政治之异同,首先比较了国家元首的产生和权力:

> 中国之主终身在位,是为一世;美国之主四年一易,是为一任。中国之主出于一氏,世世承袭乃家也;美国之主出于众民,贤贤相统乃官也。中国之主专制独断故曰君主;美国之主代民理政,故曰民主。中国之主,主权属诸一人,以土地人民为其产业,故谓之大皇帝;美国之主,监理通国政治律法,兼辖军务及一切交涉之事,故谓之大总统。按中国例,定立皇帝长子为太子,必皇帝无子而后可立弟

---

① 梁启超:《变法通议·学校总论》,《饮冰室合集·文集之一》,中华书局1989年影印版,第19页。下引该书同此版本,不再另注。

② 据广学会年报记载:"英国驻广州领事在与张之洞秘书的谈话中获悉,这位秘书和他的许多朋友都是这个杂志的订户,他们认为这是中文中从未见过的好杂志,总督自己也偶尔阅读这个杂志。"转引自王林《西学与变法——〈万国公报〉研究》,第47页。

③ 此系谭嗣同转述,见蔡尚思、方行编《谭嗣同全集》(修订本),中华书局1981年版,第158页。下引该书同此版本,不再另注。

④ 张之洞:《劝学篇·序》,收入苑书义等主编《张之洞全集》第12册,河北人民出版社1998年版。下引该书同此版本,不再另注。

⑤ 张之洞:《劝学篇·外篇·设学第三》。

姪之最亲者以代之，间有冲龄践阼，未能躬理万机，以致国运渐衰，权臣恣肆者。考美国例，定年岁不及三十五者，不能举为民主，各邦多半不举者，亦不能为民主。是美国之主，必有练达之才，公正之名，于此可见矣。或曰皇帝之权胜于民主则非也，按实言之，美国民主虽无皇帝之名号，而众人公托之权，却不在皇帝之下焉。

其次，比较了政府构成之异同，阐述了美国以三权分立为基石的政府架构：

> 美国官职虽烦，而要不外乎立法院、司法院、行法院三类。立法院即上下议院之议员也，凡国中一切律例要事，均由其随时酌定，不似中国之大清律例，永无更改也。司法院即判案院之官也，凡国中一切重大案件，均由其按例判定。而立法院所议新律，与创国原律章程不符者，司法院亦有废之之权。行法院即理事之总统也，权在总统一人，其各部大员，不过辅助总统行政而已。若立法院之议员议定新律要事，间有不服者，总统可以发还再议，抑或行法院之总统，无论行政选人，间有不服者，二院亦可以辩驳阻止。此类美国三类政府之互相联络，彼此约束，绝不似中国政府之互相猜忌，彼此束缚也。

最后，比较了两国"民权"之异同："美国民权之大，甲于天下"，上自总统，下至官员，"无一人非人民所公举，故在位者必获民心，而为民兴利。且人民可以议国政之优劣，可以论官长之贤否，所以政即民政，权即民权，国主即民主"。外交、司法、行政等官员，则由总统任命。"故民主为代民之官，各大员为代民主之官"，而中国上自宰相，下至地方官，"无一非皇帝简派，故升降黜陟，亦一听皇帝之旨意，而人民议国政之优劣、官长之贤否者，以乱叛论，即有不平亦敢怒而不敢言"。中国所谓的民权，仅体现于乡绅之绅权，"犹有乡绅图董可以证明民权也"。因乡绅图董一般由民选举，可反映人民疾苦和控告贪婪官员，故"可知中国之民权未尽坠地也"。

同时说明了美国民权体现为代议制度，其"民权之大，即分此权以与代民者，故自总统而议员而邦主，并各地方官，皆属代民。因代民方可以定律，可以议事，可以行政，则权者非其所自有，民授之也"。"中国不第民权小，而且无代民之法以伸民隐，虽都察院间可代奏，而多为士绅，少及庶民，且此权原出于皇帝，而非出于民。即乡村之保正，原出于民，而职非官职，仍不能干预议论军国大事"。该文最后指出："总而言之，中美政治之情形多同，而政治之结果迥异。其故何哉？盖中国自上而下，其弊在壅塞；美国由下而上，其在流通。若中国果能因时改制，择善而从，则所谓见兔忘犬，亡羊补牢，犹未为晚。"

1903年5月《万国公报》第172册所连载《列国政治异同考》卷四，则比较了中日政治之异同。分别就两国地界、人数、国王、维新、国政章程、民之代表等方面作了对比。以其中的维新和国政章程比较为例，其文写道：

> 中国仅有维新之名，日本兼有维新之实，日本维新在三十余年之先，其大旨并非易新法，即复还皇帝之权也，皇帝收拾其权在先，改变新法在后。中国维新可曰戊戌年，后于日本三十年也。中国维新大旨，即变新法归帝权，然而卒为顽固党人所阻。因地大人多，凡有权势者，不能一心，故不能遽变于通国焉。再日本当年维新与列国无累，而中国因迟延时日，多有连累之患。中国虽名自主，实无自主之全权焉。
>
> 国政章程（或曰宪法）……日本新立政体之章程，在一千八百八十九年立此章程，关于政体一切要旨，并非一时一人所能成者也。……泰西各国多有人民之代表议政之国会，日本亦效此法而行之。他国之帝或王或总统，其权有限，而日本之帝，按理论之原为专制，其权无限，乃能于维新之时，仿西法改为有限之权，故日本现时政体之章程，多从西国法政，少从本国古风。考中国之政体，率由旧章，承袭唐汉宋之成法而已，未尝取西法而更张也。……盖中国仅温故，而日本兼知新，惟温故而知新，可谓兴盛之基矣。中国虽立有政体，而无政体之章程，其政体之大旨，自古而来亦有各种律例，惟不能如日美法德等国之明著。

1903年9月出版的《万国公报》第176册所连载《列国政治异同考》卷七，从历史、政体、政府、民情、民权、自由、资财、礼义、学校等方面，将中法两国作了较全方位比较。首先就政体而论：

> 法为民主之国，中为君主之国。然法国亦曾为君主之国，先称王，后称帝，今始改为民主。当中国康熙皇帝在位六十一年之际，法国亦有庐义皇帝（按：路易十四）在位七十二年，此二帝英明强干，国家兴盛，人民安乐，环球各国，无不闻名而钦佩。彼时二帝，亦互相闻问，中法亦彼此涉人士焉。按中国全依古例，世行君主专制之法。而法自与德国战北后，遂立总统，设国会，改行民主之政，锐意维新，收效亦速。庶不致再蹈君主之覆辙矣。

其次就民权而论：

> 法国虽为民主之国，其国政并非全本于民权，而较之中国之民权，则法国且远胜之。盖中国之民，无权商酌国政，惟官员与焉。人民不敢越俎。而法国众民，皆可以商论国政，且中国一切官员，皆系皇帝简派，虽封疆大吏暂时可以派人署理某缺，充当某差，而无有一官系人民公举者。……法国选举官员之法有二：一、总统或军机大臣所派，二、众民所公举。中国之民，除绅耆乡长外，无商酌国政之权。法国国政之权，半操于官，半操于民，无有专擅之弊焉。

最后就"自由"而论：

> 法国与中国不同，百余年前，法国初次废君主之专制，当时有三语……曰自由、曰平等、曰兄弟，而要以自由一语为最重。讵此百年间，法民每妄用其自由而为放纵背法之事，近来始认清何者为真自由，何者为假自由，不复如前之妄用焉。查中国通商日久，西学日兴，而究不知自由之真义，往往以自由为反叛之行，与国政有损，与法律有害，殊可叹也。……盖自由之理，亦原出于人之本性，即天所赋者，且法律亦天所定，或在物，或在国，或在家，法律与自由应相洽，不得歧异。然则，越理犯法之自由不为自由，循规守矩之自由斯为自由也。且有弃一己之自由，而顺众人之自由者，可见其不为私而为公矣。

1903年11月《万国公报》第178册连载之《列国政治异同考》卷

九,又比较了中德两国政治之异同。

首先就代民院而论:

> 德国代民院议员,系由各联邦之民公举,实为德国通国人民之代表,并为政府之监督也。盖参议院乃代皇帝、邦主办事,代民院乃代通国人民办事,该院议员深知故人情,为众民所佩服者。查民间之困苦而救济之,言官场之弊端而惩治之,诚善政也。惜中国亦无此制,所以民困不苏,上下间隔,秕政莫过于斯。即或中国能毅然维新,仿行泰西要政,亦必先立参议院,后设代民院。盖参议院与中国之原政不甚径庭效最易,而代民院与中国现今之时势犹相枘凿。

其次就民权而论:

> 从来民主之国,其民权必大,美国是也;君主之国,其民权必小,中德两国皆是也。盖二者不能并立焉。中国之民工,不能干预国事;德国亦然。中国之民有谤朝廷毁官长者,以叛乱论,律有明条。德国亦然。惟德国人民读书者多,通晓政治,其不得权也,殊堪惋惜。中国人民愚懦相循,罔知家国,其不得权也,亦属当然。即一旦有权,亦不过徒拥虚名,鲜有善用其权者。

1904年3月《万国公报》182册连载之《列国政治异同考》卷十三,比较了中英两国政治之异同。该文对两国的人情、中央和省政府、地方事务、属地、官制、司法和宗教进行了比较。其中就中央政府而论,英国中央政府之权分三:国王、上议院和下议院。"须合此三权治理通国政务。""下议院为代民之权,军机原为代王之权,即为国王行政也,然分隶二院,而隶下议院者多,是为代民之权,故今下议院之权似胜于上议院,亦似胜于国王。然则,英国政府,不仅国王一人乃合三者之权,而为君民共主之政也。中国政府之权,首皇上,次军机大臣,次六部尚书。然军机部臣虽各有各权,而所有之权皆出于皇上,并非在皇权之外,涵于皇权之内,故中国为君权专制之邦也。"最后得出结论:"华英之政治有同有异,而一弱一强,悬若天壤","中国果能改良,转弱为富强,不独中国幸,鄙人亦所深幸耳"。

通过上述异同之比较，较之欧美政体之优，民权自由之盛，中国无不相形见绌；特别是西方国家天赋人权、主权在民、三权分立、议会制度等民主原则和建构，更是中国自古所无，于今未有。即使原与中国政俗相近之日本，亦通过明治维新，仿效西方，逐步走上宪政道路。而在华传教士希望中国仿效欧美日本，实行政改以转弱为强之企盼，亦跃然纸上。

三、阐释人民的自由权利

西方的自由、平等观念，是西方民主政制赖以确立的思想先导；而民主政制和法治社会的确立，又是国民获得自由、平等权利的根本保障。自西方民主政治思想传入中国后，也或多或少与自由、平等的价值观念联系在一起，时人也曾用"自主"或"自由"之类的词来陈述自由思想。1877年10月2日《申报》发表一篇题为《论西国自由之理相爱之情》的文章，从"民主"的角度来介绍"自由"。该文说："西国之所谓自由者，谓君与民近，其势不相悬殊，上与下通，其情不相隔阂，国中有大事，必集官绅而讨论，而庶民亦得参清议焉。君曰可而民尽曰否，不得行也。民尽曰可，而君独曰否，亦不得行也。盖所谓国事者，君与庶民共之者也。"而西文"自由"（liberty）一词传入中国亦多被诠释为"自主之理"或"自主之权"①。

《万国公报》从1900年5月第136册起，开始连载英人施本思著、马林译《自由篇》长文，共连载17期。其序言指出，"此自由一道，所以为进化之大枢纽大关键也"。该书"究其指归，即以解羁释缚为第一要义"。据王林的考证，此文主要是介绍斯宾塞的自由思想，并将此文阐述的主要内容概括为四个方面：一、自由乃人天生之权利，人得自由实天下之公理，万世之常理；二、自由之界，即人欲自由，当以他人之自由为界；三、自由乃国家政治之根本；四、国家不可侵人之自由。② 笔者认为这四方面，最值得重视的是自由乃民主之本的思想。正如严复于1895年

---

① 马礼逊的《五车韵府》（1822）将liberty诠译为"自主之理"；麦都思的《英汉字典》（1847）译之为"知主，自主之权，任意擅专，自由得意"；罗存德的《英华字典》（1866）则译为"自主，自由，治己之权，自操之权，自主之理"，见方维规《"议会"、"民主"、"共和"等概念在十九世纪的中译、嬗变与运用》，载《中华文史论丛》2001年第2辑（总66辑），上海古籍出版社2001年版，第75页。下引该书同此版本，不再另注。

② 参见王林《西学与变法——〈万国公报〉研究》，第80～82页。

所提出的"以自由为体,以民主为用"①这一著名命题,即民主政治也是附载于"自由"这个"体"上的。《自由篇》就这一命题也有如下阐述:

> 为今世计,欲谋国有全美之政,先使民有自由之心,均权者,自由之要终而原始也。或曰人皆有权,则凡杂技贱工,皆可进而于庙堂之大政。……继此以往,人以相感之心,渐明自由之理,然后教化因之而进,政治因之而成。盖自由者,政之体也,其体既备,其用斯宏。自由之人,视一切捆缚钤束之为,皆有窘寐难堪之势,所谓发乎情之真,而止乎理之当也。……尝观古今天下之更策,其民往往因暴虐之故,欲诉无门,不免斩木揭竿,起而为乱,只以中无所本,易世之后,仍率其初。今欲民之自由,初非煽惑其心,使之作乱也,实欲感化其心,使之明理。既明此理,即渐有此心,即有此心,即渐有此政。不必俟水深火热,创巨痛深,始思一泄其忿。但使有不公之事,即可为不平之鸣,庶几在上者,知民之不可以势压,不可以威屈,民之所向,不难降心相从。所谓上下一心,君民同体,而措天下泰山之安,岂不善欤?然则当今之世,欲国之有此政,常先使人有此心,欲人之有此心,当先使人之明此理。理者何?均自由而已。

此文强调了自由当首先划清群己之界,个人之自由当以不妨碍他人之自由为前提,个人的自由应与群体的自由融为一体;设立国家的目的,正是为了保护个人和群体都获得自由。所谓"合群成国,道在使人自由,以用其才,而不失自有之公利;故国家之意,所以保群,但当主持公道,不扰乱、不阻抑而已,舍此之外,无所为也"。"然则以吾之身,而入吾之群,犹合群体而成一身,实有相维相系之故。吾之福得,则群之福将以愈得;群之才全,则吾之才更无不全。呜呼,此均自由不过界之言,所以为天下古今之至理而无以易者也。"

1902年8月《万国公报》第163册所刊林乐知译、范祎述《论美国人民权利》一文,再次列举了美国联邦宪法所规定的人民权利,包括保护民主政体,保护人民的人身、财产、信仰、言论、出版、集会自由等权

---

① 严复:《原强》,王栻主编《严复集》第1册,中华书局1986年版,第11页。下引该书同此版本,不再另注。

利。该文指出："人民权利在乎自主、自由，其说发达于泰西，而中国之论者往往易于误会。余近译《美国治法略》一书，颇及其义，冀以正当世之传讹，破流俗之疑忌。盖万国之中，其人民之经释放，而能自主自由，得应有之权利，以立民治之政体者，无如美国也。"

1903年5月《万国公报》第172册所刊李提摩太命意、蔡尔康遣词《强压召变强伸召霸发微》一文认为，"故欲一国之相安无事，必让万民之自有其权"，若不许人民有议政的权利，"即不啻蒙其目而塞其耳，关其口而夺之气"。故"去害国而谋爱国，必自任令国人真自由真平等始；欲国人之真自由真平等，必自任令各尽其才，各奏尔能始"。"总而言之，自由平等之真际，端在我自由人亦自由，我无害于人，人亦无害于我，人我平等自主之道，即在其中矣。"

同年12月《万国公报》第179册所刊林乐知译、范祎述《释自由》一文（文中插有美国自由女神像图片，题曰："美国自由光照世界之大铜像：系法国所赠立于纽约海口"），阐释了自由的真谛，尤其强调了自由与法律的关系：

> 西国有最珍贵最宝重之两名词，为人人所敬爱求，而逐得则幸福无穷，求而不得则惨毒无算。而不惜掷相等之价值，流血以购之者，即自由（liberty）、自主（free）是也。人或不解此两名词之本意，强以无教化、无法律、放纵侠荡当之，于是犯当世之忌讳。甚至欲使译西籍者，为愚禁例，深没具文，此焚书愚民之故习。而令自由、自主之萌芽，永不发生于中国，诚夫可痛矣！余不得不略为引证以辨明之。夫自由之说，不但中国之易于误用也，在西国亦时有之，故自由与法律（law）并行。如美国极重自由，亦极重法律。余译《美国治法要略》，其第十七章云：法律之所以有，在保护人民之权利，而激动以行其义务。故法律为行事之规条，定其应行与不应行之分，以有法律之故。而人民之权利愈显，享此权利者，即得其自由矣。此自由与法律之真理解也。
>
> 法律者，所以保护人之权利，官者以法律实行其保护。何谓权利？能自由之谓也。何谓义务？守法律之谓也。故官或夺人民之自由，失其保护之本旨，不成为官；人或放弃其自由，不成其为人。然苟无自治之限止，即将如野马之无缰，终亦不得自由而后止。于自由

又奚罪哉。

　　要而言之，自由二字在西国字典中，关系之大，无能过之者。故珍贵宝重，苟失之必得之，既然得之必守之，视为一切万事之基础，福音之所谓福，救世之所以救，皆不外求自由。

　　1904年9月《万国公报》第188册所刊林乐知辑、任保罗述《欧美十八周进化纪略》一文，介绍了法著名启蒙思想家伏尔丹（伏尔泰）、卢骚（卢梭）、孟德斯鸠等人的天赋人权、自由平等、法律至上等民主思想。如"天赋人权，贵贱平等，无论何人皆生而有平等之权，即生而当享自主之福"，"国也者，合众人之平等自主，而共保此权与福也"，"律法之在人，皆为平等，君与民皆在律法之下，立法之人即为守法之人也"，"自由之权，人固有之，发之于心则为思想自由，笔之于书则为著述自由，宣之于口则为言论自由，寄之于道则为信仰自由，皆自由之权所在也，有国者不得禁之"，"国人皆有举官之权，故官若有侵夺国人平等自由之利益者，皆得抗拒之，官不得视为叛逆"等等民主思想。作者总结说，上述民主思想"皆为民主政体之大纲节目，迨后法人改立民主国，定立章程，即以此等公见为根基"。

　　除了建立民主政制和法治社会外，《万国公报》的作者亦视国民教育为实现人民自由平等权利的有效途径。林乐知翻译了美国中学堂12岁以上学生的普通政治科课本《美国治法要略》一书，所撰《美国治法要略序》①指出，"今日之学生，即为他日之国民"，故通过国民教育，使学生达到五方面的教育效果：一、"使学生知本国之情形，治法之源流，愈生爱国之心"。二、"使学生幼年已知三事：一人人有公平之权利，二人人应服从之义务，三欲治人必先能受治"。三、"使学生知国民自有之权利，且知之而谨守之，俾不为人所夺，又使之国民应有之责任，且知之而务行之，俾不自行放弃"。四、"使学生知国民有选官之权利"。五、"使学生知本国之历史"。他希望中国仿效美国的此种国民教育，"果能将此书置于学堂之中，使全国少年稔知自主自治之义，而发其爱国之思想，不肯自谓吾无分于国，则所关于后来之中国也大矣。请再以一言发其要曰：欲造自主自治之人必自学堂始"。美国人自幼进行国民教育，"凡称为国民者，在

---

① 《万国公报》第167册，1902年12月。

二十一岁以后，已有自治之资格，得能自由自主。盖不先为受治之人，不能治人受治至二十一岁方为成人之期"，"可见自由者并不能一旦闻其名而欣羡之，曰我自由，我自由，必经二十年之教育，乃能有真释放也"。

较之西方政制的介绍，自由权利似乎更易为国人误解而更难为国人所接受。"西政"尚可譬之为"三代"遗风，以"礼失而求诸野"之由，而取得国人之文化认同。而自由、平等的观念则多为国人误解而命运多舛。故精通西学的严复在1902年发表的《主客平议》一文中即指明："自由者，各尽其天赋之事，而自承之功过者也。"① 既强调个人的权利，也指出个人对社会的责任，并特意将约翰·穆勒《自由论》的书名翻译为《群己权界论》，正是为了避免国人的误解。清末以来，移植之"西政"亦往往徒具形式。民主政制本应建立在自由、平等的基础之上，自由、平等远比"国会"这一"形式"更为重要。而自由、平等又需要通过长期的国民教育、完善的法律保障才能真正实现。《万国公报》所阐释的自由权利，自然值得人们深思。

四、民主自由与基督教道

甲午战争后，中国面临空前而深刻的文化认同危机。其重要表现之一，即"中教"（儒教）已经面临的"西教"的严峻挑战。张之洞由此大声疾呼："儒术危矣！"痛切感受到因"西教"之冲击，"儒益为人所贱，圣教儒书寖微寖灭"，"此可为大惧者矣"。② 据梁启超观察，19世纪末，"通商各岸之商贾，西文学堂之人士，攘臂弄舌，动曰四书六经为无用之物；而教士之著书发论，亦侃侃言曰，中国之衰弱，由于教之未善。"因而痛心疾首道："吾恐二十年以后，孔子之教，将绝于天壤，此则可以痛哭者也！"③

与此相呼应，来华传教士再三强调文化之不可分，宣称采纳"西艺""西政"，则必须同时信奉"西教"。1894年11月，《万国公报》第70册（1894年11月）所刊罗受恩《论泰西国政技艺之美》一文指出："泰西国政技艺之美，由于耶稣之道也；使今者惟效其国政技艺之美，而不取耶稣

---

① 王栻主编：《严复集》第1册，第118页。
② 张之洞：《劝学篇·内篇·守约第八》。
③ 梁启超：《变法通议·学校总论》，《饮冰室合集·文集之一》，第18~19页。

之道，是提瓶者弃有源之水，而即无源之水，日积月累其，将能继乎？"《万国公报》华人编辑沈毓桂则早在1881年即指出，"旷观天下大局，学问之兴，贤才之多，甲兵之强，莫如从耶稣之国矣"，"先教以治心之道，后教以治生之策，教养兼备，真王者之政。中国欲奋发为雄，先折衷耶稣之道，后参以格致之学，如是而不富强者，未之有也"。①

1902年8月，林乐知在《万国公报》第163册发表《欧亚释放长进论衡》，比较东西方"教化之文明"时称：

> 试再以欧亚教化之文明比较之，西方欧洲之教化，以其基督教道为根基；东方亚洲之教化，以圣贤经传为根基；西方教化所结之果，为释放、为长进、为物归人用；东方教化所结之果，为束缚、为停滞，为弃物于地。夫使东西不相通道，不相交接，则亦不觉其相反矣，乃今之二十周世纪，正为泰西远东两文明国相遇交接之期，吾知其所结之果，必有异乎寻常之美者，特视其人之自择所从耳。果家有接树之法，牧马家有移种之术，皆利用他人之美以为己有者也。教化何独不然乎？今中国若不改弦更张，不顺服掌握天地万物全权之主，仍守古圣贤之旧说，安能持久而不败乎？

林乐知得出的结论是："一言以蔽之曰：中国无论如何，但能以基督之福音，广播于庸众人之心中，则可望遍国之中，皆为释放自由之人，而无推行多阻之□。行见不数十年，不但能媲美欧洲诸国之文明，虽超出于文明诸国之上，亦为意计中之事矣。"

同年12月林乐知又在《万国公报》第169册上发表《论美国立国以教道为本》一文，详尽阐明了"西教"与"西政"的关系，其要旨有三：

一是政教分立，互不干预。"欧人之移居北美新世界者，以英法德荷等国人为最多，皆挟二意以俱来，一在辟拜神之新地，使人皆得自主从教，永革教会之争端；一在立自主之新国，使人皆得释放自由，永免暴虐之王权，无论政法教法一是以自主为重，且以政教两途截然分开，掌政权者不干预教务，掌教权者亦不干预政务，彼此不相问实，彼此交相济也。"

二是教为国政民俗之本。"教道为教化之源，教法为政法之本，此其

---

① 《中西相交之益》，《万国公报》第649卷，1881年7月23日。

意,西人知之深矣。因善政善俗,必根于善教,教道苟止于至善,则所出之国政,所成之民俗,亦必止于至善矣。试即美国之政法论之,可明证其所出之途,皆本于教道矣。"

三是教堂学堂,并行不悖。"其造就人才,则以教堂学堂,并行不悖。有教堂以成其德,有学堂以成其才。无论大小各学堂,皆为公众而设,无一人有贫不能读之,叹也。于言论、著作、撰报、印书、聚会等事皆无禁例,冀以释放自主四字成为大众人民之公见也。即凡教堂亦皆自主设立,成为释放公共之教堂,无一毫异同分别之见存于其中矣。"

他以美国法政为例,强调"教本政末"的原则:"论美国之政法,条目虽繁,而其大本,则归于自主,此实从教道中得来,基督之教道以释放自主为宗旨,凡信之者,其良心既得释放,则其矢口之言论,必得自由,本身之行为必能自治矣。此可见政教两端,实有本末先后之不同,教为本而政为末,教宰于政之先。政出于教之后也。"其回顾美国建国的历史,"可见十三邦未立国之前,即以释放自主为宗旨,立国之后复坚立,日有进步,皆足以表明基督之教道,为新立国之根基。因无一事不使人有自主之权利也。故论美国之坚立,皆本于教道"。"其定人民从教之例,则不认国教,任人照良心自主信从。无论何教,无论何会,凡在定例行政司法三权之下,皆为平等,不以教为分别也,且以教道与国政分两途,教会不干预定例、行政、司法之权,定例、行政、司法诸人亦不干预教道。且其所定之律法,所行之政事,亦不能显悖教道也。今人但知颂美国政俗之美,而不知其原,如欲详询其所从出之途,苟不于耶稣教道中求之,安能得其要领乎?"

在传教士看来,作为民主之基石的自由,亦从基督教道中而来。林乐知译、范祎述《自由篇》认为,"自由之释放,不独在国政上,其于旧风俗、旧教化、旧嗜好上尤甚,形体之释放易精神之释放,虽故自由为珍贵宝重之物,必人人得之,而世界方有进步也。呜呼!十九世纪发异样之光,灿烂云霞,照耀大西洋之两岸者,自由而已。二十世纪破东亚之长夜,一轮红日涌出太平传洋之中心,苍波如沸,而大陆之上,万鸡齐鸣者,自由而已。吾爱自由!吾敬自由!"① 而自由从何而来,"盖吾耶稣基督之大道篇所以救世,即在于此。人以大道而得释放,有完全之自主,以

---

① 《万国公报》第179册,1903年12月。

享用权利,即有完全之自由。故自由二字,见于圣经者,既详且备","可见圣经之理,皆使人自由之理也"。

综上所述,《万国公报》在晚清大量介绍和传播欧洲各国特别是美国的民主政制和民主思想,其范围之广泛,内容之丰富,阐释之精准,影响之显著,在晚清在华基督传媒中似堪称首屈一指。一方面揭示了近代中国政治改革的宪政之路,对西方民主思想在近代中国的传播起了重要的作用;另一方面也反映了西方传教士在中国极力宣扬西方价值观念以争夺话语权的企图。笔者仅限于相关资料的初步梳理和简略分析,冀能起到一点抛砖引玉之效。而《万国公报》所传播西方民主思想对晚清国人受众群体的具体影响,对晚清民主思潮演变的实际推进,还有待进一步探讨。

戊戌前后国人对"民权"与"民主"的认知

在戊戌前后的维新思潮中,"民权"和"民主"是出现频率较高且有较多歧义的两个关键词。国人对"民权""民主"的认知,凸显了中国近代政治思潮演变的某些特点。史学界一般认为,对"民权""民主"是赞同还是反对,是区分"进步"与"保守"的重要尺度,但仔细考察时人对"民权"与"民主"的认知和阐释则可以发现,所谓"进步"与"保守"的思想分野并非如后人所描述的那样泾渭分明,其间相互胶着纠结的情况甚多。将戊戌前后流行的"民权""民主"两个关键词置于一定的语境(context)中加以考察和剖析,也将有助于戊戌维新思潮及中国近代民主思想研究的深入。

一、"民权"与"民主"的词源考析

有学者考证,"民权"一词不见于中国古代典籍。从已见的材料,最早使用该词的是郭嵩焘1879年5月19日的日记,其次是黄遵宪1879年开始编纂、1887年成书的《日本国志》,两人使用的"民权"系来自于日文,乃西文"democracy"(民主)一词的日译,故"民权"与"民主"本为同义词。并据democracy源于希腊文,释"民权"之义为"人民的权力"。① "民权"一词来自日文当无疑问,但谓乃西文democracy的日译则不确。据日本学者实藤惠秀考证,democracy在近代日语中仍译为"民主"。② 查《日本国语大辞典》和《日本语大辞典》,"民权"与"民主"分列为两词。"民权"的含义为:一、"人民が政治に加ゎる権利"(suffrage,人民参政的权利);二、"人民の身体、财产などを保持する権利"(civil rights,人民维护人身、财产的权利)。"民主"含义为:"一、人民

---

① 熊月之:《中国近代民主思想史》,上海人民出版社1986年版,第11~14页。下引该书同此版本,不再另注。

② (日)实藤惠秀:《中国人留学日本史》,谭汝谦、林启彦译,生活·读书·新知三联书店1983年版,第338页。下引该书同此版本,不再另注。

の支配者。君主。"（即《尚经·多方》中的"民主"）二、"一国の主権が国民にぁること"（democracy，一国主权属于国民）。① 可知日语中的"民权"与"民主"仍为含义有别的两个词。

另据何启、胡礼垣所言，中文词汇"民权"一词，可能由日文"自由"（liberty）经"中国学士大夫"转译而来。其《劝学篇书后·正权篇辩》云：

> "里勃而特"译为自由者，自日本始。虽未能尽西语之意，然以二字包括之，亦可谓能举其大由。自由二字而译为民权者，此必中国学士大夫，读日本所译书者为之，其以民权二字译"里勃而特"一语，吾无间然，独惜译之者于中外之理未能参究其同，阅之者或至误猜其意。②

此说或许不错，但尚可深究。黄遵宪《日本国志》卷一《国统志一》云："近日民心渐染西法，竟有倡民权自由之说。"③ 此乃介绍日本明治维新时的"自由民权运动"所言，可知"自由民权"亦来自日文，而在中文文献中亦分为两词。严复《原富》按语中即同时出现有"自由""民权"二词，略谓"吾未见其民之不自由者，其国可以自由也"，"民权者，不可毁者也"。④

"自由"与"民权"在日文中虽分为两词，但含义却有关联。据《日本国语大辞典》的解释，日文"自由"一词含义较多，作为西文的译语则有二：一为freedom，一为liberty，前者主要指精神的自由，后者主要指政治的自由。在法学上，自由（liberty）则指法律上的自律活动。如《大日本帝国宪法》（即《明治宪法》）二十二条规定："日本臣民在法律范围内有居住和迁徙的自由。"故从法学的角度，"民权"亦可理解为法律所

---

① 《日本国语大辞典》（18），小学馆昭和49年版，第699、700页；《日本语大辞典》讲谈社1989年版，第1910页。
② 何启、胡礼垣：《劝学篇书后·正权篇辩》，郑大华点校《新政真诠——何启 胡礼垣集》，辽宁人民出版社1994年版，第415～416页。下引该书同此版本，不再另注。
③ 陈铮编：《黄遵宪全集》（下册），中华书局2005年版，第892页。下引该书同此版本，不再另注。
④ 王栻主编：《严复集》第4册，第917、918页。

确认的"自由"。日文中的复合词"自由民权",《日本国语大辞典》释为"人民の自由と权利"(人民的自由与权利)。可知"民权"之义,简言之,即为"人民的权利"。精通西学的严复即译 rights 为"权利",稍后又主张译为"民直",而与"民义"(obligation,又译"义务")相对应①。唐才常曾引王韬语:"欧洲有议院,有国会,君民共治,一秉至公,所有法律,皆受成国会,故其为法,以护人民权利为主。"② 此处所言"人民权利",即为"民权"之义。杨度亦将"民权"理解为民之"权利",他在言及"民权"时曾说:"民若皆知国者我之国,而君者为民而设者也,则必于身命财产之权利各出其死力以自保。"③ 另据时人所言:"权字在西书者为 right 五字,此五字者,或译为'毅力',或译为'愿力'或译为'心德',日本人概译为'权'。"④ 可见,时人凡通西文和日文者,大多知"民权"之义为"人民的权利"。

戊戌前后的思想论说中,常与"民权"相提并论的"民主"一词,在中文中则最早见于《尚书·多方》。如前所述,这一"民主"之本义是"民之主",但隐含有"传贤不传子""民择主"之意。鸦片战争前后,传教士及国人在介绍美国政制时就已经注意到了其国元首"不世及"这一特征。1838年,美国传教士裨治文(Elijah C. Bridgman)所刊印的《美理哥国志略》则已言及华盛顿当选美国总统:"于乾隆五十三年(1789),各省衿耆会议费治弥亚(Virginia)共推华盛顿为首,身后公举贤者更代,不世及,不久任。"⑤ 魏源《海国图志》卷59介绍美国"公举一大酋统摄之,匪惟不四及,且不四载即受代"。至19世纪70年代,这一认知已较普遍。所谓"唯称伯理玺天德(President)则知为民主之国而无世及之例也","美国皇帝传贤不传子",⑥ 即为明证。时人多将美国、瑞士等国的元首"伯德玺天德"(President)称之为"民主"。薛福成《出使四国日

---

① 参见严复《与梁启超书》,王栻主编《严复集》第3册,第519页。
② 湖南省哲学社会科学研究所编:《唐才常集》,中华书局1980年版,第75页。
③ 杨度:《致汪康年书》,《汪康年师友书札》(三),上海古籍出版社1987年版,第2379页。
④ 《民权篇问答》,《东浙杂志》第4期,甲辰十二月。
⑤ 转引自吕实强《甲午战前西方民主政制的传入与国人的反映》,《中国近代现代史论集》第18编上,台北商务印书馆1986年版,第277页。
⑥ 《万国公报》第311卷,1874年11月14日;《教会新报》第2册,第144页,转引自熊月之《中国近代民主思想史》,第11页。

记》称:"民主国,主政者伯理玺天德,俗称总统,由民公举。"康有为称此举为"孟子立民主之制","众民所归,乃举为民主,如美、法之总统然"。① 这表明,19世纪后期中文文献中作为"总统"之义的"民主"一词,与《尚书·多方》中的"民主",实有含义相通引申之处。

如前所述,西文民主(democracy)源于希腊语,其词根为demos(人民),kratein(治理)。19世纪后期中文文献中出现"民主"一词亦有明确具有democracy本义者。1875年6月12日出版的《万国公报》第340卷所刊《译民主国与各国章程及公议堂解》一文便是近代较早介绍欧美民主政制的一篇重要文献。该文所说的"民主国"的主旨为"治国之权属之于民","治国之法亦当出之于民",正是democracy的本义"人民治理",即稍后之所译之"民治"。而"公举国王"不过是"治国之权属之于民"的一种体现形式(并非是唯一的形式)。

严复1895年3月在《直报》上发表《原强》所说"以自由为体,以民主为用"一语中的"民主"亦当是democracy之意译。democracy还被严氏译为"庶建"。严复译《法意》谓:"庶建乃真民主,以通国全体之民,操其无上主权者也。"《法意》中西译名表:"庶建(democracy),本书中又作民主。"又据梁启超转引严复所言:"欧洲政制,向分三种:曰满那弃(monarchy)者,一君治民之制也;曰文集巫理斯托格拉时(aristocra)世族贵人共和之制也;曰德谟格拉时(democracy)者,国民为政之制也。"② 释"庶建"为"通国全体人民,操其无上之主权者","德谟格拉时"为"国民为政之制",都大体符合democracy的本义。

二、国人对"民权"与"民主"含义的认知

戊戌前后,国人使用"民权"一词,往往与"君权"相对应,并认为两者有互补关系。薛福成称,欧洲"君民共主"之国,"其政权亦在议院,大约民权十之七八,君权十之二三"。③ 梁启超说:"君权与民权合则

---

① 康有为:《孟子微》,姜义华、张荣华编校《康有为全集》第5集,中国人民大学出版社2007年版,第421页。下引该书同此版本,不再另注。
② 梁启超:《论君政民政相嬗之理》,《饮冰室合集·文集之二》,第10页。
③ 薛福成:《出使四国日记》,湖南人民出版社1981年版,第225页。下引该书同此版本,不再另注。

情易通。"① "民主（国）"则常与"君主（国）"相对应，但两者则有相互排斥关系。盖因"民主"由民"公举"，就意味着废除"君主"世袭制。故时人言"民权"是特指"君权"与"民权"互补的"君民共主"政制；言"民主"则是特指废除"君主"世袭的共和政制。② 何启、胡礼垣曾强调"民权"与"民主"的这一区别："民权之国与民主之国略异，民权者其国之君仍世袭其位，民主者其国之君由民选立，以几年为期。吾言民权者，谓欲使中国之君世代相承，践天位于勿替，非民主之国之谓也。"③ 故当时主张建立"君民共治"政制的"改良派"大多赞同"民权"而不赞同"民主"。王韬说："君为主，则必尧舜之君在上，而后可久安长治；民为主，则法治多纷更，心志难专一，究其极，不无流弊，惟君民共治，上下相通，民隐得以上达，君惠得以下逮。"④ 薛福成说："西洋各邦立国规模，以议院为最良，然如美国则民权太重，法国则叫嚣之气过重；其斟酌适中者，唯英、德两国之制颇称尽善。"⑤ 郑观应说："君主者权偏于上，民主者权偏于下，君民共主者权得其平。"⑥ 陈炽在为郑观应《盛世危言》一书写的序中甚至说："民主之制，犯上作乱之滥觞。"⑦ 有学者早已征引上述论说，注意到了"改良派大多数倡'民权'而反对'民主'"这一现象，惜因以为"民权"系西文"民主"之日译，乃同义词，而将时人对两词的不同解释且褒贬不一，视为"一个奇怪的现象"⑧。其实，时人对这两词作不同义的解释并不奇怪，是有其道理的。

戊戌时期，一些维新士人倡言"民权"时，常有一流行的说法，即"民权"意味着"人人有自主之权"，或者说"人人有自主之权"是"民

---

① 梁启超：《古议院考》，《饮冰室合集·文集之一》，第94页。
② 薛福成曾指明："而立泼勃立克（Republic），译言民主国，主政者伯理玺天德，俗称总统，由民公举，或七岁或四岁一易。"见薛福成《出使四国日记》，第39页。
③ 何启、胡礼垣：《劝学篇书后·正权篇辩》，郑大华点校《新政真诠——何启、胡礼垣集》卷五。
④ 王韬：《重民下》，《弢园文录外编》卷一。上海书店出版社2002年版，第19页。下引该书同此版本，不再另注。
⑤ 薛福成：《出使四国日记》，第134页。
⑥ 夏东元编：《郑观应集》上册，上海人民出版社1982年版，第231页。下引该书同此版本，不再另注。
⑦ 夏东元编：《郑观应集》上册，第231页。
⑧ 熊月之：《中国近代民主思想史》，第13页。

权"的体现形式。欧榘甲说:"变之自下者何?泰西诸国是也。当美、法之民之大变也,全球震荡,民智豁开,欧洲诸国,人人知有自主之权,人人知有当为之事,而哗然而起,英民尤甚。……迨其后,民气日昌,民权日重。"① "生天地之间者,自非犬马奴隶,皆有自主之权,此义在西国虽童子皆能识之,而在中国罕有知之者。""而人人有自主之权,各伸其自主之权以自保,未有不能保者,各尽其自主之权以自救,未有不可救者。"② 樊锥说:"公论者,遂起民权,撰议院,开国会,以忧违责之四万万而策群。曰:四海一心。一心者,使人人有自主之权,人人以救亡为是。"③ 何启与胡礼垣则说:"凡以善善从长,止问可之者否之者人数众寡,不问其身分之贵贱尊卑,此民权之大意,其所以为此者,则由于人人有自主之权之故。而人人自主之权,则不问其人所居之位何位,所为之事何事,其轻重皆同,不分轩轾故也。"④

平心而论,维新士人所说的"人人有自主之权",其义实不太明确。何谓"人人有自主之权"?梁启超1896年在《论中国积弱由于防弊》一文中解释说:"西人之言曰:人人有自主之权。何谓自主之权,各尽其所当为之事,各得其所应有之利,公莫大焉。"⑤ 而与张之洞关系密切的王仁俊则解释说:"西人之言曰,彼国行民主法,则人人有自主之权。自主之权者,各尽其所当为之事,各守其所应有之义,一国之政,悉归上下议院,民情无不上达,民主退位与齐民无异,则君权不为过重。噫此说也,是其言利也。然不敌其弊之多也。即如美之监国,由民自举,似乎公而无私矣,乃逢选举之时,贿赂公行,更一监国,则更一番人物,凡所官者,皆其党羽,欲治得乎?"⑥ 比较而言,梁氏的解释便不及王氏的明晰。梁氏仅说"各尽其所当为之事,各得其所应有之利",但以什么来作为确定

---

① 欧榘甲:《变法自上自下议》,麦仲华编《皇朝经世文新编》,台北文海出版社1973年版,第96～97页。
② 欧榘甲:《论政变为中国不亡之关系》,中国史学会主编《戊戌变法》(三),上海人民出版社、上海书店出版社2000年版,第158、159页,下引该书同此版本,不再另注。
③ 樊锥:《开诚篇三》,载《湘报》,光绪二十四年三月十二日,第24号。
④ 何启、胡礼垣:《劝学篇书后·正权篇辩》,郑大华点校:《新政真铨——何启 胡礼垣集》,第416页。
⑤ 梁启超:《饮冰室合集·文集之一》,第99页。
⑥ 王仁俊:《实学平议——民主驳义》,载《实学报》第13册,光绪二十三年十二月初一日。下引该书同此版本,不再另注。

"当为之事"与"应有之利"的法则呢?又以什么形式或程序来实行"人人有自主之权"呢?则语焉不详。而王氏认为"自主之权"的前提条件是"行民主法","当为之事"与"应有之义"(即权利与义务)相对应,并通过代议制来实现"民情无不上达"。看来,王氏的解释更符合西方民主政制的原则。

还值得注意的是,王仁俊强调"民主退位与齐民无异"以及美国公举"监国"之弊,也表明他理解的"人人有自主之权"即是指美国式的民主。这一认知,又恰与思想激进的谭嗣同的有关看法相似,谭氏《仁学》称:"废其所谓君主,而择其国之贤明者,为之民主,如墨子所谓:'选天下之贤者,立为天子',俾人人自主,有以图存,斯信义可复也。"① 在谭氏看来,实现"人人自主"的前提,正是废除"君主"而立"民主",即王氏所说的"行民主法"。王仁俊虽与张之洞关系密切,其文又被收入《翼教丛编》,而被视为"维新派"的"对立面",但治史者尊重历史事实,还是不应忽视他的这一见解。

至于对"民主"的认知,时人也有不同理解,歧义较多。南学会开讲时,便有人就此提出疑问:"或谓西国民主之制可行于中国,此非本朝士子所忍言也……吾知吾君之不可弃而已,变君主为民主,将置我君于何地乎?此一说也","又有谓倡民主之义者非必欲变为民主也,但以减轻君主之压力以伸民气而御外侮,于是而君主安若泰山,是倡言民主之义者,正所以保君权也,此又一说也"。② 后一说法中,所谓"保君权"的"民主之义",实际上就是指梁启超所言的与"君权"合"则情易通"的"民权"。

晚清士人受经书的影响,常以为西洋民主政制,不过是"传贤不传子"的尧舜遗风。康有为《孔子改制考》所言"尧、舜为民主","惟《尧典》特发民主义","辟四门以开议院",③ 便是一显例。而被视为"保守者"的王仁俊反倒比康有为更明白"民主"的真意,他指明:"立民主,非禹汤文武之法也,西法也","华盛顿、拿破仑,民主中之杰出者也"。④ 出生官宦世家的孙宝瑄,戊戌时期曾极力主张"开民智","扶民

---

① 蔡尚思、方行编:《谭嗣同全集》(修订本)下册,第359页。
② 《南学会问答》,载《湘报》第28号,光绪二十四年三月十七日。
③ 姜义华、张荣华编校:《康有为全集》第3集,第149、152页。
④ 王仁俊:《实学平议——民主驳义》,载《实学报》第13册。

权","开议院"。① 他对"民主"的认知，也表示了与王仁俊相同的见解："尧、舜曷尝民主？君主之最知公理者耳，私相授受，岂如华盛顿立公举之法？世为民主，失真矣。""故尧、舜虽公举，不免为君主，无公议法也。英、德虽世及，无害民主，下有权也。"在孙氏看来，西方的民主，并不只是体现为公举元首，更重要的是体现为"公议法"，即建立立宪政制。孙氏批评康有为以"孔子改制"附会"民主""议院"，不过是一种"新奇之说"，实则并不懂得西洋的"事理"。他说："孔子伪造，何妨并议院造之，而所造者仅知公理之君主乎？……要之，伪造之说出于康长素，彼欲以新奇之说胜天下，而不考事理。"他甚至对康有为之说表示了不能容忍的态度而痛斥道："故吾谓长素教派，三圣之仇敌，公理之蟊贼，吾故辞而辟之，使天下人知其说之非，而不误中其祸，则幸甚。"② 孙宝瑄对康有为的这一指责，似乎与"守旧派""洋务派"反对"维新派"的某些言论并无二致。不过，康有为对"民主"的认知，并不比王、孙二人高明。

上述表明，戊戌前后，既有人对"民权"与"民主"既作了不同义的解释，又有人将两者相混淆。《国闻报》曾发表《民权与民主不同说》一文，③ 鉴于有人"动挟民主以疑民权，谣言既布，中人不审外国事情，乃或多信之"，专门辨析两词的不同含义。言及"民权"时说："泰西各君主皆予民以自由而设律以定之，故其国日大，其君日尊。"释"民权"为"予民以自由而设律以定之"，恰符合日文"民权"之本义。将"民主"释为"总统"："夫民主者，衣服饮食与齐民同。美国俸仅五万，权在议院，民主仅拱手画押而已"，"其任也，或一年两年或三年，美止四年止矣，退则复为民为商，不得复为民主"。

梁启超在戊戌后也一再强调"民权与民主二者，其训诂绝异"，不可"混民权与民主为一途"。④ 并认为他们所倡言的"民权"之所以为当道者所不容，正是因其对"民权"的含义产生了误解：

---

① 孙宝瑄：《忘山庐日记》上册，上海古籍出版社1981年版，第125页，下引该书均同此版本，不再另注。
② 孙宝瑄：《忘山庐日记》，上册，第121页。
③ 此文收入《国闻报汇编》，沈云龙主编《近代中国史料丛刊三编》（321），台北文海出版社影印，第223页。
④ 梁启超：《爱国论》，《饮冰室合集·文集之三》，第76、77页。

> 吾侪之昌言民权，十年于兹矣，当道者忧之嫉之畏之，如洪水猛兽然，此无怪其然也。盖由不知民权与民主之别，而谓民权者，必与彼所戴之君主为仇，则其忧之嫉之畏之也固宜，不知有君主之立宪，有民主之立宪，两者同为民权，而所以驯致之途，亦有由焉。凡国之变民主也，必有迫之使不得已者也。①

梁氏所言，自有道理。他之所以反复强调"民权"与"民主"的区别，正是为了表明他主张在中国建立君主立宪政制，而非共和立宪政制。

何启、胡礼垣亦有类似的解释，指出："民权之国与民主之国略异，民权者其国之君仍世袭其位，民主者其国之君由民选立，以几年为期，吾言民权者，谓欲使中国之君世代相承，践天位于勿替，非民主之国之谓也。"②

虽然维新士人以"民权"指称英、德等国的"君民共主"政制，以"民主"指称美、法等国共和政制。但事实上，不论是"君民共主"还是共和政制，都是西洋的民主政制，皆通过议会制度及各种法律规范来体现所谓的"民权"。对此，曾出使欧美的崔国因早在1892年即已指明，欧美各国政体虽有不同，但都是一种体现"民权"的民主政制。他说："欧、墨洲各国均设议院而章程不同。美之议绅均由民举，不分上下也。英之下议绅由民举，而上议院则由世爵，然权归于下议院，则政仍民主之也。欧洲除法国、瑞典、瑞士外，政皆君主，而仍视议绅之从违，则民权仍重。"③崔氏此处所言的"政仍民主之"，亦大体符合democracy之本义。

在维新士人看来，"民主国"最典型的代表即是美国，但美国的政制也存在诸多弊端。1877年马建忠针对美国的选举制度曾说："美之监国，由民自举，似乎公而无私矣；乃每逢选举之时，贿赂公行，更一监国则更一番人物，凡所官者皆其党羽，欲望其治，得乎？"④1892年薛福成就当时美国掀起的排华恶浪也指出："驱逐华民之事，他国之人所顾忌公法而

---

① 梁启超：《立宪法议》，《饮冰室合集·文集之五》，第4页。
② 何启、胡礼垣：《劝学篇书后·正权篇辩》，郑大华点校《新政真铨——何启 胡礼垣集》，第406页。
③ 崔国因：《出使美日秘国日记》，黄山书社1988年版，第435页。
④ 马建忠：《上李相伯言出洋工课书》，郑大华点校《采西学议——冯桂芬、马建忠集》，辽宁人民出版社1994年版，第159页。下引该书均同此版本，不再另注。

不敢为者，美人独悍然为之。"这是因为"大抵民主之国，政柄在贫贱之愚民；而为之君若相者，转不能不顺适其意以求媚"。所以"美国之政，惟民是主，其法虽公，而其弊亦有不胜枚举者"①。既然如此，主张实行"君民共主"的维新士人自然赞同"民权"而反对"民主"。

维新士人批评美国政治的诸多弊端，也大体符合当时美国的实情。19世纪后期的美国，随着工业化和城市化的迅猛发展，垄断组织急剧扩张，凭借其经济势力操纵联邦政府，官吏腐败，贿赂公行，弊案丛生。尤其是职业政客通过党派操纵竞选，把持市政，结党营私，聚敛财富，致使美国的城市政府成为"基督教世界中最糟糕的政府——最奢侈，最腐败，最无能"②。正是在这种背景下，美国在19世纪末兴起了主张改革和重建民主的进步运动③。

维新士人赞同"民权"、反对"民主"的认知，不仅是出于对当时美国政治腐败现象的观察，也很可能受影响于西方人对"民主"（democracy）的认知。较早的几部在华出版的西方人编撰的英汉辞书对"democracy"的译释大多含有一定的贬义，如1847年在上海出版的麦都思《英汉字典》译释为"众人的国统，众人的治理，多人乱管，小民弄权"。1866年在香港出版的罗存德的《英华字典》也译释为"民政，众人管辖，百姓弄权"。对democracy的这种诠释，显然又是直接来自西方历史上对"democracy"概念的理解。④ 西方学者在研究democracy一词意涵的历史演变时也指出："Democracy这个词我们现在通常认为可以追溯到中世纪，并且主要是承袭其希腊词源的意涵。但事实上在我们所知的文献里，除了少数的例外，一直到19世纪democracy仍然是一个带有贬义的词眼。自从19世纪末到20世纪初这段期间，多数的政党和政治流派才开始宣称他们相信democracy（民主）的价值。这种转变在democracy词义演变的历史上

---

① 薛福成：《出使英法义比四国日记》（光绪十八年二月初六日），第510～511页。
② K. T. Jackson and S. K. Schultz ed., Ibid., p. 365. 转引自王旭《美国城市史》，中国社会科学出版社2000年版，第119页。
③ 参见董继民《美国近代史述评》第16章 "19世纪末美国进步主义运动的若干问题"，中国社会科学出版社2004年版。
④ 方维规：《"议会"、"民主"、"共和"等概念在十九世纪的中译、嬗变与运用》，载《中华文史论丛》2001年第2辑（总66辑），第65页。

非常重要。"① 所以，维新士人对"民主"的这种认知也多少是受同时代的西方民主观念的影响。可以说这种"时代的局限性"既受制于他们对西方民主政制的观察和认知，也与在华西方人对"民主"的介绍和诠释有关。

三、张之洞与"维新派"的认知异同

按通常的说法，戊戌时期，"洋务派"反对"民权"的主要代表人物，非张之洞莫属。张之洞说："民权之说，无一益而有百害。""使民权之说一倡，愚民必喜，乱民必作，纪纲不行，大乱四起。"② 这类言论，早以作为其"反对民权"的"铁证"而被广为征引。不过要弄清张之洞反对"民权"的用意，尚须将这些言论置于一定的语境（contest）中加以剖析。张之洞是如何理解"民权"的呢？他对"民权"作过如下诠释：

> 考外洋民权之说所由来，其意不过曰国有议院，民间可以发公论，达众情而已，但欲民伸其情，非欲民揽其权。译者变其文曰民权，误矣。（美国人来华者自言其国议院公举之弊，下挟私，上偏徇，深以为患。华人之称美者，皆不加深考之谈耳。）近日撷拾西说者，甚至谓人人有自主之权，益为怪妄。此语出于彼教之书，其意言上帝予人以性灵，人人各有智虑聪明，皆可有为耳。译者竟释为人人有自主之权，尤大误矣。泰西诸国无论君主、民主、君民共主，国必有政，政必有法；官有官律，兵有兵律，工有工律，商有商律，律师习之，法官掌之，君民皆不得违其法。政府所令，议员得而驳之；议院所定，朝廷得而散之。谓之人人无自主之权则可，安得曰人人自主哉？③

张之洞诠释的"外洋民权之说"可归纳为三个要素：一、实行议会制（"国有议院"）；二、民众有议政的权利（"民间可以发公论，达众情"）；三、任何人都要受法律的制约（"君民皆不得违其法"）。戊戌以前，国人

---

① （英）雷蒙·威廉斯著：《关键词：文化与社会的词汇》，刘建基译，生活·读书·新知三联书店2005年版，第111页。
② 张之洞：《劝学篇·内篇·正权第六》。
③ 张之洞：《劝学篇·内篇·正权第六》。

对西洋议院的认知大多视之为起"通上下之情"的咨询作用，而张之洞在《劝学篇》中已认知到西洋议院具有"议事之权"与"立法"权："考西国之制，上下议院各有议事之权。"① "外国筹款等事，重在下议院，立法等事，重在上议院。"② 特别是"君民皆不得违其法"的原则已经有了限制君权的意义。正如英国学者霍布豪斯所说："自由统治的首要条件是：不是由统治者独断独行，而是由明文规定的法律实行统治，统治者本人也必须遵守法律。"③ 故参之时人的认知，则张之洞所诠译的"外洋民权"三要素，也大致不错。

上述张之洞的诠释有两点特别值得注意：第一，强调西洋各国"国必有政，政必有法，官有官律，兵有兵律，工有工律，商有商律，律师习之，法官掌之，君民皆不得违其法"，正是为了说明所谓"民权"是由各种法律所规定的"权利"。参之光绪二十九年（1903）其主持制定的《奏定学堂章程·学务纲要》所云："外国所谓民权者，与义务对待之名词也；所谓自由者，与法律对待之名词也。法律义务者，臣民当尽之职；权利自由者，臣民应享之福。"④ 则更表明张之洞理解的"民权"即是与"义务"相对应而由法律规定的"权利"，这也符合日文"民权"的本义。第二，举出美国议院"公举之弊"作为反对倡言"民权"的理由，又举法国为例来证明"民主"乃迫不得已之事，"昔法国承暴君虐政之后，举国怨愤，上下相攻，始改为民主国"⑤。恰好证明张之洞认为将导致"愚民必喜，乱民必作，纪纲不行，大乱四起"的"民权"（即所谓"人人有自主之权"），正相当于陈炽所说的"犯上作乱之滥觞"的"民主"。时人论及"民主"的特征，也无一不强调"民主者权落于下"（许庭铨语），"民主者权偏于下"（郑观应语），"美国民权太重"（薛福成语）。实与张之洞所反对的"民揽其权"意思相同。而"人人有自主之权"也确被时人理解为"民主之国"，称美国"有民人自主之明例"，"为民自主之国"，⑥ 便

---

① 张之洞：《劝学篇·内篇·明纲第三》。
② 张之洞：《劝学篇·内篇·正权第六》。
③ （英）霍布豪斯：《自由主义》，朱曾汶译，商务印书馆1996年版，第9页。
④ 朱有瓛主编：《中国近代学制史料》第2辑（上册），华南师范大学出版社1986年版，第87页。下引该书同此版本，不再另注。
⑤ 张之洞：《劝学篇·内篇·正权第六》。
⑥ 《申报》，同治十二年八月十二日（1873年10月3日）。

是一个明证。

不难看出，张之洞之所以反对倡言"民权"，实是反对将"民权"释为含义不甚明确的"人人有自主之权""民揽其权"，而非反对"民权"的本义即法律规定的"权利"。在张之洞看来，"人人有自主之权"或"民揽其权"，则必然演变成为"犯上作乱之滥觞"的"民主"，即演变成废除君主的共和政制——这不仅是张之洞也是"改良派"所反对的。

外来词汇进入本国词汇时，国人产生误解乃常见之事。"自由"一词在中国的命运便颇具典型，常常被误解或曲解为"为所欲为""自由散漫"之义。故精通西学的严复1902年发表《主客平议》一文指明："自由者，各尽其天赋之能事，而自承之功过者也。"① 既强调个人的权利也指出个人对社会的责任，并特意将约翰·穆勒《自由论》的书名翻译为《群己权界论》，正是为了避免国人产生误解。细察张之洞之用意，既然其主张采纳的"西政"中已经包括"学校""律例"，这就意味着具有这样的潜台词：欲兴"民权"（法律规定的"权利"）还有待于先行兴办新式教育、采纳西洋法制。

张之洞言及民权与议院的关系时亦说："或曰：民权固有弊矣，议院独不可设乎？曰：民权不可僭，公议不可无"，"此时纵欲开议院，其如无议员何？此时必俟学堂大兴，人才日盛，然后议之，今非其时也。"② 可知，在他看来，只有等到学堂已兴、人才已盛之后，才谈得上开议院、兴民权。至于是先开民智后兴民权，还是通过兴民权来开民智，自近代以来，国人便一直争论不休，至今尚无一致意见，颇似"先有鸡还是先有蛋"式的争论，这倒是值得学者深究的一个问题。

值得注意的是，戊戌时期，康有为同样认为在学校未兴、民智未开之前是不可"言民权"的。他在百日维新前夕即指出："民智未开，遽用民权，则举国聋瞽，守旧愈甚，取乱之道也。故立国必以议院为本，议院必以学校为本。"③ 稍后，在1898年7月9日《国闻报》上发表的《答人论议院书》一文更是强调说：

---

① 王栻主编：《严复集》第1册，第118页。
② 张之洞：《劝学篇·内篇·正权第六》。
③ 康有为：《日本政变考》卷11，姜义华、张荣华编校《康有为全集》第4集，第259页。

夫议院之义，为古者辟门明目达聪之典，泰西尤盛行之，乃至国权全畀于议院而行之有效。而仆以为中国不可行也，盖天下国势、民情、地利不通，不能以西人而例中国。泰西自罗马教亡后，诸国并立，上以教皇为共主，其君不过如春秋之诸侯而已。其地大者，如吾中国两省，小者如丹、荷、瑞、比，乃如吾一府。其臣可仕他国，其民可游外邦，故君不尊而民皆智，其与我二千年一统之大，盖相反矣。故中国惟有以君权治天下而已……故今日之言议院、言民权者是助守旧者以自亡其国者也。①

这里十分清楚地表明了康氏的这一基本观点。在康氏看来，在民智未开之前就开议院、言民权，必将成为"取乱之道"，甚至"自亡其国"。这类言论，与张之洞所说的"民权"一倡则将"乱民必作""大乱四起"又有多大的对立呢？

不仅康有为主张戊戌期间不可"言民权"，另一维新士人夏曾佑甚至认为"兴民权"乃300年之后事。他说："众以为民权立而民智开，我以为民智开，而后民权立耳。支那而言民权，大约三百年内绝不必提及之事也。"② 对在中国"兴民权"的前景表示了悲观。维新士人麦孟华则认为当务之急是"尊君权，抑民权"。他说："中国非民权不立之为患，而君权不立之为患"，"中国之民未能自事其事，即不能自有其权，未能事事而畀以权，则权不在秀民而在莠民。故今日之中国莫若尊君权。"③ 而历来被一些论著视为"张之洞一派"，并在《时务报》的"办报方针"上与梁启超有所谓"路线斗争"的汪康年，却发表《论中国参用民权之利益》一文，倡言"今日而参用民权有三大善焉"，"必民权复而君权始能行"，中国"非用民权不可"。④ 那么，按照既有的研究思路，人们可能会产生这样的疑问：究竟是汪氏受"维新派"的影响而倡言民权，还是麦氏受"洋务派"的影响而反对民权呢？看来，历史的真相并非如后来某些研究者所想象的那样简单。当然，康氏不同意"言民权"，孟氏主张"抑民

---

① 姜义华、张荣华编校：《康有为全集》第4集，第326页。
② 上海图书馆编：《汪康年师友书札》（二），上海古籍出版社1986年版，第1391页。
③ 麦孟华：《论中国宜尊君权抑民权》，载《时务报》光绪二十三年二月二十一日，第21册。
④ 《时务报》光绪二十二年九月二十一日，第9册。

权",其用意大概主要是为了避免授守旧者以口实而减少变法的阻力,但张之洞反对倡"民权"又何尝没有这一层用意呢?已有的研究,比较强调"维新派"与"洋务派"的思想分野和政治对立,但从对"民权""民主"的认知来看,"维新派"与"洋务派"并非泾渭分明,相互胶着纠结之处甚多。看来,从思想史的角度,对所谓"维新派"与"洋务派"的思想分野和政治对立,还有进一步探讨的必要。

早期维新士人的议院观及其自由平等思想

关于近代中国早期维新士人①的议院观，学术界研究成果甚丰②，似乎难有进一步研究的空间。不过，既存研究似更关注早期维新士人对西方民主政治的制度建构——议会制度的介绍和向往，至于民主政治所包含自由、平等的价值观念，虽然亦有所研究，但似乎还有一定的探讨余地；特别是早期维新士人对自由、平等的态度与其议会观的内在联系，还有进一步分疏的必要。此外，既存研究似有以19世纪末20世纪初甚至"五四"以后国人"较成熟"的民主政治思想为参照，反观并评判早期维新士人的民主政治思想"不成熟"和"局限性"的倾向，多有"后见之明"而少有"了解之同情"。

一、对西方议会制度的向往

近代中国人在学习西方富强之术的同时，对西方民主政制逐步有了认知。早在鸦片战争前后，有识之士就开始了对西方民主政制的认知和介绍。林则徐1839年组织编成的《四洲志》，就对英国的"巴厘满"（par-

---

① 史学界一般称之为"早期改良派""早期维新派""早期改革派""早期改良思想家""早期维新思想家"或"早期改革思想家"等等。我以为若称之为什么"派"似带了更多的"现代"色彩，而称之为"思想家"，则其中某些士人严格说来是否算是"思想家"尚可讨论，故称之为"早期维新士人"似更符合当时的历史场景。

② 除中国近代思想史、中国近代政治思想史等通论性著作均有论述外，有关研究中国近代民主思想的专著，如熊月之《中国近代民主思想史》（上海人民出版社1986年版）、徐宗勉、张亦工等《近代中国对民主的追求》（安徽人民出版社1996年版）、耿云志等《西方民主在近代中国》（中国青年出版社2003年版）均有较系统的探讨。代表性的专题论文则有戴逸《戊戌维新前的资产阶级启蒙思潮》（收入胡绳武主编《戊戌维新新运动史论集》，湖南人民出版社1983年版）、吕实强《甲午战前西方民主政制的传入与国人的反应》（收入《中国近代现代史论集》第18编上，台北商务印书馆1986年版）、孙会文《晚清前期变法论者对西方议会制度的态度和"君主立宪"主张的形成》（《国立编译馆馆刊》，第3卷，第2期，台北）、方维规《"议会"、"民主"、"共和"等概念在十九世纪的中译、嬗变与运用》（载《中华文史论丛》总66辑，上海古籍出版社2001年版）等均有较深入的探讨。

liament，即议院）作了介绍，对美国的选举制度也给予了关注。稍后，魏源《海国图志》、梁廷枏《海国四志》、徐继畬《瀛环志略》也都介绍了西方国家"国事决于公议"的民主政制。至19世纪后期，对西方国家的议院的介绍已经流行于中文文献，不过直至90年代，对parliament还没有一个统一的译法，除音译外，还有各种意译①。

郭嵩焘比较早地介绍了西方国家的议会制度。1875年在总理衙门任职时，在《条议海防事宜》中指明西洋立国之本在"朝廷政教"②。次年，出任驻英公使，对西方国家的议院有了更真切的了解，其日记写道："计英国之强，始自国朝，考求学问以为富强之基，亦在明季，后于法兰西、日耳曼诸国。创立机器，备物制用，实在乾隆以后。其初国政亦甚乖乱。推原其立国本末，所以持久而国势益张者，则在巴力门议政院有维持国是之义；设买阿尔（mayor即市长）治民，有顺从民愿之情。二者相持，是以君与民交相维系，迭盛迭衰，而立国千余年终以不敝。人才学问相承以起，而皆有以自效，此其立国之本也。而巴力门君民争政，互相残杀，数百年久而后定，买阿尔独相安无事，亦可知为君者之欲易逞而难戢，而小民之情难拂而易安也。中国秦汉以来二千余年适得其反。能辨此者鲜矣。"③这清楚地表明，他视议院为西方国家的"立国之本"而心向往之。

王韬也较具体地介绍了西方各国不同的政制，"泰西之立国有三：一曰君主之国，一曰民主之国，一曰君民共主之国"，"一人主治于上而百执事万姓奔走于下，令出而必行，言出而莫违，此君主也。国家有事，下之议院，众以为可行则行，不可则止，统领但总其大成而已，此民主也。朝廷有兵刑礼乐赏罚诸大政，必集众于上下议院，君可而民否，不能行，民可而君否，亦不能行也，必君民意见相同，而后可颁之于远近，此君民共主也"。主张最适合中国的政制即是"君民共治"，"君为主，则必尧、舜之君在上，而后可久安长治；民为主，则法制多纷更，心志难专一，究其

---

① 诸如公会、国家公会、国公会、国会、国政公会、办国政会、会议、公会所、总会、议事厅、公议厅、议会、议政院、集议院、议士会、民委员会、国大公会、议院、会堂、开会堂、议事院、议堂、公议院、民撰议院、全国民会等等。参见方维规《"议会"、"民主"、"共和"等概念在十九世纪的中译、嬗变与运用》，载《中华文史论丛》总66辑。

② 参见中国史学会主编《洋务运动》（一），上海人民出版社1961年版，第142页，下引该书同此版本，不再另注。

③ 郭嵩焘：《郭嵩焘日记》第3卷，湖南人民出版社1983年版，第373页，下引该书同此版本，不再另注。

极,不无流弊。惟君民共治,上下相通,民隐得以上达,君惠得以下逮"①。他还认为国家的强弱决定于国家的政制,西方各国之所以国富兵强,正是因为建立了议院,"无论政治大小,悉经议院妥酌,然后举行,故内则无苛虐残酷之为,外则有捍卫保持之谊,常则尽悫迁经营之力,变则竭急公赴义之忱"。反观中国,则上下之情不通,"民之所欲,上未必知之而与之也;民之所恶,上未必察之而勿之施也"。由此,中国谋求富强的途径,则在于改革政制以"通上下之情"②。

郑观应在1880年刊行的《易言》中对西方各国的议会制度也作了较多的介绍。"泰西有君主之国,有民主之国。有君民共主之国,虽风俗各有不同,而义理未能或异。其初开国,立规模、制礼制,何尝无非常之士集思广益,以期长治久安。然考其时数,审其盛衰,知强富有由,洵非一朝一夕故也。"③"其都城设有上下议政院,上院以国之宗室勋戚及各大员当之,以其近于君也。下院以绅耆士商、才优望重者充之,以其迩于民也。凡有国事,先令下院议定,详达之上院。上院议定,奏闻国主。若两院意议符合,则国主决其从违。倘彼此参差,则或令停止不议,或覆议而后定。故泰西政事举国咸知,所以通上下之情,期措施之善也。"主张"中国上效三代之遗风,下仿泰西之良法,体察民情,博采众议。务使上下无扞格之虞,臣民泯异同之见,则长治久安之道,固有可豫期矣"④。不过,郑观应虽然称赞西方的议院并主张效法,但其对议院的认知主要还是"通上下之情",只是要求在皇权专制的体制内进行某些局部改革,实行"体察民情,博采众议"。1884年郑观应在《南游日记》中,进一步指明了西方国家的议院是"西人立国之本",他写道:"余平日历查西人立国之本,体用兼备。育才于书院,论政于议院,君民一体,上下同心,此其体;练兵、制器械、铁路、电线等事,此其用。中国遗其体效其用,所以事多扞格,难臻富强。"⑤ 这表明他已经意识到效法西方,设立议院,才是实现中国富强的根本途径。

中法战争之前,第一次公开要求清廷设立议院的是京官崔国因。1883

---

① 王韬:《重民下》,《弢园文录外编》,第18、19页。
② 王韬:《达民情》,《弢园文录外编》,第56页。
③ 郑观应:《易言·论公法》,夏东元编《郑观应集》上册,第65页。
④ 郑观应:《易言·论议政》,夏东元编《郑观应集》上册,第103页。
⑤ 夏东元编:《郑观应集》上册,第967页。

年，他上奏提出设立上下议院，"上议院由王公大臣议之"，"下议院由各省民间公举之人议之"。上下议院的换人更代"定限以三年，使上议院无权重之弊，而下议院之新举自民间者，于民事知之至悉也"。明确指出："设议院者，所以因势利导，而为自强之关键也。"① 崔氏成为近代中国向清廷明确提出开设议院要求的第一人。

中法战争之后，主张改革君主政体，实行"君民共主"，已经成为早期维新士人的共识。并且对西方民主政制的注意力都集中在议院上面，认为议院是西方国家富强之本，主张中国设立议院。陈炽指出，泰西议院之法，"合君民为一体，通上下为一心"，"英美各邦所以强兵富国、纵横四海之根原也"②。汤震也将设立议院视为"我国家转弱为强之机"③。陈虬认为，"何以致富强，曰在治人，人不自治，治之以法"，而"治之法"的第一项举措即是"开议院"。④ 郑观应更进一步指出设立议院可以防专制，张国势，得民心。他说："议院者，公议政事之院也。集众思，广众益，用人行政，一秉至公，法诚良，意诚美矣。""故自有议院，而昏暴之君无所施其虐，跋扈之臣无所擅其权，大小官司无所卸其责，草野小民无所积其怨，故断不至数代而亡，一朝而灭也。""欲行公法，莫要于张国势；欲张国势，莫要于得民心；欲得民心，莫要于通下情；欲通下情，莫要于设议院。"⑤ 稍后，郑观应也意识到设立议院要以兴学校、开民智作为前提条件。在1895年刊行的《盛世危言（十四卷本）·公举》中，他强调西方国家教育发达，人才兴盛，报刊普及，具有选举议员、设立议院的社会条件；反观中国，"学校尚未振兴，日报仅有数处，公举议员之法，殆未可施诸今日也。盖议院为集众是以求一当之地，非聚群嚣以成一哄之场。必民皆智慧，而后所举之员乃贤；议员贤，而后议论措置乃得有真是非。否则，徒滋乱萌，所谓欲知其利，当知其弊也"⑥。这一思想似对康

---

① 崔国因：《奏为国体不立后患方深请鉴前车速筹布置恭折》，《枭实子存稿》，光绪年间刻本；转引自熊月之《中国近代民主思想史》，第129页。
② 陈炽：《庸书·议院》，赵树贵、曾丽雅编《陈炽集》，中华书局1997年版，第107页。下引该书均同此版，不再另注。
③ 汤震：《危言·议院》，光绪二十三年实学会刊本。下引该书均同此版，不再另注。
④ 陈虬：《治平通议·救时要议·议目》，中国史学会主编《戊戌变法》（一），第224页。
⑤ 郑观应：《盛世危言·议院上》，夏东元编《郑观应集》上册，第311、313、314页。
⑥ 夏东元编：《郑观应集》上册，第329页。

有为、梁启超等维新士人产生过较大影响①。

早期维新士人主张仿效西洋议院之制时，还提出了在中国设立议院的具体构想，大体有三种方案。②

第一种方案是在乡官制度的基础上设立议院。陈炽提出"仿外洋议院之制"，由百姓公举乡官组成地方议院，"每乡二人，一正一副，其年必足三十岁，其产必及一千金"，每任两年，任满再举。定期开会咨询"大政疑狱"，分别负责地方事务，地方官对不称职的乡官则可以"随时撤之"，凡有实惠及民的乡官，则可以经督抚查核保举，授以官职③。百姓选出的乡官相当于县议员，再由"县选之达于府，府举之达于省，省保之达于朝"，组成下议院。上议院则由朝廷任命官员组成④。

第二种方案是变通官僚机构设立议院。汤震则提出议院采取变通原有官僚机构的方式组成。四品以上的官员组成上议院，由军机处主持；四品以下的官员组成下议院，由都察院主持。凡国家大政方针，"先期请明谕，得与议者"，由两院议员议论利害得失，再由军机大臣将所议结果，"上之天子，请如所议行"。省府州县有应议之事，则由地方士绅分级议之⑤。

上述两种方案虽然强调是仿效"外洋议院之制"，但所仿效的主要是给予绅民一定的选举权和议事权，所设计的地方议院和中央议院实际上是分别附属于官府和皇帝的咨询机构。

第三种方案是借助科举制度设立议院。何启、胡礼垣在写于1894年冬、刊于1895年春的《新政论议》中，设计了中央议院和县、府、省三级地方议院，主张以科举制为基础层层选举各级议员，由平民在秀才中选出县议员，由秀才在举人中选出府议员，由举人在进士中选出省议员，三

---

① 如康有为在戊戌维新时期曾说："民智未开，遽用民权，则举国聋瞽，守旧愈甚，取乱之道也。故立国必以议院为本，议院必以学校为本。"（见康有为《日本政变考》，卷11）梁启超1896年在《古议院考》中说："凡国风气已开，文学已盛，民智已成，乃可设议院。今日而开议院，取乱之道也，故强国以议院为本，议院以学校为本。"（见梁启超《饮冰室合集·文集之一》，第96页）

② 戴逸先生早已概括了这三种方案，即"议会制度与科举制度联系在一起""议会制度与乡官制度结合在一起""议会制度和官僚机构融为一体"（见戴逸《戊戌维新前的资产阶级启蒙思潮》）。

③ 陈炽：《庸书·乡官》，赵树贵、曾丽雅编《陈炽集》，第17页。

④ 陈炽：《庸书·议院》，赵树贵、曾丽雅编《陈炽集》，第108页。

⑤ 汤震：《危言·议院》。

级议院均设议员60名。地方事宜由地方议院与各级官府共同议定,"地方之利弊,民情之好恶,皆借议员以达于官。兴革之事,官有所欲为,则谋之于议员,议员有所欲为,亦谋之于官,皆以叙议之法为之,官与议员意合,然后定其从违也"。议院议事采取少数服从多数的原则,通过议院和官府逐级议定,最后上报朝廷,"君意合,则书名颁行;意不合,则令其再议","凡军国大政,其权虽出于君上,而度支转饷,其议先询诸庶民"。省议员每年一次集中北京,开院议事,议定之事,奏闻皇帝,"主上御笔书名,以为奉行之据"①。在这一方案中,君主对军国大政虽有最后的裁决权,但也必须考虑议院的决议,所以君主的权力实际已经受到了议院的限制。

何、胡二人还提出了类似于西方内阁制的官制改革方案。首先在原六部的基础增设商部、学部、外部,各部官员"俱宜用明于西法者"。各部部长由各省议员从翰林推举数人或数十人,由宰相从中选择任用;宰相由各省议员从翰林或部长中推举合适人选多名,由君主从中选择任命。"宰相以三年为期,善于其职者留,若旷于其职,则天子可以黜之。而令议员另举;议员亦可以黜之。而请天子另取。部员亦然。若善于其职,则与宰相同留,若旷于其职,则宰相可以黜之,而令议员另举;议员亦可以黜之,而请宰相另取也。"② 君主和议员都有罢黜宰相之权,宰相必须同时对君主和议院负责;宰相有选任行政官员的组阁权,议院则对行政官员有罢黜权。这一政制的设计,具有了西方内阁制的一些特点,也限制了以皇权为中心的专制政府的权力③。

早期维新士人在主张效法西方议会制度之时,也极力宣传西方政制乃中国"三代之绪余"。"大抵西人政教,大半本之周官。"④ 西方议会制度不过是"议员得庶人在官之意,而民隐悉闻"⑤,这一认知,并非因其昧于外情;相反,他们大多对西方的历史和现状有相当了解。这实际上反映

---

① 何启、胡礼垣:《新政论议》,郑大华点校《新政真铨——何启 胡礼垣集》,第115、117页。
② 何启、胡礼垣:《新政论议》,郑大华点校《新政真铨——何启 胡礼垣集》,第137~138页。
③ 本段论述参见耿云志等《西方民主在近代中国》,中国青年出版社2003年版,第22~23页。
④ 汤震:《危言·中学》。
⑤ 陈炽:《〈盛世危言〉序》,赵树贵、曾丽雅编《陈炽集》,第304页。

他们在仿效"西政"的过程中,希望通过尊崇本民族文化来体现民族自尊和民族自信的心态。不过,在中国的传统思想文化资源中,"三代之治"为最高的社会政治理想,既然西方政教被视为"三代之绪余",既然效法西方是"礼失求诸野",这就意味着西方政制体现了中国最高的社会政治理想,其间实则隐含了西方文化优越的观念,这正是从19世纪的"西学中源说"转向到20世纪"中国文化西源说"①的一条内在理路。

当然,早期维新士人设计的议院的主要作用还是"通上下之情",并没有西方国家议院所拥有的立法权,这样的议院自然也不是国家的权力机关②。只有部分出使官员因对西方国家议院有了深入的考察和了解后,才开始认识到议院具有立法权,是国家的权力机关③。早期维新士人主张政制改革时,也没有认识到宪法是议院政治的核心内容,没有提出制定和颁布宪法的问题④。所以,他们所设计的"君民共主"政制,还不能说是完全意义上的"君主立宪制度",而只是君主专制政体向君主立宪政体过渡的一种形式。

---

① 这一学说认为中国远古民族来源于西方,特别是与两河流域的巴比伦文化有渊源关系。此说的兴起又是受西方学者的影响,1894年伦敦大学教授拉克伯里(Albert Terrien de Lacouperie)发表其所著的《中国早期文明西源论》,日本学者白河次郎及国府种德合著《支那文明史》又引据并发挥此说,遂在中国知识界产生广泛影响,流行一时,直至20世纪30年代才逐渐消寂(参见王仲孚《中国民族西来说之形成与消寂的分析》,载《中国历史学会史学集刊》1976第8期)。

② 戴逸先生已经指出,三种议会方案,"有激进与保守之分,具体措施也不相同,但基本精神都要维护皇权的尊严。他们设计的议会不过是皇帝的一个扩大了的咨询机关,而不是权力机关"(见戴逸《戊戌维新前的资产阶级启蒙思潮》)。

③ 如出使美国的崔国因曾指出:"美国议院权重","立例者,议院;行例者,总统;守例者,察院。议院有立例之权,则大事为议院主之,总统不过奉行焉耳。"(崔国因:《出使美日秘国日记》,第48、389页)。宋育仁也说明西方国家"议院主议法,政府主行政,察院主断法"(宋育仁:《泰西各国采风记》,见《郭嵩焘等使西记六种》,生活·读书·新知三联书店1998年版,第347页)。

④ 耿云志等《西方民主在近代中国》已经指出,"早期改革派""没有认识到宪法是君主立宪政及议会政治的核心内容,在维新运动发起之前,早期改革派从未提到过制定宪法的问题"(见该书第25页)。1900年郑观应刊行《盛世危言》八卷本,在增写的《原君》篇附录中,根据日本深山虎太郎所著的《民权》《共治》《君权》三论,才意识到"无论民权、共治、君权,宪法皆不可无,惟各有参酌耳","非有宪法律令而后有民权也"(夏东元编:《郑观应集》上册,第334页)。

二、对自由、平等的态度

近代西方民主政制的确立,是为了保障国民获得自由、平等的权利,所以西方民主政治思想传入中国后,也或多或少与自由、平等的价值观念联系在一起,时人也曾用"自主"或"自由"之类的词来陈述民主自由思想。1877年10月2日《申报》发表一篇题为《论西国自由之理相爱之情》的文章,从"民主"的角度来介绍"自由"。该文说:"西国之所谓自由者,谓君与民近,其势不相悬殊,上与下通,其情不相隔阂,国中有大事,必集官绅而讨论,而庶民亦得参清议焉。君曰可而民尽曰否,不得行也。民尽曰可,而君独曰否,亦不得行也。盖所谓国事者,君与庶民共之者也。"而西文"自由"(liberty)一词传入中国亦多被诠释为"自主之理"或"自主之权"①。

黄遵宪是较早介绍西方自由、平等观念的代表人物,他在《日本国志》中介绍日本的自由民权运动时指出:"自由者,不为人所拘束之义也。其意谓人各有身,身各自由,为上者不能压抑之、束缚之也。"② 并且进一步说明西方国家的以法治国,旨在保障个人的自由、平等权利,"余闻泰西人好论'权限'二字,今读西人法律诸书,见其反复推阐,亦不外所谓'权限'者。人无论尊卑,事无论大小,悉予之权,以使之无抑;复立之限,以使之无纵,胥全国上下同治于法律之中,举所谓正名定分,息争弭患,一以法行之。余观欧美大小诸国,无论君主,君民共主,一言以蔽之,曰以法治国而已矣。"③ 同时又认为西人提倡自由、平等,即所谓的"人人有自主权利","人人得自伸其权,自谋其利","其流弊不可胜言"。强调"天下之不能无尊卑、无亲疏、无上下,天理之当然,人情之极则也。圣人者知其然,而序以别之,所以已乱也。今必欲强不可同、不能兼者,兼而同之,是启争召乱之道耳!幸而今日泰西各国,物力尚丰、民气

---

① 马礼逊的《五车韵府》(1822)将 Liberty 诠译为"自主之理",麦都思的《英汉字典》(1847)译之为"知主,自主之权,任意擅专,自由得意";罗存德的《英华字典》(1866)则译为"自主,自由,治己之权,自操之权,自主之理",见方维规:《"议会"、"民主"、"共和"等概念在十九世纪的中译、嬗变与运用》,载《中华文史论丛》2001年第2辑(总66辑),第75页。

② 黄遵宪:《日本国志·礼俗志四》,陈铮编《黄遵宪全集》下册,第1491页。

③ 黄遵宪:《日本国志·刑法志一》,陈铮编《黄遵宪全集》下册,第1322~1323页。

尚朴，其人尚能自爱，又恃其法令之明，武备之修，犹足以维持不败"。但终归"不百年必大乱"，甚至出现"伏尸百万、流血千里"的惨况。①1882年，黄遵宪出任驻美国旧金山总领事后，对西方国家的民主自由有了更深入的了解。1884年，他写诗记述美国总统选举，肯定了美国人民争取独立、自由、平等的历史进步："自树独立旗，不复受压制。红黄黑白种，一律平等视。人人得自由，万物咸遂利。民智益发扬，国富乃倍蓰。泱泱大国风，闻乐叹观止。"同时，又对竞选中两党攻讦，乱象丛生表示十分慨叹："彼党讦此党，党魁乃下流"，"至公反成私，大利亦生弊"。不过，他还是认为美国总统选举结果"究竟所举贤，无愧大宝位。倘能无党争，尚想太平世"②。在他看来，西方国家的民主自由，既有其进步性，也有其局限性。

初步意识到西方的自由、平等与民主政制有着某种内在联系的还有邵作舟。他在《邵氏危言》中，指出西方国家实现富强之根本原因有二：一是"人之自得"，二是政不独专，这两者实际上正是自由、平等与民主的问题。他说："泰西之为国如醵然，君不甚贵，民不甚贱，其政主于人之自得，民诉诸君，若诉诸其友。国有大事，谋常从下而起，岁之常用，先一岁以定之。有大兵役，国会群谋而许，然而量出为入，加赋而敛，于官所不可一兵之发，一钱之税，一条教之变，上不能独专也。中国不然，尊至于天而不可仰视，贱至于犬马鸟兽，鞭挞斩刈，惟上之欲之也。"他指明正是西方民主与中国的专制造成了两种不同的人民品格："泰西之民刚而直，其平居采清议，重耻辱，仪简而亲，法简而专，命简而速"；中国则"民习于教而制于威，柔而易令，顺而易从，政驰于上则众惰于下，尊卑隔绝，势散志涣"。③他批判专制的锋芒，不仅指向了"政"，而且指向了"教"，这在早期维新士人的反专制思想中是不多见的。

部分维新士人对妇女权益的关注，对受压迫妇女的同情，则是自由、平等的观念在妇女问题上的具体表现。陈炽认为中国周秦以前，受教从业，男女平等，"古人立教，男女并重，未尝有所偏倚其间也"。他抨击了自南宋以来盛行的妇女缠足之风，使之"终身蹇弱，有如废人"。赞扬

---

① 黄遵宪：《日本国志·学术志一》，陈铮编《黄遵宪全集》下册，第1399~1400页。
② 黄遵宪：《纪事》，陈铮编《黄遵宪全集》上册，第108~109页。
③ 邵作舟：《邵氏危言·异势》，上海商务印书馆，光绪二十四年印本；参见熊月之《中国近代民主思想史》，第174~175页。

"泰西风俗,凡女子纺绣工作艺术,皆有女塾,与男子略同,法制井然,具存古意。故女子既嫁之后,皆能相夫佐子,以治国而齐家,是富国强兵之本计也"。主张严禁妇女缠足,筹款广设女塾,普及女子教育,奖励才而贤者,"使朝野上下间,蔚然蒸为风俗,此正本清源之要术,久安长治之初基"。① 显然,陈炽已经将维护妇女权益的问题提升到了实现富国强兵、久安长治的高度。

近代最早批判"夫为妻纲"的宋恕,更是表现出了对妇女权益的极大关注。他在1892年写成的《六字课斋卑议(初稿)》中,批判了宋元以后盛行的表彰"烈女""节妇"的"旌表"制度,指出"儒者专以'贞'、'节'、'烈'责妇女",造成妇女"人人有聊不生之势矣"。一些族长"往往逼死其族中夫亡无子之幼妇,以希冀仰邀旌表为一族荣"。因此,他呼吁"今宜永停旌表夫亡守志贞女节妇、夫亡自尽烈女妇例,并除再适妇不行封赠例,以救妇女之穷,而复三代之治"。② 他还提倡男女婚姻自主,主张未满16岁,"不许家长订婚",及年订婚须取得男女本人的同意,"婚书须由本男女亲填甘结,如本男女不能作字,许家长或亲戚代填,令本男女画押","男女许自相择偶",若家长违背子女本人的意愿代为订婚或强行干预者,依律例惩治③。男女结婚后,合则留,不合则去。"宜改定三出礼"即与公婆、与丈夫或与前妻子女不合者皆出,"三出"由丈夫做主;"另设五去礼",前三去内容与三出相同,后二去为妻妾不合去,为归养父母去,"五去"则由妻妾做主;不论三出或五去,夫妻双方都须以礼相待。"五去礼"的设立完全是出于维护妇女权益的考虑,"盖不设'五去礼',则为妇女者,不幸而遇盗贼、灭伦之夫,惟有身与之俱死、名与之俱臭,斯乃数千年来第一惨政也"④。"三出礼"和"五去礼"使男女具有了相同的地位和权利,体现了男女平等的原则。宋恕还提出了严禁逼良为娼、严禁买卖婢妾等主张⑤。又批判女子"无才便是德"之谬

---

① 陈炽:《庸书·妇学》,赵树贵、曾丽雅编《陈炽集》,第128~129页。
② 宋恕:《六字课斋卑议(初稿)·停旌章第三十三》,胡珠生编《宋恕集》,中华书局1993年版,第33页。下引该书均同此版本,不再另注。
③ 宋恕:《六字课斋卑议(初稿)·婚嫁章第三十》,胡珠生编《宋恕集》,第31页。
④ 宋恕:《六字课斋卑议(初稿)·婚嫁章第三十》,胡珠生编《宋恕集》,第32页。
⑤ 参见宋恕《六字课斋卑议(初稿)·女闾章第二十九·婢妾章第三十一》,胡珠生编《宋恕集》,第29、32页。

说，倡导"举创女学"，"使女人皆读书明理，则人才、风俗必大有转机"①。宋恕主张维护妇女权益、提倡男女平等，反映出他已经具有了一定的自由、平等的观念。

何启、胡礼垣在1887年写成的《书曾书后》则首次提出了"公平"的观念："公与平者，即国之基址也。公者，无私之谓也。平者，无偏之谓也。公则明，明则以庶民之心为心，而君民无二心矣；平则顺，顺则以庶民之事为事，则君民无二事矣"，所以"公平者，国之大本也"。② 至于如何实现"公平"，他们在七年以后写成的《新政论议》中进一步提出"开议院以布公平"③，即通过建立民主政制来实现"公平"。

然而，早期维新士人在称赞西方政制时，对与议会制度相关联的自由、平等的价值观念往往持否定态度。同样是关注男女平等的陈炽，在论及西方政制时则认为，"西人倡自主之说，置君如弈棋，其贤者尚守前规，不肖者人思自取"，"自由之说，此倡彼和，流弊已深"，必将导致欧洲发生变乱④。宋育仁的看法更具有代表性，他虽然承认西方国家"变僻陋为富强，全得力于议院。其尽变旧渐之华风，荡然尊卑之分，则由彼教导其源，而议院扬其波，深观得失，议院权虽偏重，而大通民隐，实为善政"；但却视自由、平等为"流弊"和"谬说"，认为西人"无礼教以立民志之本，故人人欲擅自主之权，视君如无，不夺不厌"⑤。"其教陋弃人伦，无君子，故有废君主、抑父权、男女同例、婚姻自主、亲不共财、贱不下贵诸谬说，陷溺其人心，相承奉以为大律。"⑥ 这种认知反映出早期维新士人并未清楚地意识到西方的民主政制正是以自由、平等的价值观为基础的，所以，他们主张仿效"西政"，开设议院，却排斥、否定自由、平等的价值观，希望在坚持中国传统的文化价值体系不变的架构下来引进"西艺"、"西政"，以实现国家的富强。

早期维新士人在主张效法"西艺""西政"之时，大多坚持中国之

---

① 宋恕：《六字课斋卑议（初稿）·女学章第五》，胡珠生编《宋恕集》，第17页。
② 何启、胡礼垣：《书曾书后》，郑大华点校《新政真铨——何启 胡礼垣集》，第73、86页。
③ 何启、胡礼垣：《新政论议》，郑大华点校《新政真铨——何启 胡礼垣集》，第117页。
④ 陈炽：《庸书·审机》，赵树贵、曾丽雅编《陈炽集》，第139页。
⑤ 宋育仁：《泰西各国采风记》，王立诚编校《郭嵩焘等使西记六种》，生活·读书·新知三联书店1998年版，第341页。下引该书同此版本，不再另注。
⑥ 宋育仁：《泰西各国采风记》，王立诚编校《郭嵩焘等使西记六种》，第348页。

"教"优越于西洋之"教"的认知。薛福成1872年指出:"中国所长,则在秉礼守义,三纲五常,犁然罔斁。盖诸国之不逮亦远焉。为今之计,莫若勤修政教,而辅之以自强之术。其要在夺彼所长,益吾之短,并审彼所短,用吾之长。中国之变,庶几稍有瘳乎。"① 1880年王韬亦主张:"器则取诸西国,道则备自当躬,盖万世而不变者,孔子之道也,儒道也,亦人道也。"② 陈炽在1893年所写的《庸书·审机》中更是明确指出:"泰西之所长者政,中国之所长者教。""西人忠信明决,实为立国之原,而三纲不明,五伦攸斁,则他日乱机之所伏,则衰象之所由成也。"③ 在他看来,不讲"三纲五常"的西方国家也终将因此而衰败。郑观应在《盛世危言·道器》中对"列圣相传之大道,而孔子述之以教天下万世者"的"道统"坚信不疑,认为"西人不知大道,囿于一偏",甚至坚信数百年后,西方"分歧之教必浸衰,而折入于孔孟之正趋"。④ 直至1900年《盛世危言》再版之时,他在增写的附言中,依然坚持"尧、舜、禹、汤、文、武、周、孔之道,为万世不易之大经",强调"我师彼法,必须守经固本;彼师我道,亦知王者法天"。⑤

对于早期维新士人的这一认知现象,论者多持批判、否定的态度,少有"了解之同情"。视"纲常名教"为中国传统文化价值体系的核心,的确是早期维新士人的共识。在他们看来,中国传统文化的代表是儒教,而儒教的核心则是"纲常名教",坚持"纲常名教"则意味着坚持中国的传统文化。他们大多采取文化可分的取向,主张在保存中国传统文化价值体系的基础上采纳"西艺""西政"。而来华的西人则一再强调文化不可分,宣扬采纳"西艺""西政",就必须同时信奉"西教",所谓"天道本也,格致末也,贵国舍本求末,国之欲富强得乎?"⑥ 作为对于西人宣扬文化不可分的回应,早期维新士人自然坚持中国之"教"优于西洋之"教",这一认知,与其说是反映了其民主政治思想"不成熟的保守倾向",不如

---

① 薛福成:《赠陈主事序》,丁凤麟、王欣之编《薛福成选集》,上海人民出版1987年版,第46页。下引该书同此版本,不再另注。
② 王韬:《杞忧生〈易言〉跋》,《弢园文录外编》,第266页。
③ 赵树贵、曾丽雅编:《陈炽集》,第139页。
④ 郑观应:《盛世危言·道器》,夏东元编《郑观应集》上册,第242、243页。
⑤ 夏东元编:《郑观应集》上册,第244页。
⑥ 《救时急务十二则》,载《万国公报》清光绪四年九月。

说是在面临"西教"对华渗透的严重情势下所表现出来的一种文化民族主义的情结。①

甲午战争后,随着民族危机的空前加深、西学的持续传播,以纲常名教为核心的中国传统文化的价值体系已经面临严峻挑战和深刻危机,维新士人逐步将民主政制与自由、平等的观念联系在一起,近代自由意识开始初步觉醒,中国早期的民主政治思想的演进也从此迈入了一个新的历史阶段。

---

① 一贯提倡"独立之精神,自由之思想"的陈寅恪在《王观堂先生挽词序》中指出:"吾中国文化之定义,具于白虎通三纲六纪之说,其意义为抽象理想最高之境,犹希腊柏拉图所谓 Idea 者。"贺麟也说:"五伦的观念是几千年来支配我们中国人的道德生活的最有力量的传统观念之一。它是我们礼教的核心,是维系中华民族的群体的纲纪。"(贺麟:《文化与人生》,商务印书馆 1988 年版,第 51 页)钱穆也认为,中国文化传统"讲究最透彻"的是"对人之学",而"要讲对人之学,必从此五伦始"(钱穆:《谈学问》,《历史与文化论丛》,第 168 页,收入《钱宾四先生全集》第 42 册)。应该说,陈、贺、钱对中国传统文化都有相当的理解和研究。故对这一认知现象似不应简单否定,而应在深入研究的基础上做出恰当的解释。最近,韩潮博士的相关研究表明,若用现代观念来审视"纲常名教",自然与独立自由的意志全然相悖。但若用前现代的观念来审视,则"传统伦理的面相自有一种超拔独立的特操,陈寅恪先生之所以借助于柏拉图主义的理念学说以阐发儒家的伦常观念,正是为了恢复我们对这种超拔独立的特操的理解。换言之,纲常名教中自有独立自由处"。这就是从屈原以降中国传统士大夫的气节。同时,如果放眼整个世界的古代文明体系,儒家的纲常名教不过是"古代世界传统的等级制或依附式伦理结构的一个分支","也可以说是古代世界的普世价值",而非中国所独有(韩潮:《纲常名教与柏拉图主义——对陈寅恪、贺麟的"纲常理念说"的初步检讨》,载《云南大学学报》2012 年第 6 期)。

中体西用：转型社会的文化模式

"中体西用"即"中学为体，西学为用"，作为一种文化模式，是近代中西文化冲突的产物。海内外学术界对这一文化模式作了不少研究，新论迭出。不过，"中体西用"思潮的嬗变在不同的历史阶段，时人关注的焦点有所转移，其内含亦可有学术文化与政治文化之分，因而还有进一步探讨的必要。

"体"和"用"是中国传统文化中一对很能表现中国人思维方式特点的范畴，其含义丰富、运用宽泛。最早将体用两字并举，是《荀子·富国篇》："万物同宇而异体，无宜而有用。"不过，在先秦时期，体与用多是分开来讲的，两者并举仅是个别的情况。至魏晋时期，"体用"已经是指一物之"体用"，如王弼《老子注》："虽贵以无为用，不能舍无以为体也。"至宋代，理学家程颐又提出了"体用一源"的思想，后又经朱熹和明代的王阳明等人的进一步解释，"体用"便是指一个事物不可分离的两个方面。①

熊十力曾指出："体用之名，大概有一般通用及玄学上所用之不同"②，主张区分体用的通常意义与玄学意义。就通常意义而言，体用不过是表示主次、本末、重轻、先后等意思。近代中国人大体上正是从通常意义上来使用"体用"的，并且使用的范围相当宽泛。王尔敏先生曾举出若干例证，诸如，"以自立为体，以推诚为用"（曾国藩语）；"以守为体，以战为用"（王文韶语）；"以清心寡欲为体，以破除情面为用"（朱采语）；"忠实为体，勤俭为用"，"恃工为体，恃商为用"（薛福成语）；"理学为体，经济为用"（唐文治语）；等等。③

上举例证为若干人所言。其实，即以张之洞一人为例，不仅是从通常

---

① 参见方克立《论中国哲学中的体用范畴》，载《中国社会科学》1984年第5期。
② 熊十力：《新唯识论》，中华书局1985年版，第182页。
③ 王尔敏：《清季知识分子的中体西用论》，《晚清政治思想史论》，广西师范大学出版社2005年版，第41～42页。

意义上来使用"体用",而且使用的范围同样宽泛。其议论商务与兵战之关系时称"以商务为体,以兵战为用"①,议论编练新军时又说军队之装备、素质为"军之体",带兵、用兵为"军之用"②。议论工业与商业之关系时称"工为体,商为用"③,议论农业与工业之关系则又谓:"以农为本,以工为用。"④ 议论经史的关系时称:"经之体尊,史之用广。"⑤ 议论书院之宗旨时又谓:"以义理经史之学为体,以经济救时之学为用。"⑥ 凡此等等,不一而足。可见,近代国人之使用"体用"确有流变不居的特点⑦,只有将时人的议论置于一定的"语境"(context)中加以解读,才能对这一文化模式有较深的理解。

一、从国之"本末"到学之"体用"

"中体西用"作为一种文化模式,大体经历了"艺(器物)—政(政制)—教(文化)"的嬗变过程,既存研究比较注意这一文化模式的定型过程,但似未注意以甲午战争为界,议论"中体西用"者关怀的焦点是有所不同的。甲午战争前,侧重于"艺"和"政"的关系;甲午战争后则侧重于"政"与"教"的关系。

一般认为,冯桂芬是最早提出"中体西用"思想雏形的人,他在1861年写成的《校邠庐抗议》中提出:"如以中国之伦常名教为原本,辅以诸国富强之术,不更善之善哉!"⑧ 在冯氏看来,"中国伦常名教为原本"是不言而明的道理,故其真正强调的是"辅以诸国富强之术",即"制洋器"和"采西学"。为何要"制洋器"?因中国"船坚炮利不如

---

① 张之洞:《延访洋务人才启》,苑书义等主编《张之洞全集》第4册,第2400页。
② 张之洞:《选募新军创练洋操折》,苑书义等主编《张之洞全集》第2册,第1053页。
③ 张之洞:《劝学篇·外篇·农工商学第九》。
④ 张之洞:《筹定学堂规模次第兴办折》,苑书义等主编《张之洞全集》第2册,第1493页。
⑤ 张之洞:《致宝竹坡》,苑书义等主编《张之洞全集》第12册,第10343页。
⑥ 张之洞:《复吴䕫臣》,苑书义等主编《张之洞全集》第12册,第10251页。
⑦ 类似的表述也见于他人。如梁启超曾转述康有为语"以群为体,以变为用。斯二义立,虽治千万年之天下可也"(梁启超:《说群自序》,《知新报》第18册,光绪二十三年四月十六)。康氏讲学万木草堂时又曾"以孔学、佛学、宋明学为体,以史学、西学为用。"(梁启超:《康南海先生传》,《饮冰室合集·文集之六》,第62页。)
⑧ 冯桂芬:《采西学议》,《校邠庐抗议》卷下,收入郑大华点校《采西学议——冯桂芬、马建忠集》。

夷"，面临"将为天下万国所鱼肉"的危局①。为何要"采西学"？因西学中之"算学、重学、视学、光学、化学等，皆得格物致理。舆地书备列百国山川厄塞风土物产，多中人所不及"②。他还提出了"采西学"的具体办法，即在广东、上海等地设"翻译公所"，选15岁以下"颖悟文童"入内，"聘西人课以诸国语言文字，又聘内地名师课以经史等学，兼习算学"③；同时组织翻译西书。1862年成立于北京的"同文馆"及1865年创办于上海的"江南制造总局"所附设的翻译馆，都可以说是冯桂芬"采西学"主张的具体实施。

冯桂芬还坦率地承认中国在许多方面都比西洋国家落后："人无弃材不如夷，地无遗利不如夷，君民不隔不如夷，名实必符不如夷。四者道在反求，惟皇上振刷纪纲，一转移间耳，此无待于夷者也。"④ 这等于是承认西洋的政治、文化有比中国优越之处。不过，他并没有由此得出从这四个方面效法西人的结论，反而认为四者皆"无待于夷者"，而应"道在反求"，只要"皇上振刷纪纲"，便可立即奏效。从"制洋器"到"采西学"，意味着从师夷之技进展到师夷之学。不过冯氏所说的"学"，实指"诸国富强之术"，即西洋的应用科学技术。冯氏虽然没有将他的这一主张明确表述为"中体西用"，但大体上有了"中体"上引进"西用"的意思。

继冯桂芬之后，提出"中体西用"思想的是薛福成。1865年，他在曾国藩幕府中论及筹备海防事宜时，指出"防之之策，有体有用"。"言其体必修政刑，厚风俗，植贤才，变旧法，祛积弊，养民练兵，通商惠工。"而这些"体"都是中国固有之"体"，并不存在向西人学习的问题。至于中国不如西人者只有两样东西，即"火器"与"轮船"。"西人所持，其长有二，一则火器猛利也，一则轮船飞驰也"，但"彼之利器，可购而得也"，"彼之技艺，可学而能也"，如此，"则彼之所长，我皆夺而用之矣"。⑤ 总之，薛福成将中国的政刑、风俗、育才、法制乃至练兵、通商都视为"体"，而把西人的火器、轮船视为"用"，引进来为我所用，便

---

① 冯桂芬：《制洋器议》，《校邠庐抗议》卷下。
② 冯桂芬：《采西学议》，《校邠庐抗议》卷下。
③ 冯桂芬：《制洋器议》，《校邠庐抗议》卷下。
④ 冯桂芬：《制洋器议》，《校邠庐抗议》卷下。
⑤ 薛福成：《上曾侯相书》，丁凤麟、王欣之编《薛福成选集》，第23～24页。

能够御侮自强。薛氏虽然认为"中体"也需要进行改革；然而，提出的改革措施并没有超出传统的路数，与冯桂芬的思想颇为相似。从引进"西用"的内容看，也不外是洋务事业的那些内容。

可见，在冯、薛二人的体用观中，所谓"体"即"立国之本"指的是中国传统的"政教"，"用"指的是西洋之"艺"。其重点是"政"与"艺"的关系，主张在改善固有之"政"的基础上采用西洋之"艺"，从而达到富强的目的。

第一个从"体用一源"的观念出发，认识到西洋有西洋之体用的是郭嵩焘。他1875年在总理衙门任职时，在《条议海防事宜》中明确指出：

> 故夫政教之及人本也，防边末也，而边防一事，又有其本末存焉。敬绎六条之议：如练兵、制器、造船、理财，数者皆末也；至言其本，则用人而已矣。
>
> 西洋立国有本有末，其本在朝廷政教，其末在商贾；造船、制器，相辅以益强，又末中之一节也。故先欲通商贾之气，以立循用西法之基，所谓其本未遑而姑务其末者。①

这就是说，就中国而言，"政教""用人"为"本"，而边防为"末"。就西洋而言，立国之"本"是"政教"，"商贾"只是"末"，而"造船、制器"更是"末中之一节"；中国现在条件不成熟，不得不"姑务其末"，先"通商贾之气"，以奠定"循用西法"之基础。基础打好之后，方能效法西洋立国之本的"政教"。有意思的是，他一方面承认"西洋立国有本有末"，坚持的是"体用一源"的原则，而在采用"西学"上，又主张"体用可分"，由末到本、循序渐进地仿行。

次年，郭嵩焘任驻英公使，来到英国后，对西洋的立国之本有了更真切的了解。他在日记中写道：

> 计英国之强，始自国朝，考求学问以为富强之基，亦在明季，后于法兰西、日耳曼诸国。创立机器，备物制用，实在乾隆以后。其初国政亦甚乖乱。推原其立国本末，所以持久而国势益张者，则在巴力

---

① 中国史学会主编：《洋务运动》（一），第141、142页。

门（Parliament）议政院有维持国是之义；设买阿尔（Mayor 即市长）治民，有顺从民愿之情。二者相持，是以君与民交相维系，迭盛迭衰，而立国千余年终以不敝。人才学问相承以起，而皆有以自效，此其立国之本也。而巴力门君民争政，互相残杀，数百年久而后定，买阿尔独相安无事，亦可知为君者之欲易逞而难戢，而小民之情难拂而易安也。中国秦汉以来二千余年适得其反。能辨此者鲜矣。①

这清楚地表明，郭氏将议会制度看作是西洋的"立国之本"而心向往之。其实，郭氏能看到西洋之本在于"朝廷政教"，在相当程度上依据的恰是儒学"反求诸己"的思想资源。儒学有"内转"和"外推"的两重过程（即"内圣外王"之道）②。"内转"即在道德修养方面必须不断地"反求诸己"；然后再"外推"至齐家、治国、平天下；推而广之，从治国上"反求诸己"，则是应当注重于"内治"。郭氏正是从儒学"反求诸己"的思想资源出发，强调"自强"在于朝廷之"内治"："窃以为方今治国之要，其应行者多端，而莫切于急图内治以立富强之基。如此二者，可以立国千年而不敝。"③ 其反观中国历代治国之道，自然得出了立国之本在于"政教"这一结论，郭氏的这一认知，也与冯桂芬、薛福成具有相同的路数。冯氏所谓中国四"不如夷者"均在于"道在反求"。薛氏也视"修政刑，厚风俗，植贤才，变旧法，祛积弊"等"内治"为"体"。他们都是将中国的"政教"作为立国之本，希望在改善中国固有"政教"基础上采纳西洋之"艺"④。

---

① 郭嵩焘：《郭嵩焘日记》第3卷，第373页。
② 关于儒学"内转"和"外推"两重过程的论述，可参见余英时《中国思想传统的现代诠释》，江苏人民出版社1995年版，第160～161页。下引该书同此版本，不再另注。
③ 郭嵩焘：《伦敦致李伯相》，杨坚点校《郭嵩焘诗文集》，岳麓书社1984年版，第191页。下引该书同此版本，不再另注。
④ 同光之际，一些清廷要员亦强调"自强"在于"内治"，如郭嵩焘曾引两广总督曾国荃语："论自强二字之义，须看重'自'字，朝廷但一意自强，天下已焕然改观，非舍己而责之督抚也，督抚一意自强，一省已焕然改观，非舍己而求之将帅也。故曰：为仁由己。"并称赞曾氏所言"绝精"（《郭嵩焘日记》第4卷，第274页，光绪八年三月二十一日）。彭玉麟光绪元年的一份奏折也称："购备船炮，广储军火，筹画饷需，似自强矣，而非自强之根本"，而"清吏治""严军政""端士习""苏民困"等内治才是"自强之根本"（朱寿朋编：《光绪朝东华录》，中华书局1958年版，第1册，总76～79页，下引该书同此版本，不再另注）。

继此之后，参与经营洋务企业的郑观应于1884年在其《南游日记》中，也指出了"西人立国之本，体用兼备"。他写道：

> 余平日历查西人立国之本，体用兼备。育才于书院，论政于议院，君民一体，上下同心，此其体；练兵、制器械、铁路、电线等事，此其用。中国遗其体效其用，所以事多扞格，难臻富强。①

无独有偶，曾任两广总督的张树声在病逝前夕，口授了一份《遗折》②，也提出了同样的观点。他说：

> 夫西人立国，自有本末，虽礼乐教化，远逊中华，然驯致富强，具有体用。育才于学堂，论政于议院，君民一体，上下一心，务实而戒虚，谋定而后动，此其体也；轮船、大炮、洋枪、水雷、铁路、电线，此其用也。中国遗其体而求其用，无论竭蹶步趋，常不相及，就令铁舰成行，铁路四达，果足恃欤？

这里，张树声已经明确指出"西人立国，自有本末"，"驯致富强，具有体用"。西洋政制才是其"体"或"本"，而先进武器和近代工业不过是其"用"或"末"。"中国遗其体而求其用"，即使"铁舰成行，铁路四达"，却并不能御外侮而自强。

郑、张二人议论的核心，是希望在中国效法西洋设立议会制度。但仔细考察，他二人还算不上是最早在中国公开提出设立议院的。1883年，安徽籍进士出身的京官崔国因，在《奏为国体不立后患方深请鉴前车速筹布置恭折》中向朝廷公开请求设立上下议院。建议"上议院由王公大臣议之"，"下议院由各省民间公举之人议之"。上下议院的换人更代"定限以三年，使上议院无权重之弊，而下议院之新举自民间者，于民事知之至悉也"。明确指出"设议院者，所以因势利导，而为自强之关键也"③。崔氏成为近代中国向朝廷明确提出开设议院要求的第一人。这也说明主张中国

---

① 夏东元编：《郑观应集》上册，第967页。
② 《张靖达公奏议》卷八，光绪二十五年刊本，第32～33页。
③ 转引自熊月之《中国近代民主思想史》，第129页。

设立议院的,并非只有郑观应这样的"早期改良派"。

从郭嵩焘到郑观应,其体用观中已经引入了"西体"。虽然有时将"西体"笼统称为"朝廷政教",但具体说到"西体"时,则主要是指议院。议院是一种政制,实际上属于"政"。既然"西政"才是"西体",那么,引进的"西体"是作为中国之"体"还是作为中国之"用"呢?如果说,"西体"也作为中国之"体",那么,将面临一个置中国之"教"于何地的问题。如果"西体"仅作为中国之"用",那中国之"体"又是什么呢?

至此,不难看出,时人的体用观,实际上分为了艺、政、教三个层面。大体类似今日学者在讨论文化结构是所概括的物质层面、制度层面和文化心理层面。有关"中体西用"议论中,当关怀政与艺的关系时,政为体,艺为用;当关怀教与政、艺的关系时,则教为体,政、艺皆为用。这实际上已经包含着这样的观念:不管是作为"西用"的西洋器物,还是作为"西体"的西洋政制,引进之后都是作为中国之"用"。

张树声虽曾主张"采西人之体,以行其用",但这个"西体西用"引进之后,与中国固有之"教"相对应,只能居于"用"的地位。所以他虽然承认中国在"西末""西体"方面都不如西人,但唯独认为西人"礼乐教化,远逊中华"。比西人更优越的"礼乐教化",与引进的"西体西用"相对应,自然应该居于"体"或"本"的地位。维新人士陈炽在1893年所写的《庸书·审机》中说得明白:"泰西之所长者政,中国之所长者教。"①

由此可见,19世纪后期,中国的有识之士认识西洋之长有一个从"西用"扩大到"西体",也就是从"西艺"扩大至"西政"的过程,与此相应的便是"中体"的范围从"政教"退缩到仅有"教"的层面。大体说来,最初只承认"西艺"优越于"中艺",后来又承认"西政"也优越于"中政"。不过直到甲午战争前为止,不管是所谓的"早期改良派"还是所谓的"洋务派",有一点认知是相同的:即中国的"教"是优越于西洋的。郑观应在1894年刊行的《盛世危言(五卷本)·道器》中,主张仿效西法进行政经制度改革,同时强调"守尧舜文武之法",坚信数百年后西人"分歧之教必寖衰,而折入于孔孟之正趋"。至1900年重刊《盛

---

① 赵树贵、曾丽雅编:《陈炽集》,第139页。

世危言》（八卷本）时，在为《道器》篇增写的附言中，仍然坚持"尧、舜、禹、汤、文、武、周、孔之道，为万世不易之大经"①。

换言之，在"中体西用"的嬗变过程中，大体以甲午战争为界，所关怀的焦点是有所不同的。甲午战争之前，着重讨论"艺"和"政"，即"富强之术"和"立国之本"的关系问题，"富强之术"内容从火炮船舰扩大到通商制造，"立国之本"从主张改善传统之"政"到要求引进西洋之"政"。最初认为中国传统的"政"仍是"立国之本"，只是应当加以改善，而改善的办法不外是修内政、厚民生、求人才、正人心、端士习、肃官常等传统的路数，后来才意识到只有引进西洋议院制度才能解决问题。

正因为关怀的焦点是"艺"与"政"的关系，所以甲午战争之前议论得最多的是"立国之本末"，议论的语境则大多与筹海防、修内政有关。筹海防需要引进"西艺"，修内政则需要引进"西政"，不管是"西艺"还是"西政"，引入中国后皆作为"用"。在此语境之下议论"中体西用"，不管是所谓的"早期改良派"还是所谓的"洋务派"都会合乎逻辑地得出这一结论。

甲午战争后，"中体西用"观最值得注意的变化是开始普遍关怀"政"与"教"的关系，而且着重于从"教"的层面来检讨"中体"的地位问题。1896年，梁启超从采纳西学的角度，便十分关怀政与教的关系。他提出："采西人之意，行中国之法；采西人之法，行中国之意。其总纲有三：一曰教，二曰政，三曰艺。"认为自同文馆及各地洋务学堂开设以来，所讲求的西学中，"言艺之事多，言政与教者少"，"不务其大，不揣其本"，这正是洋务学堂"不能得异才"的根本原因②。在梁氏看来，西学应该有教、政、艺三个层面，而政与教这两个层面尤为重要。1897年，广东士人莫礼智致书《时务报》总理汪康年，就采纳西学一事，也表示了对"政""教""学术"三者关系的关注："贵报以翻译西文为主，然仆谓西学具有本末。以政、教、学术三者言之，则教为本，而学术与政为末。仅以政与学术言，则学术为本，政为末。仅以学术言，则如公理学、格物后学等类存诸内者为本，其他格致、汽机等存诸外者为末。乃仆观贵

---

① 夏东元编：《郑观应集》上册，第243、244页。
② 梁启超：《变法通议·学校总论》，《饮冰室合集·文集之一》，第19页。

报所译，类皆言政而已。"① 这一议论重心的转移显然与中国在战争中的惨败与战后国人的认知变化有着直接的关系。甲午战争的结局，对国人打击之大，影响之深是前所未有的。国人关怀的焦点，不仅要"保种""保国"，而且要"保教"，"教"之需要"保"，不正是说明其已经面临严重危机？

张之洞在《劝学篇·序》中说：今日中国面临自古以来所未有的"世变"，"海内志士，发愤扼腕，于是图救时者言新学，虑害道者守旧学，莫衷于一，旧者因噎而食废，新者歧多而羊亡；旧者不知通，新者不知本。不知通则无应敌制变之术，不知本则有非薄名教之心"。从而形成新旧的对立，"旧者愈病新，新者愈厌旧"，出现"学者摇摇，中无所主，邪说暴行，横流天下"的情势，这清楚地表明甲午战争后中国之"教"已面临被"非薄"的危机。

中国之"教"所面临的危机，主要来自于两个方面的挑战：一是"西教"的渗透。洋人再三强调文化不可分，宣扬采纳"西艺""西政"，则必须同时信奉"西教"，所谓"西方之政原于教，西方之教本于爱"②。"天道本也，格致末也，贵国舍本求末，国之欲富强得乎？"主张"请旨通饬民间，尽行弃邪归正，于各乡遍设男女讲堂"③。所以梁启超曾说："保教之论何自起乎？惧耶教之侵入而思所以抵制也。"④ 二是以"三纲"为核心的中国传统价值体系受到严峻挑战。张灏先生指出，甲午战争后出现的对三纲伦常挑战的新思想有间接和直接的两方面。"当西方的物理科学和社会达尔文主义的传播逐渐使中国知识分子接受了自然界的观点时，便形成一种间接的挑战。这必然会逐渐地磨蚀儒家的宇宙论神话。这神话一旦破灭，三纲便失去了传统的神圣性与说服力"，而"对三纲最直接而公开的挑战，便是宣传西方自由思想中的人民主权和社会平等的观念"⑤。

正是在这样情势下，中国之"教"何去何从的问题，才引起了朝野上下的普遍关注，有关"中体西用"的议论才由"立国修政"转向"大经

---

① 上海图书馆编：《汪康年师友书札》（二），上海古籍出版社1986年版，第1969页。
② 林乐知：《重回华海仍主公报》，载《万国公报》第11卷第2期，光绪二十五年二月。
③ 《救时急务十二则》，载《万国公报》，光绪四年九月。
④ 梁启超：《保教非所以尊孔论》，《饮冰室合集·文集之九》，第53页。
⑤ 张灏：《思想的转变和改革运动》，《张灏自选集》，上海教育出版社2002年版，第163页。

大本"的问题,并成为人们议论的热点。诚如梁启超在《清代学术概论》中说:"甲午丧师,举国震动,少年气盛之士,疾首扼腕言'维新变法',而疆臣若李鸿章、张之洞辈,亦稍稍和之。而其流行语,则有所谓'中学为体,西学为用'者,张之洞最乐道之,而举国以为至言。"① 张之洞虽然不是"中体西用"首倡者,但他作为一个"最乐道"者,在当时确是具有相当的代表性和影响力。

张之洞提出了"救今日之世变"的三大目标:"保国家""保圣教""保华种",这三者的关系的先后顺序是:"保种必先保教,保教必先保国",保国家成为救世的首要前提。张之洞所说的"国家"即是指清王朝,即"今日时局,惟以激发忠爱,讲求富强、尊朝廷,卫社稷为第一义"。② 他竭力维护以"三纲"为核心的中国传统价值体系,"三纲为中国神圣相传之至教,礼政之原本,人禽之大防"③。"此其不可得与民变革者也"④。还力图证明"三纲"乃中外共有之通则,"西国固有君臣之伦","西国固有的父子之伦","西国固有夫妇之伦"。于是,"人君非此不能立国,人师非此不能立教",谁要是"公然创废三纲之议",谁就成了世界之罪人,"地球万国将众恶而共弃之"。⑤ 在张之洞看来,当中国之"教"受到挑战时,只有首先维护清王朝,才能维护以"三纲"为核心的中国伦理道德,也才能维护中国的传统文化。

二、"中体西用"与文化教育

"中学为体,西学为用"成为甲午战争后的一种"流行语",主要流行于文化教育领域,有关"中体西用"的讨论,多是与"学问"或"学校"相联系。"中学为体,西学为用"作为一个比较明确而规范的提法,也是在这样的"语境"中才正式出现的。

1894年,郑观应在《盛世危言·西学》中说:"学校者人才所由出,人才者国势所由强,故泰西之强强于学,非强于人也。然则欲与之争强,

---

① 朱维铮校注:《梁启超论清学史二种》,复旦大学出版社1985年版,第79页。下引该书同此版本,不再另注。
② 张之洞:《劝学篇·内篇·同心第一》。
③ 张之洞:《劝学篇·序》。
④ 张之洞:《劝学篇·内篇·明纲第三》。
⑤ 张之洞:《劝学篇·内篇·明纲第三》。

非徒枪炮战舰也，强在学中国之学，而又学其所学也。……故善学者必先明本末，更明所谓大本末而后可。以西学言之，如格致制造等学其本也，语言文字其末也。合而言之，则中学其本也，西学其末也。主以中学，辅以西学。知其缓急，审其变通，操纵刚柔，洞达政体。教学之效，其在兹乎。"① 这是从学校的角度来强调中西学的"本末""主辅"地位。

据目前所见的材料，最早一字不差地提出"中学为体，西学为用"是《万国公报》的编者沈寿康。1895年4月他在发表于该报第75期的《救时策》一文中说："夫中西学问，本自互有得失，为华人计，宜以中学为体，西学为用。"这是从"中西学问"的角度来立论的。

1896年1月，江苏候补道朱之榛拟在苏州设一中西学堂，在上张之洞书中说："创中学为体，西学为用，冀开海内风气。"② 这是从创办学堂的宗旨来立论的。

同年8月，在筹建京师大学堂时，管理官书局大臣孙家鼐在《议覆开办京师大学堂折》中强调办学的宗旨时说："中国五千年来，圣神相继，政教昌明，决不能如日本之舍己芸人，尽弃其学而学西法。今中国京师创立大学堂，自应以中学为主，西学为辅；中学为体，西学为用。中学有未备者，以西学补之，中学有失传者，以西学还之；以中学包罗西学，不能以西学凌驾中学。此是立学宗旨。"③ 1898年7月，梁启超代总理衙门起草的《筹议京师大学堂章程》也指出："夫中学体也，西学用也，二者相需，缺一不可。"④ 这也是从创办学堂的宗旨来立论。

张之洞明确提出"中学为体，西学为用"，也是针对学堂的兴办。1898年5月5日在《两湖、经心两书院改照学堂办法片》中说："两书院分习之大旨，皆以中国（学）为体，西学为用，既免迂陋无用之讥，亦杜离经叛道之弊。"⑤ 同年又在《劝学篇·设学》中提出了"旧学为体，新学为用"，并主张"新旧兼学"和"政艺兼学"：

---

① 夏东元编《郑观应集》（上册），第276页。
② 朱之榛：《上张香帅请设中西学堂书》，载《万国公报》第84卷，1896年1月。下引该书同此版本，不再另注。
③ 中国史学会主编：《戊戌变法》（二），第426页。
④ 朱有瓛主编：《中国近代学制史料》第1辑下册，第656页。
⑤ 苑书义等主编：《张之洞全集》第2册，第1299页。

一曰新旧兼学。四书、五经、中国史事、政书、地图为旧学，西政、西艺、西史为新学。旧学为体，新学为用，不使偏废。
　　一曰政艺兼学。学校、地理、度支、赋税、武备、律例、劝工、通商，西政也；算、绘、矿、医、声、光、化、电，西艺也。

除了学堂强调"中学为体，西学为用"外，维新运动时期各地成立的一些学会的宗旨，虽然表述略有不同，但多少也含有"中体西用"旨趣。诸如，两粤广仁善堂圣学会提倡"以经学为本，讲求义理经济，旁及词章与泰西各学"①。武昌质学会声称"深之六经诸史，以植其体，达之中外古今，以拓其用"②。关西学会主张"以经术言变法，为本原中之本原"③。常德明达学会提出"本中国义理之学，参泰西富强之术"，"中西兼采，则体用备"。④ 蜀学会表明"通经致用为主，以扶圣教而济时艰"，"发扬圣道，讲求实学"。⑤ 苏学会标榜"以中学为主，西学为辅，中学为体，西学为用"⑥。严修在贵州倡设学会书局，其宗旨为"不通中学则体不立，不兼西学则用不周，中学之本在经，西学之本在算"。"讲中学以通经致用，讲西学以强国富民"。⑦

为什么"中体西用"多是在兴办学堂或学会时提出来呢？这是一个耐人寻味的现象，本来，学堂的教学内容，学会的宣讲范围，恰恰偏重于"西学""新学"。"中体西用"名义上强调"中学"是首要的学习内容，但是，建立学堂和学会的主要目的却是采纳"西学""新学"。个中原因，大概有这样的意图，即把"中学为体"作为对付守旧势力攻击学堂和学会的挡箭牌，其真正用意还在"西学为用"。前面提及的江苏候补道朱之榛在苏州创办中西堂时，就有人质疑，"肄业泰西之语言文字，何以中西名？"朱氏意在得到张之洞的支持，声明"名虽变而实不易，舍是，谋富

---

① 《两粤广仁善堂圣学会缘起》，载《知新报》第18册，光绪二十三年四月十六日。
② 《武昌质学会章程》，载《知新报》第25册，光绪二十三年六月二十一日。
③ 《京师开西学会缘起》，载《知新报》第45册，光绪二十四年二月二十一日。
④ 《常德明达学会章程》，载《湘学报》第30册，光绪二十四年二月二十一日。
⑤ 《蜀学会章程》，载《蜀学报》第1册，光绪二十四年闰三月望日。
⑥ 《苏学会简明章程》，载《国闻报》，光绪二十四年七月二十九日。
⑦ 严修自订、高凌雯补、严仁曾增编：《严修年谱》，齐鲁书社1990年版，第107、109页。下引该书同此版本，不再另注。

强,戛戛乎其难之"①。

张之洞讲"中学为体"同样有这样的用意。《劝学篇·内篇·守约第八》开篇第一句话就是"儒术危矣!"认为在外侮屡逼的情势下,"不讲新学则势不行,兼讲旧学则力不给"。"再历数年,苦其难而不知其益,则儒益为人所贱,圣教儒书寖微寖灭","此可为大惧者矣。尤可患者,今日无志之士本不悦学,离经叛道者尤不悦中学,因倡为中学繁难无用之说"。张之洞主张挽救中学,只有讲求西学,这就必然高度关注"西学为用"。从《劝学篇》所列章目看,与中学有关的"内篇"有9章即《同心》《教忠》《明纲》《知类》《宗经》《正权》《循序》《守约》《去毒》。而与西学有关的"外篇"就有15章,即《益智》《游学》《设学》《学制》《广译》《阅报》《变法》《变科举》《农工商学》《兵学》《矿学》《铁路》《会通》《非弭兵》《非攻教》。仅仅从论述的分量上看,已经是西学重于中学。即使《内篇》中,也不乏重视西学的主张。如《循序》一章,立意本是遵循先中学后西学的学习原则,即先学好中学,打牢根柢,以免误入歧途。可是开篇第一句话,却是强调学习西学的重要:"今欲强中国,存中学,则不得不讲西学。"把学西学的意义,明确规定为实现国家强盛、保存传统文化的必经途径,足见对西学的重视程度②。而张之洞所说的中学包括"通经以明我中国先圣先师立教之旨,考史以识我中国历代之治乱、九州之风土,涉猎子集以通我中国之学术文章"③。这符合其一贯倡导的"通经致用"的治学宗旨。

大概可以这样说,在文化教育领域流行的"中体西用",主要是立意于学术文化的层面,在这一层面,传统的儒学本来是一种有体有用之学,内在的"修身"与外在的"治国"是相对统一的。宋代儒者曾说:"圣人之道,有体、有用、有文。君臣父子,仁义礼乐,历世不可变者,其体也。诗书史传子集,垂法后世者,其文也;举而措之天下,能润泽斯民,归于皇极者,其用也。"④ 儒学之用不仅是要"成德","成学",其最终目

---

① 朱之榛:《上张香帅请设中西学堂书》。
② 丁伟志先生据此已指出,张之洞"对西学的重视程度是相当高的"。见丁伟志《"中体西用"论在戊戌维新时期的嬗变》,载《历史研究》1994年第1期。
③ 张之洞:《劝学篇·内篇·循序第》。
④ 黄宗羲原著、全祖望补修:《宋元学案》第1册,中华书局1986年版,第25页。

的是要"措之天下，润泽斯民"，这就是所谓的"经世致用"①。"中体西用"的文化模式表明，本来有体有用的中学已经成了有体无用之学，失去了固有的经世功能，正如张之洞所说，"中学为内学，西学为外学，中学治身心，西学应世事"。② 原来体用兼备的中学，现在只剩下"治身心"的意义，其"应世事"的功用不复存在，引进"西用"来"应世事"便势在必行，否则就不能"强中国，存中学"。因此"中体西用"文化模式在学术文化的层面实际上是强调通过引进西学、新学来恢复儒学"经世致用"的传统。

对于恢复儒学的经世功用，梁启超则从另一个角度，讲了与张之洞类似的道理，只不过在立意介绍西学时，却首先强调中学的重要性。他1896年所写的《西学书目表后序》，开篇的第一句话是："吾不忍言西学"，理由是"今日非西学不兴之为患，而中学将亡之为患"。认为今之所谓"中学"已经背离了"经世致用"精神，"乃弃其固有之实学，而抱帖括、考据、词章之俗陋"。以此无用之学，与西洋"新学"相遇，焉有不败之理？③

梁启超的忧虑并非没有道理。19世纪末，值得注意的一个社会现象是，在西学传播尚不广泛之时，中学却已经严重衰微。强调"中学为体"实际上暗示了在中西文化的冲突中，"中学"因不能经世致用，已经难以为"体"。诚如钱穆先生所指出，19世纪后期"中学为体，西学为用"提出之时，"已届学绝道丧之际，根本就拿不出所谓'中学'来"④。所以士人最关注的问题似乎还不是西学传播之不广，而是中学"无用"之严重。严复在1895年发表的《救亡决论》中曾尖锐指出，"一言以蔽之"，中学皆"无实""无用"，"均之无救危亡而已"。"固知处今而谈，不独破坏人才之八股宜除，与〔举〕凡宋学汉学，词章小道，皆宜且束高阁也"⑤。甲午战败的结局的确强化了时人对中学"无用"、"无实"的认知。据梁启超的观察，"通商各岸之商贾，西文学堂之人士，攘臂弄舌，动曰四书六经为无用之物；而教士之著书发论，亦侃侃言曰，中国之衰弱，由于教

---

① 参见余英时《中国思想传统的现代诠释》，第238页。
② 张之洞：《劝学篇·外篇·会通第十三》。
③ 梁启超：《西学书目表后序》，《饮冰室合集·文集之一》，第126～128页。
④ 钱穆：《国史大纲》（修订本）下册，商务印书馆1996年版，第900页。
⑤ 转引自王栻主编《严复集》第1册，第44页。

之未善。夫以今日帖括家之所谓经,与考据家之所谓经,虽圣人复起,不能谓其非无用也,则恶能禁人之不轻薄之而遗弃之也。故准此不变,吾恐二十年以后,孔子之教,将绝于天壤,此则可为痛哭者也。"① "吾尝见乎今之所论西学者矣,羡其语,羡其服,羡其举动,羡其议论,动曰:中国之弱,由于教之不善,经之无用也。推其意,直欲举中国文字,悉付之一炬。而问其于西学格致之精微,有所得乎?无有也。问其于西政富强之本末,有所得乎?无有也。之人也,上之可以为洋行买办,下之可以为通事之西奴,如此而已。"② 在梁启超看来,轻视"中学"之人,最多成为仅袭西学皮毛的"洋行买办"或"通事之西奴"。梁氏的这一观察,也颇得今文经学家皮锡瑞的赞同:"梁卓如言今之学者,未得西学,而先亡中学;今观诸生言洋务尚粗通,而孟子之文反不解,中学不将亡耶?"③ 并主张:"中西之学,源流各别,而能多读中西之书,深究其理,以观其会通,则亦未尝不可相通,兼讲西学,以补中学,可也;尽弃中学,专用西学,不可也。"④ 所以梁启超在提倡西学的同时,极力反对重西学轻中学的倾向,主张"读经、读子、读史三者,相须而成,缺一不可"。"要之,舍西学而言中学者,其中学必为无用;舍中学而言西学者,其西学必为无本。无用无本,皆不足以治天下。"⑤ 梁氏之言,是主张中西学"结合"也好,"会通"也好,最终目的仍是为了"治天下",强调的还是儒学"经世致用"的传统。

可见,在学术文化层面,张之洞与梁启超所提倡的"中体西用"并没有太大的差别,而是有着一个共同的看法:欲保存中学,则必须讲求西学;欲讲求西学,就必须首先学好中学。学好中学的途径,就是研读代表中国传统文化的经、史、子、集典籍,其最终目的是为了经世致用。

在不同文化的冲撞中,任何一种社会文化都具有"维模功能",即文化模式之维护的功能。这种功能使文化圈对外来文化起到一种选择作用和自我保护作用。当外来文化有利于原有文化模式的维护时,便容易被接

---

① 梁启超:《变法通议·学校总论》,《饮冰室合集·文集之一》,第18~19页。
② 梁启超:《西学书目表后序》,《饮冰室合集·文集之一》,第126页。
③ 皮锡瑞:《师伏堂未刊日记》,戊戌闰三月十六日,载《湖南历史资料》1959年第1期,第102页。下引该书同此版本,不再另注。
④ 皮锡瑞:《师伏堂未刊日记》,戊戌三月十四日。
⑤ 梁启超:《西学书目表后序》,《饮冰室合集·文集之一》,第128、129页。

受，并被作为一种新营养补充到文化机体之中；如果外来的文化模式具有危害性或破坏性时，维模功能便会竭力阻止外来文化的输入。所以有人说"中体西用"是在西方文化的冲击下采取的一种"以新卫旧"的防御性文化模式。

然而，"中体西用"文化模式所带来的实际结果，却是"西用"的范围逐步扩大，而"中体"的范围日渐缩小。"中学为体"实际上成为了"西学为用"的"保护伞"，使西学可以作为补中学之缺、还中学之失而堂而皇之地引进来。正如张之洞所说："择西学之可以补吾阙者用之，西政之可以起吾疾者取之，斯有其益而无其害。"① 这种保护伞作用，连当时的保守派也看了出来，他们在戊戌政变后曾攻击"中体西用"说：

> 近年以来，嗜西学者恐专言西学之难逃指斥也，因诡言中学为体，西学为用，中学为本，西学为末；以中学兼通西学乃为全才，此欺人之谈也。如大逆康有为等皆以中学兼通西学者，自应体用兼备，本末兼赅矣，称全才矣。乃以所通之西学，变我祖法，乱我圣道，结党谋叛，罪通于天。向使纯务中学而不通西学，世间无此种全才，焉有此种非常之祸？

在保守派看来，学堂之所以标榜"中体西用"，不过是"缘此等学堂类皆以中学饰为外观，掩人耳目，而专致志惟在传布西学，以洋人为宗主，恃洋人为护符"，"故学堂之中，仅存中学名目，而西学乃所服膺"②。作为保守派攻击维新派之言论，当然不可全信。不过，曾为两湖书院学生的甘鹏云，在论及清末"中学为体，西学为用"之流行时，曾指出提倡"中学为体"所带来的后果，非但不能维护中学，反而进一步强化了"中学无用之说"：

> 持国是者，以为兴学育才，非中西兼采不可，于是倡"中学为体，西学为用"之说。其一片苦心，固为国人所共谅也，而岂知分体

---

① 张之洞：《劝学篇·内篇·循序第七》。
② 《高赓恩折》，国家档案局明清档案馆编《戊戌变法档案史料》，中华书局1958年版，第484页。下引该书同此版本，不再另注。

用为二，其流弊不可胜言耶！晚近士习浮嚣，喜新好异，假改造之说，以反古为能，但以中学为体，而中学无用之说，遂相因而起矣。中学无用之说，既喧哄于朝野，于是五经四子之书，束之高阁，尧舜禹汤文武周孔群圣人之道，弃若土苴，教育之方，既陵节而失次，治人之术，又不能正本而清源，风俗人心，由是大坏，而大乱作矣。星星之火，可以燎原，涓涓不塞，将成江河，分体用而二之，其末流之弊，乃至于此，此岂当日持国是者所及料哉！①

如此看来，"中体西用"文化模式既可以说是"以新卫旧"——采纳"西用"的目的是为了保存"中体"；同时也可以说是"以旧护新"——在"中体"的"保护伞"下采纳"西用"。但不管是为了维护"中体"，还是为了掩护"西用"，所带来的结果都是西学的输入。

为了替采纳西学找到更有力的依据，张之洞在《劝学篇·外篇·会通第十三》中还提出了两条重要的理由：一是"中西相通"。他强调了西学与中国的传统文化不仅不冲突，而且精义相通。他将西方社会的科学技术、工农商业、铁路开矿、练兵制器、兴学办报乃至议会制度，都在中国的古代的典籍中找到了立义的根据，但他并没有简单地把这些西方的事物和制度视为中国古已有之，而是强调说明："然谓圣经皆已发其理、创其制，则是；谓圣经皆已习西人之技，具西人之器，用西人之法，则非。"中国的圣经与西学相通，但又不能替代西学，那么采纳西学自然便成了既合中国圣经之教义，又补中国现实之所缺的有益之事了。二是"今胜于古"。张之洞说："以中土才艺论之，算数、历法诸事，陶冶、雕织诸工，何一不胜于古？谓圣人所创，可也；谓中土今日之工艺不胜于唐虞三代，不可也。"这里虽然说的是今之"中土才艺"胜于古，但是，19世纪末的"中土才艺"，实际上已经包括了从西方输入的近代科技和知识，其弦外之音不外是表明今之新学胜于古之旧学，于是采纳新学自然是顺理成章之事。因此，他主张只要西艺、西政"有益于中国，无损于圣教"，不管它在中国经籍中有没有依据，都可以学来为我所用。

张之洞还指出，当今国人对待"西法"有三蔽：第一种是排拒西法者，凡是在中国的六经古史找不到明文依据的，便一概排拒，那是"自

---

① 甘鹏云：《体用一源说》，《潜庐续稿》卷1，潜江甘氏崇雅堂1940年印本，第2页。

塞",使人"固蔽傲慢,自陷危亡"。第二种略知西法者,借口西法皆中学所有而不肯学习,那是"自欺",使人"空言争胜,不求实事"。第三种是溺于西法者,杂糅中西之学,以为中西无别,那是"自扰",使人"眩惑狂易,丧其所守"。他认为此三蔽都是因为对西法"不观其通",不通的后果必然是"务言而不务行",只停留在口头上而不付诸实行。所以采纳西学"不必尽索之于经文,而必无悖于经义"。他讥讽排拒西学的守旧者,"如其昏惰无志,空言无用,孤陋不通,傲很不改",而致使国家败亡,圣教灭绝,那么,虽然"手注疏而口性理",也将是"天下万世皆怨之詈之,曰此尧舜孔孟之罪人而已矣"。张之洞重视"西学为用"的意图已经表现得十分明显。

为了使中国人更好地学习西学,除了兴办学堂外,张之洞还大力提倡通过各种途径来获得西学知识。

一是游学,即派遣留学生出国学习,派员出国考察。张之洞提出"出洋一年,胜于读西书五年","入外国学堂一年,胜于中国学堂三年"。指出日本、俄国都因大量向西方国家派遣游学或考察,"或学政治工商,或学水陆兵法",回国后大力进行改革,遂使国家日益富强。连暹罗(今泰国)国王也带头到欧洲游历,"自通西文西学,各国敬礼有加,暹罗遂以不亡"。并认为日本与中国"情势风俗相近,易仿行",主张"游学之国,西洋不如东洋",可达到事半功倍的成效。若中国仍"以效法人为耻","官无一知,士无一长,工无一技,外不远游,内不立学",最终将面临亡国的危机[①]。

二是广译,即大量翻译东西洋书籍,普及新学。他主张"多译西国有用之书,以教不习西文之人,凡在位之达官,腹省之寒士,深于中学之耆儒,略通华文之工商,无论老幼,皆得取而读之,采而行之矣"。译书可以采取三条途径得到普及:一是各省多设译书局,二是出使大臣选译该国重要书籍,三是由上海书商文人广译西书出售。还说:"知外不知中,谓之失心;知中不知外,谓之聋聩。夫不通西语,不识西文,不译西书,人胜我而不信,人谋我而不闻,人规我而不纳,人吞我而不知,人残我而不见,非聋聩而何哉?学西文者,效迟而用博,为少年未仕者计也;译西书者,功近而效速,为中年未仕者计也,若学东洋文、译东洋书,则速而又

---

① 张之洞:《劝学篇·外篇·游学第二》。

速者也。是故，从洋师不如通洋文，译西书不如译东书。"①

三是阅报，即兴办报馆，发展新闻事业。张之洞对外国新闻事业的发达十分赞赏，"外国报馆林立，一国多至万余家，有官报，有民报，官报宣国事，民报达民情。凡国政之得失，各国之交涉，工艺商务之盛衰，军械战船之多少，学术之新理新法，皆具焉，是以一国之内如一家，五洲之人如面语"。他认为自1895年以来，各地创开报馆，广译洋报，使国人"扩见闻，长志气"，"始知有神州"，"始知有时局"，功效显著。特别是他提出新闻舆论的作用"博闻，次也；知病，上也"。因而对外报批评中国时政，也采取了涵容的气度。他指出"昔齐桓公不自知其有疾而死，秦以不闻其过而亡"。一国的利害安危，本国之人必不能尽知，即使知道也不敢尽言，而外国人则"昌言而无忌"。对外人批评，"我国君臣上下，果能览之而动心，怵之而改作，非中国之福哉？"② 可见，张之洞对于西学的采纳，表现了一种相当务实而积极的态度，在他的"中体西用"文化模式中，凸显出西学的重要地位。

三、政治文化与学术文化

当政治变革的历史任务提上日程后，"中体西用"的内容和形式便越来越不相适应，"中体"与"西用"在政治文化层面最终发生了冲突，"中体"成了扩展"西用"的障碍；"中体西用"作为拒绝接受西方民主主义的理论依据，便被人视为一种"保守主义"的文化模式。

中西学兼通的严复在《论世变之亟》中曾指出，中国传统文化和西方近代文化最本质区别在于"自由不自由异耳"。他说："夫自由一言，真中国历古圣贤之所深畏，而未尝立以为教者也。彼西人之言曰：唯天生民，各具赋畀，得自由者乃为全受。故人人各得自由，国国各得自由，第务令毋相侵损而已。"他所举出的中西文化种种差异，其中第一条就是"中国最重三纲，而西人首明平等"③。所以他在《原强》中提出了"以自由为体，以民主为用"④ 的著名命题，认为民主政治也是附载于"自由"这个"体"上的。在《主客平议》中又指出："自由者，各尽其天赋之能

---

① 张之洞：《劝学篇·外篇·广译第五》。
② 张之洞：《劝学篇·外篇·阅报第六》。
③ 王栻主编：《严复集》第1册，第2～3页。
④ 王栻主编：《严复集》第1册，第11页。

事,而自承之功过者也。"① 强调个人为本位的权利和个人对社会的责任,这符合西方人所理解的"自由"观念。这种"自由"本质上是对人的权利的一种法律规范,因此严复在翻译约翰·穆勒(John Stuart Mill)的《自由论》(*On Liberty*)时,为了不引起国人的误解,特意改书名为《群己权界论》。

按照严复的看法,既然西方的民主政治是以"自由"为基础,那么,以"三纲"为体,以"西政"为用,两者便不可能契合。1902年,他在《与〈外交报〉主人书》中借用他人的说法对"中体西用"进行了批评:

> 善夫金匮裘可桴孝廉之言曰:体用者,即以一物而言之也。有牛之体,则有负重之用;有马之体,则有致远之用。未闻以牛为体,以马为用者也。中西学之为异也,如其种人之面目然,不可强谓似也。故中学有中学之体用,西学有西学之体用,分之则并立,合之则两亡。议者必欲合之而以为一物。且一体而一用之,斯其文义违舛,固已名之不可言矣,乌望言之而可行乎?②

严复用牛体马用的比喻,大概主要是为了来说明政与教的关系。因为"西政"本是建立在"西教"即西方文化的基本价值观念之上的。他曾针对张之洞所言的"西艺非要,西政为要",指出"往者某尚书最畏民权自由之说,亲著论以辟之矣,顾汲汲然劝治西学,且曰西艺末耳,西政本也。不悟己所绝重者,即其最畏之说之所存,此真可为强作解事者殷鉴矣"③。即张之洞"绝重"之"西政"中,恰恰包含着其"最畏"之"民权自由之说"。严复的本意是希望突破"中体西用"的框架,采取大胆汲取西学的态度。他因此提出了"中西融合"的文化模式:"统新故而观其通,苞中外而计其全。"在这一文化模式中没有中西文化的"体用""本末""主辅"之分,也没有预设采纳西学的范围和界限,不过,应有一个重要的原则——必须在立足于本民族文化的基础上采纳西学。严复指出:

---

① 王栻主编:《严复集》第1册,第118页。
② 王栻主编:《严复集》第3册,第558~559页。
③ 严复:《主客平议》,王栻主编《严复集》第1册,第119页。

然则今之教育,将尽去吾国之旧,以谋西人之新欤?曰:是又不然。英人摩利之言曰:"变法之难,在去其旧染矣,而能择其所善者而存之。"方其汹汹,往往俱去。不知是乃经百世圣贤所创垂,累朝变动所淘汰,设其去之,则其民之特性亡,而所谓新者从以不固,独别择之功,非暖姝囿习者之所能任耳。必将阔视远想,统新故而视其通,苞中外而计其全,而后得之,其为事之难如此。①

　　若按"中体西用"的取向,似当预先设定一个中学与西学的范围,但在实际运作中,中学何者当传承,西学何者当汲取,仍是很难淘汰恰当的,甚至可能在破"旧"的过程中,丧失了民族文化固有的特性,而没有民族文化的特性,所立之"新"也难以扎下根来。这一"别择之功"确是"为事之难"。在严复看来,中国今日病根是"愚""贫""弱",而"三者之中,犹以瘉愚为最急",由此他提出"不暇问其中若西也,不必计其新若故也",凡导致中国愚昧落后者,"且出于父祖之亲,君师之严,犹将弃之,等而下焉者无论已";凡能使中国由愚昧落后转为文明富强者,"虽出于夷狄禽兽,犹将师之,等而上焉者无论已"。显然,严复主张以更加积极开放的姿态来接纳世界文明。

　　严复所说的中西文化"分之则两立,合之则两亡",若放在政治文化的层面来看,则不无道理。近代中国所引进的"西政",常常徒具"形式"而缺乏"内容"。民主政治制度应以自由、平等为基础;近代经济制度应该体现普遍的商品契约关系,近代法律体系理应含有权利、公平、正义的意蕴,这些内容常常没有随着"西政"的引进在中国真正扎下根来。结果,进入中国的"西政"常常貌合神离地被扭曲,好比是"橘生淮南则为橘,生于淮北则为枳。叶徒相似,其实味不同。所以然者何?水土异也"②。对于政治制度与政治文化的依存关系,张之洞同样是看到了:"盖政教相维者,古今之常经,中西之通义。"③ 既希望引进"西政",又要维护"三纲",然而这两者的嫁接,其结果可能也会"橘化为枳"。

　　严复虽然批评"中体西用",但也指出了社会的进步在于新旧并存,

---

① 本段及下段引文见严复《与外交报主人书》,王栻主编《严复集》第3册,第560页。
② 《晏子春秋·内篇·杂下之十》。
③ 张之洞:《劝学篇·内篇·同心第一》。

他说:"窃谓国之进也,新旧二党,皆其所不可无,而其论亦不可偏废。非新无以为进,非旧无以为守;且守且进,此其国之所以骏发而又治安也。"他特别强调了自由的这一重要原则:"惟新旧各无得以相强,则自由精义之所存也。"① 对于严复的这一见解,担任京师大学堂总教习的吴汝纶极表赞同,他致函严复称:"来示谓新旧二学,当并存具列","最为卓识"②。自清末以来,新旧势不两立的思维定式在国人中影响颇大,而严复新旧并存是为自由精义的思想,确是发人深思!

张之洞之所以既要引进西艺、西政,又要坚持中国以三纲为核心的传统价值体系,正是采取了一种"会通中西,权衡新旧"③的取向。大概在他看来,"西政"与"中教"并不存在无法契合的问题。他的政教模式本是在保存中国传统价值体系的基础上建立日本式的君主立宪制度,而近代日本在引进西政时,也的确没有放弃本国固有的价值体系。既然如此,按张之洞的逻辑,以"中教"为体,以"西政"为用,自然是"政教相维",顺理成章。

日本明治维新也曾提出一个与"中体西用"相似的口号——"和魂洋才"。这个口号虽然也受到明治维新以后的知识界的批评,但在日本影响甚大,日本的早期现代化大体上是按照这一模式进行的。日本学者森岛通夫曾指出:

> 日本人已经解释说建立一个西方式的近代国家的主题是指在设备上、物质上而言,并非指精神上、感情上而说,尽管在科学、技术、教育、经济、军队和政治结构方面,日本在外表和形式上都迅速西方化了,但在精神上的变化却远远地落在后面。更确切地说,正如"和魂洋才"这个口号所表明的那样,日本人一直是强烈地拒绝西方的精神观念的,日本人强烈地希望保留自己的文化、自己的生活方式、上下之间的特殊关系以及他们自己的家庭结构,而同时还要建立一个具有可与西方国家相匹敌的力量的近代国家。这种愿望在明治维新前就已持续了整整一个世纪。后来无论在明治末年的日俄战争时,还是在

---

① 严复:《主客平议》,王栻主编《严复集》第1册,第119页。
② 吴汝纶:《答严几道》,施培毅、徐寿凯校点《吴汝纶全集》第3册,黄山书社2002年版,第234页,下引该书同此版本,不再另注。
③ 张之洞:《抱冰堂弟子记》,苑书义等主编《张之洞全集》第12册,第10621页。

把纳粹德国作为典范的军国主义时期，无论在世界大战中战败后国家处于崩溃的时期，还是今天日本已经成为经济巨人的时候，这种愿望都没有改变。①

"和魂洋才"与"中体西用"相比较，形式上确有某种类似，但两者的区别仍是明显的。"和魂"和"洋才"并没有像"中体西用"那样，有所谓的"体用""本末""主辅"之分，而是两者处于并列对等的地位。大概正因如此，日本在引进西艺、西政上，表现出比中国更为积极开放的态度。日本学者实藤惠秀比较了中日两国引进近代西方文化历程，发现两国存在较大的"时差"，"虽然对于引进近代文化，中国人比日本人方便得多，但他们对此事却不关心。日本的条件较中国恶劣，但却热心从事，故在近代化事业上比中国捷足先登"。②

在政治文化的层面，近代的日本人也没有接受西方文化中的自由观念，"日本人根本就不理解西方的个人主义，也不喜欢自由主义。特别是明治时代以及后来，民族主义思潮高涨，日本人格外崇拜'法律和秩序'，把个人主义和自由主义看作是实现'法律和秩序'的障碍"③。通过明治维新及其一系列政治、经济、教育、军事方面的改革，日本终于成为了亚洲的强国，其"和魂洋才"式的现代化道路确有其成功之处。但在称道日本现代化道路的成功之处时，切不可忘记了历史的沉痛教训：由于在政治制度上保留天皇制的国家形式和专制主义的统治体制，在思想上大力提倡效忠天皇和武士道精神，这就使日本在现代化的同时也迅速走上了军国主义道路，最终给亚洲人民和日本人民带来了深重的灾难；从这个角度来审视，"和魂洋才"又不能算是一个成功的文化模式。在日本现代化的全过程中，明治维新固然是重要的关节点，但恐怕二战后的改革则更为重要。就以文化教育的领域来说，1947 年通过的《日本教育基本法》确立了以尊重个人价值，尊重学术自由，追求真理和爱好和平，培养既有普遍性又富有个性的人才的教育思想体系，这对于日本现代化起了重要的推动作用。今日日本经济社会的高度现代化，也是与此密不可分的。

---

① （日）森岛通夫著：《日本为什么"成功"》，胡国成译，四川人民出版社 1986 年版，第 80 页。下引该书同此版本，不再另注。
② （日）实藤惠秀著：《中国人留学日本史》，第 7 页。
③ （日）森岛通夫著：《日本为什么"成功"》，第 137 页。

"中体西用"在政治文化的层面，日益成为中国政治变革的障碍而显露出保守的性质。但在学术文化的层面，直到五四运动前夕，"中体西用"的思想格局都没有发生基本的变化。儒学作为一种学术思想，在当时不但具有很大的活力，而且居于最高的地位。这一文化模式在政治上已经破产，而在学术上仍有相当大的影响①。曾被人誉为"合中西新旧各种学问"而为"全中国最博学的人"陈寅恪，以一位学贯中西的大师的体验，曾对张之洞的"中体西用"说表示服膺，他说："平生为不古不今之学，思想囿于咸丰同治之世，议论近乎曾湘乡（国藩）张南皮（之洞）之间。"这正是立足于学术文化上的"中体西用"。对此，他本人有明确的说明：

窃疑中国自今日以后，即使能忠实输入北美或东欧之思想，其结局当亦等于玄奘唯识之学，在吾国思想史上，既不能居最高之地位，且亦终归于歇绝者。其真能在思想上自成体系，有所创获者，必须一方面吸收输入外来之学说，一方面不忘本来民族之地位，此二种相反而适相成之态度，乃道教之真精神，新儒家之旧途径，而二千年吾民族与他民族思想接触史之所昭示者也。②

周一良先生曾就此诠释："我体会，无论做人或做学问，陈先生都是以广义的'中学为体，西学为用'的精神为指导的。做人方面，他服膺旧中国数千年来封建伦理道德，同时接受西方资产阶级民主自由理想。做学问方面，他遵守乾嘉朴学实事求是的学风，同时吸收西方近代历史、语言科学的研究方法。"③

"中体西用"是中国近代转型社会中出现的一种文化模式，它在中国第一次提出了中西两种文化如何结合的重大问题，这一直是中国人不断探索的问题，也一直是使中国人倍感困惑的问题。"中体西用"在近代中国嬗变的过程，说明了这一文化模式有其时代的合理性，正是在这一文化模

---

① 余英时：《中国近代思想史上的胡适》，《现代危机与思想人物》，生活·读书·新知三联书店2005年版，第131、151页。下引该书同此版本，不再另注。

② 陈寅恪：《冯友兰中国哲学史下册审查报告》，《金明馆丛稿二编》，生活·读书·新知三联书店2001年版，第284～285页，下引该书同此版本，不再另注。

③ 周一良：《毕竟是书生》，北京十月文艺出版社1998年版，第132页。

式的引导下，中国人采纳西方近代文明的范围逐渐扩大，最终提出了以更开放的态度汲取世界文明的要求。这一文化模式也有其时代的局限性，在政治变革中它的保守性日益显露。然而，当中国的统治者在政治上固守"中体西用"的防线，拒绝近代的民主主义精华之时，知识分子却在思想上日益倾慕西洋文化，以致后来出现了全盘西化的思潮。结果，中国在政治现代化上一再延误，专制主义阴魂不散；而在文化现代化上又一再"彻底革命"，丢掉了民族的优秀传统。或许，后者正是以一种"逆反心态"来表示对前者的反抗。当然，在近代中国，要把学术与政治截然分开是困难的，"中体西用"的历史命运便是如此。作为学术领域的"中体西用"，强调的是弘扬儒学经世致用的传统，这无可厚非。作为政治领域的"中体西用"，强调的是"三纲"为核心的传统礼教，成了维护专制主义的理论。结果由于学术与政治的不可分，人们在反对传统礼教的同时，就连儒学的学术传统也一块抛弃；同样，人们在维护儒学的学术传统之时，又不自觉地维护了传统礼教。于是，自"中体西用"提出来以后的中西文化论战，始终摆脱不了这一"怪圈"。大概只要学术文化没有自身的独立地位和独立价值，要摆脱这一"怪圈"是困难的。

在中西文化的交流融合中，如何继承发扬中华民族固有之文化，吸收外来文化补本国文化之缺？在中国现代化进程中，如何从中国既有的国情出发，引进发达国家的文明成果？仍然是中国今天面临的一个大问题，也将是中国人继续探索的大问题。在中国人进入21世纪之后，愿能迎来一个世界文化走向中国，中国文化走向世界的时代。"中体西用"的文化模式及其代表人物张之洞，也会在世界文化与中国文化的交流融合中，得到恰当的历史定位。

从尊经、广雅书院看晚清中西文化交流的地域差异

自宋代兴起的中国书院,经一千多年的发展演变,至清代达到了鼎盛。清代书院的发展又大体上经历了康雍乾时期的恢复勃兴、嘉道咸时期的一度衰落、同光时期的短暂复兴三个阶段。随着中西文化交流和冲突范围的扩大,同光时期也一度出现书院的复兴,全国新建书院共1037所(同治朝366所,光绪朝671所)。① 其中最著名的有张之洞创建的尊经书院和广雅书院。兹以两所书院为例,就其创建的情况、特点及其影响,川粤两省中西文化交流中的地域差异进行探讨。

一、两书院的创办及其学风

尊经、广雅书院的创办直接受到广东著名书院学海堂的影响。自乾嘉以后,经学成为中国学术主流,而广东因在经学研究方面并无有全国影响的学者,在中国学术上实无地位可言。自两广总督、汉学名家阮元于道光元年(1821)创办学海堂后,编修《皇清经解》,辑集乾嘉以来的汉学著作,并出现了陈澧这样融合汉宋经学的著名学者,才使广东士人进入中国学术的主流②,从而对晚清以后川、粤两省学术文化产生了深远影响。

尊经书院正是仿效学海堂创办的。同治十三年(1874)因丁忧回川的工部侍郎薛焕,联络官绅15人,上书川督吴棠和学政张之洞,请求创办一书院,以"通经学古课蜀士"为宗旨。这一建议得到张之洞的重视和支持。于是,筹集经费,择地兴工。光绪元年(1875)春,书院在成都南门石犀寺附近落成。

---

① 参见白新良《中国古代书院发展史》,天津大学出版社1995年版,第235~248页。
② 参见程美宝《地域文化与国家认同——晚清以来"广东文化"观的形成》,收入杨念群主编《空间·记忆·社会转型——"新社会史"研究论文精选集》,上海人民出版社2001年版,第387~417页。

张之洞以清代著名学者纪昀和阮元自任，撰写了《四川省城尊经书院记》①，希望通过尊经书院培养一批"通博之士、致用之才"。薛焕担任尊经书院的第一任山长，负责综理全院事务。首批学生从全川3万余名生员中择优选拔100名。以后，每逢科岁两考，在各府县考取的第一二名秀才、贡生中调取入院学习。这就使尊经书院成为全川书院之楷模和士人荟萃之地。

尊经书院所授课程为经学、史学、小学和辞章。张之洞提出"非博不通，非专不精"的治学方法，认为"经史小学、舆地推步、算术经济、诗古文辞，皆学也"。既希望学子广泛涉猎，又必须"性有所近，志有所存，择而为之，期必有成"。尤其强调"通经"："凡学之根柢必在经史。读群书之根柢在通经，读史之根柢亦在通经。通经之根柢在通小学，此万古不废之理也。"要求诸生"经学必先求之《学海堂经解》，小学必先求诸《段注说文》，史学必先求诸'三史'，总计一切学术必先求诸《四库提要》。以此为主，以余为辅，不由此入，必无所得"。② 学生平日以自学为主，规定学生必备日记一册，记录每日看书的起止以及心得疑问。山长每五日与诸生一会于讲堂，检查诸生所记日记，凡是不认真记录者必受罚。每月进行"堂课"和"官课"两次考试，堂课由书院主考，官课则由总督、藩司和成都府轮流主考。每次考试有经解、史论、赋或杂文、诗各一题。

当时川中闭塞，书籍匮乏，不能满足尊经书院的需要。张之洞慷慨捐资，购进经史子集等书1000多卷。并倡议在尊经书院后面修建"尊经阁"，后经不断充实，"藏图书典籍及中西时务书报、挂图、仪器、标本，均甚丰富"③。

张之洞离川后不久，书院由著名湘籍学者王闿运担任山长。王氏以今文说解经，前后在蜀讲学达八年之久，承袭张之洞"通经致用"的办学宗旨，以经、史、词章等实学来教化学生，其对蜀学影响特多，尊经书院

---

① 张之洞：《四川省城尊经书院记》（拓本），四川大学图书馆藏，全文收入胡昭曦《四川书院史》，巴蜀书社2000年版，第299～306页。下引该书同此版本，不再另注。
② 张之洞：《四川省城尊经书院记》（拓本），四川大学图书馆藏。
③ 四川大学校史编写组编：《四川大学校史稿》，四川大学出版社1985年版，第8页；徐仁甫：《振兴蜀学人才辈出的尊经书院》，《四川文史资料选辑》第35辑，四川人民出版社1985年版，第1页。

"沉静好学、崇实去浮"的学风也因此得到进一步发扬。"蜀学晦塞,久鲜通儒,闻先生言,始知研诵注疏诸史文选等。院生日有记,月有课,暇则习礼（若乡饮投壶之类）,三年而士风丕变。"①涌现出了一批杰出的人才,诸如维新志士杨锐、经学大师廖平、维新思想家宋育仁、清代四川唯一的状元骆成骧等人。

创办尊经书院的经验,因张之洞调任两广总督而带到广东。光绪十三年（1887）张之洞奏建广雅书院,次年七月落成于广东省城西北五里的源头乡。其所撰《创建广雅书院折》称:"善俗之道,以士为先,致用之方,以学为本。"招收广东、广西两省学生各100名入院学习,课程包括经学、史学、理学、经济四门,约在光绪十五年至十六年间（1889—1890）,可能因经济科所授内容未见充实,而将经济改为文学。②学生"随其性之所近者而习之,各立课程日记,以便考核"。张之洞则"于公余之暇,间诣书院考业稽疑,时加训勉,先之以严辨义利,课之以博约兼资,大旨欲力救汉学宋学之偏,痛戒有文无行之弊。两年以来,才俊辈出,造就斐然,其余亦多恪守院规,不蹈陋习,十年以后人才必大有可观"③。

广雅书院设山长一人,综理院务,至1902年改为两广大学堂止,先后有四任山长:梁鼎芬、朱一新、廖廷相和邓蓉镜。山长之下,则设分校四人,分门授课。考试则分为官课与师课（即分校之课）,官课由督抚主持,师课由分校主之,官课于初旬,师课于中旬,俗称初二、十六两日举行。考试内容与四科有关,兼及于制艺,即折衷于旧书院之考四书文与新书院（如学海堂、菊坡精舍）之考实学之间④。

张之洞还发动官绅捐资创办广雅书局,他本人带头捐银1万两,加上其他官绅捐银共计4.3万两,发商生息,作为书局经费。按张之洞的主张,书局主要刻印"考古诸书",史书数量占所刻之书十之八九,其中有不少珍贵罕见的稿本和孤本。与学海堂主要刻印"解经诸书"有别。据后人粗略统计,约有362种之多,刻书数量居清末全国众书局之首。民国后

---

① 王森然:《近代二十家评传》,书目文献出版社1987年版,第4页。
② 参见周光汉《张之洞与广雅书院》,台北中国文化大学出版社1983年版,第330页。下引该书同此版本,不再另注。
③ 张之洞:《请颁广雅书院扁额折》,苑书义等主编《张之洞全集》第1册,第695页。
④ 周光汉:《张之洞与广雅书院》,第318、348页。

择其版式一律者，分经、史、子、集各部，汇为《广雅书局丛书》流传于世，谢国桢曾指明丛书的价值："若张之洞之刻《广雅书局丛书》，汇辑史部，凡九十三种，一千七百七十一卷，清代史部撰述，网罗略备。"①

尊经、广雅书院作为同光时期新建书院的代表，可以说既受到西学东渐的冲击，也受到传统经世思潮的影响，更与张之洞本人的学术思想关系密切。两书院所倡学风的共同特点：一是强调"通经致用"。张之洞在《輶轩语》强调"读书宜读有用书"，所谓有用之书，即可以"考古""经世"和"治身心"。② 在谈及广雅书院课程时亦称："经学以能通大义为主，不取琐屑。史学以贯通古今为主，不取空论。性理之学以践履笃实为主，不取矫伪。经济之学以知今切用为主，不取泛滥。词章之学以翔实尔雅为主，不取浮靡。士习以廉谨厚重为主，不取嚣张。其大旨总以博约兼资、文行并美为要归。"③ 二是提倡"汉宋兼采"。张之洞认为要做到"通经致用"，又必须做到在学术上破除门户之见，兼采"汉学"和"宋学"。他在《輶轩语》指出"为学忌分门户"。"近代学人大率两途，好读书者宗汉学，讲治心者宗宋学，逐末忘源，遂相诟病，大为恶习"。认为"要之，学以躬行实践为主，汉、宋两门，皆期于有品有用"。故"真汉学未尝不穷理，真宋学亦未尝不读书"。④

从张之洞的学术思想来看，对于汉学宋学之争，他是立足于汉学，兼采宋学；主张通经须从"汉学"入手，即其所谓"通经之根柢在小学"。对古今文经学之争，则立足于古文经学。其但对今文经学"经世"的倾向并无微词，其倡导的"通经致用"，与今文经学的"经世"精神也并不相悖。张之洞所反对的是今文经学为了引申经义而不惜曲解经书"本义"的做法，故其后来不赞成康有为的"孔子改制"。

戴逸先生指出，今文经学是联系中学西学、新学旧学的桥梁，因为它是儒学的一支，容易为士大夫所接受；同时，它又不是儒学的正统，比较

---

① 李绪柏：《清代广东朴学研究》，广东省地图出版社2001年版，第116～121页。谢国桢语转引自该书121页。
② 苑书义等主编：《张之洞全集》第12册，第9793页。
③ 张之洞：《创建广雅书院折》，苑书义等主编《张之洞全集》第1册，第586页。
④ 苑书义等主编：《张之洞全集》第12册，第9794～9795页。

容易接纳西方的思想。① 从今文经学对整个中国近代思想界的影响而言确乎如此。不过，这种影响又往往因人、因时、因事而异。并非是说凡治今文经者就一定比治古文经者更容易接受西方思想。张之洞也提倡"通经致用"，但认为古人的知识胜于今人，在《𬨎轩语》中，要求诸生必须"常与古人比较，不以今人自宽。是谓远大"②，表现出崇古的观念，似乎又有"致用"中蕴含"保守"的特色。因此，他虽然主张改革以"趋新"，但并不完全"离经叛道"；虽然接纳西学以"致用"，但常以维护"正统"为前提。

二、沿海与内地的西学传播比较

近代中国沿海地区文化传播和社会变迁明显快于内地，这是不争的事实。美国学者柯文先生曾主张将中国划成沿海和内地"两大文化地带"，并认为沿海与内地的文化区别在16世纪初即进入一新阶段，鸦片战争后进一步扩大，"同时迅速发展的沿海商业中心的文化也日益具有自己的特色，这种特色，最少持续到20世纪中叶"。同时又指出："沿海—腹地的区分，在讨论外界（特别是西方）影响起首要作用的历史问题时，是有益的。但是由于它特别强调中国受外国影响的地区和未受外国影响地区之间的鸿沟，如果我们因此就认为它意味着有某种均匀的无差别的内地文化存在，就可能造成严重的误解。"③

从文化交流的角度看，沿海地区的确是受西方影响较早较深的地区。早期的维新思想家出现于沿海地区，与此不无关系。不过，也不能忽视他们个人的经历，甚或可以说更主要的是与其个人早期经历相关。笔者曾以19世纪后期沿海地区著名维新人士王韬、马建忠、薛福成、郑观应等人为例，指出其早期经历与传统士人相比有三个特点："一是早年大多放弃了对科举功名的追求，或在科举场上屡屡失意。二是大多有过出国留学或出国考察的经历。三是较早的参与兴办洋务事业。对于这种类型的知识分子来说，在西学的传播还不十分广泛的时候，他们放弃科举功名、留学出

---

① 参见戴逸《清代思潮》，《论中国传统文化》（中国文化书院讲演录第一集），生活·读书·新知三联书店1988年版，第327页。
② 苑书义等主编：《张之洞全集》第12册，第9773页。
③ （美）柯文：《在中国发现历史——中国中心观在美国的兴起》，林同奇译，中华书局1989年版，第143～144页。下引该书同此版本，不再另注。

国和参与洋务等个人经历,往往成为他们较早接纳西学的重要原因。而对于以获取科举功名为目标的传统士人来说,虽然其优秀者已开始注意经世致用,但毕竟较多地埋头于传统的经学和词章之学。就这类士人而言,在接纳西学方面,地处沿海的广州比起僻居内地的四川,似乎并没有显示出更多的地域优势。'西学'对他们可能产生的'冲击',还不及传统的'经世'思想所产生的影响。"①

僻处西南的成都,其接受西学的地域环境,固然难与沿海地区相比。不过张之洞在创办尊经书院时所撰的《书目答问》,为学子所开列的二千余种书目中,已经有了关于西学、新学的书籍,如《新译西洋兵书五种》《新译几何原本》《代数术》《数学启蒙》《瀛环志略》《海国图志》《新译地理备考》《新译海道图说》等等。尽管数量有限,但从当时士人的普遍情况来看,开出这些书目已属难得。

从当时全国的情况看,士人接受的西学仍然有限。就是地处沿海的广州地区,虽然西学的传播较之内地为早,但大多为西方科技、宗教方面的书籍。以沿海最先开埠的城市为例,从1842年至1860年,香港、广州、福州、厦门、宁波、上海等城市出版的西书共有434种,其中宗教书籍329种,占总数的75.8%;科技和其他书籍仅105种,占24.2%。其中广州出版的西书共42种,内有宗教书籍29种,科技书籍13种。②

笔者曾以康、梁早年的求知经历为例,指出在广东地区"对于从小以获取科举功名为目标的士人来说,实际可能读到的西书数量则是极其可怜的"③。趋新而多变的梁启超曾回忆少年时,"日治帖括,虽不慊之,然不知天地间于帖括外更有所谓学也"。1883年购得张之洞的《𬨎轩语》和《书目答问》两书后,"归而读之,始知天地间有所谓学问者"④。就读书入门的"启蒙"而言,和尊经书院诸生相比,还稍晚些。少年梁启超在广州的学海堂、菊坡精舍、粤秀、粤华等书院读书时,所学都是传统的经学和词章之学。直至1890年春入京会试后,南归途经上海时,"从坊间购得

---

① 谢放:《中体西用之梦——张之洞传》,四川人民出版社1995年版,第41页。下引该书同此版本,不再另注。
② 参见熊月之《1842年至1860年西学在中国的传播》,载《历史研究》1994年第4期。
③ 谢放:《中体西用之梦——张之洞传》,第39页。
④ 丁文江、赵丰田编:《梁启超年谱长编》,上海人民出版社1983年版,第16页。下引该书同此版本,不再另注。

《瀛环志略》读之，始知有五大洲各国。且见上海制造局译出西书若干种，心好之，以无力不能购也"①；同年他进入康有为创办的万木草堂。而在此之前，他所阅读的书目大体上没有超出张之洞为尊经书院诸生所开的书目范围。

当然，出自尊经书院的蜀中学子，也有类似梁氏早年的经历。如上面提到的几位出自尊经书院的四川名人早年经历具有三个特征：一、大多一帆风顺地获得了科举功名。杨锐出身举人，廖平、宋育仁出身进士，骆成骧则是清代四川唯一的状元。二、没有出国留学或考察的经历（只有宋育仁例外，曾出使英法意比四国）。三、在甲午战前西学知识有限，其知识结构主要还是传统的经学和词章之学。

后来成为著名维新领袖的康有为，也是在尊经书院创办的前一年（1874），"始见《瀛环志略》、《地球图》，知万国之故，地球之理"。不久又游历香港、上海，"始知西人治国有法度"，"益知西人治术之有本"，"自是大讲西学，始尽释故见"。② 可见康氏之所以接受西学，主要是游历了香港、上海；广东的"风气之先"不过是为其游历上海、香港提供了方便。正如出自尊经书院的宋育仁也是因为1894年出使英法意比四国，才写下了《采风记》并改定《时务论》，从而在19世纪的维新思潮中占有一席之地。

在广雅书院创办之际，广东地区仍然是"西书太少"。据康有为记述，光绪十二年（1886）"时张之洞督粤，春间令张延秋编修告之曰：'中国西书太少，傅兰雅所译西书，皆兵医不切之学，其政书甚要，西学甚多新理，皆中国所无，宜开局译之，为最要事。'张香涛然之，将开局托吾与文芸阁任其事，既而不果。吾乃议以商力为之，事卒不成"③。是年，张之洞确是关注过"开局刊书"之事，曾致书缪荃孙，主张"广州开书局刊书拟分三类：一续《学海堂经解》，一补史、考史、史注之属，一洋务"。然而，广雅书局最终还是"未刻洋务书，惟属人在上海译述"④。因

---

① 丁文江、赵丰田编：《梁启超年谱长编》，第22页。
② 楼宇烈整理：《康南海自编年谱》，中华书局1992年版，第6、9、11页。下引该书同此版本，不再另注。
③ 《康南海自编年谱》，第14页。
④ 许同莘编：《张文襄公年谱》，商务印书馆1946年版，第52～53页。下引该书同此版本，不再另注。

当时通西文西学的人才缺乏，所译西书的数量和质量都成问题。"西国各类学科，有各类文字，不可移易。中国通专门高等西文者寡，故译书少而劣，而译于兵戎略于政制，识者憾焉。"① 广雅书局未刊刻洋务书籍，大概也是受此局限。

不过，从朱一新的代表作《无邪堂答问》一书中关于广雅书院诸生对西学的关注以及朱氏的解答来看，其接受的西学知识仍达到一定程度。② 该著成书于光绪十八年（1892），"内容新旧学兼及，中西学兼顾，其中有关立身处世，求学问道之语，有关治国经世之大道，大多就实际问题出发，非一般只重科举制艺之书院可比"③。全书辑录的近百个问答中，直接关于"西学"的比例虽然不大，但已大体涉及"西艺""西政"与"西教"的范围。例如：

当问及"西学在今日亦当务之急，何者最为切要？"朱氏答曰："治西学须明其地势，考其政俗以知其人之情伪，为操纵驾驭之资，次则兵法，若天算、制器诸事能兼通之固佳，不通亦无所害。"

当问及"日本步武泰西，甚至变服色，易徽号，而国亦因之日强，岂势之所值，固有当因时制宜者欤？"朱氏答曰："取西人之艺事，以辅吾之不逮，未为非计。若改正朔，易服色，是亦不可以已乎！且倭人亦何尝真强？不终为俄之附庸不止也。"

当问及"西俗""西政"时，朱氏答曰："西人贸易致富者，往往迁居于都会。都会之地，富户既多，政教易及，故一切养赡贫乏之制，悉力讲求。其政权操之议院。议院者，犹中国之绅士公所。下情易达，利弊易革易兴，而国人嚣然不靖之机，亦由于此"。"其俗异，故其政异也。西俗之差胜者，在上下之情通。而其所以能通者，由于君民共主，故君亡而国不亡。乃君民共主之不已，浸假而有民主之说，浸假而又有人人各保利权之说。近数百年，其说愈倡愈行。故俄、法、美三国，民气至嚣。俄则求为君民共主而未能，法则君民迭主，屡变而仍不惬，美虽久为民主，而分党相轧，以固权位，每易总统，举国若狂，皆邪说之毒中之（美自开国仅

---

① 中国史学会主编：《戊戌变法》（四），第305页。
② 张灏先生依据钱穆《中国近三百年学术》一书提供的材料，认为朱一新等人作为19世纪中国的重要思想人物"很少显示出西方影响的迹象"，我以为对此问题尚可进一步讨论，至少按当时人对西学的认知水准，《无邪堂答问》一书反映出朱氏对西学仍有相当了解。
③ 周光汉：《张之洞与广雅书院》，第331页。

逾百年而俗已敝,民主之法,小国则可,大国则嚣)。"

当问及"西教为中国利害"时,朱氏答曰:"古今立教,未有如西教之浅俚者。欧洲诸国靡然从之,真大怪事。即此以观西人之智,本不如中国远甚也。中国从之者,多为利诱,皆愚无知之民。然天下愚民多而智者少,兼复动之以利,隐忧正未有艾耳。"①

上引关于西学特别是有关西政、西俗的问答,反映了广雅书院师生西学知识的状况。朱一新关于西学之要在于"明其地势,考其政俗",其次才是兵法、天算、制器的见解正与张之洞稍后所提出的"西艺非要,西政为要"② 暗合。朱一新对西国"其俗异,故其政异也"的认知,也与张之洞"不变其习不能变法,不变其法不能变器"③ 的主张相似;即已经看到了技艺与政制、政制与文化相互依存制约的关系。朱一新对俄、法、美等国政体利弊的认知,与同时期的维新士人王韬、薛福成、郑观应等人的看法亦相当接近。

至于僻处西南的成都,在尊经书院创办前后,除了有关经史词章的书籍较流行外,另有"一些讲求时务和场屋应试并训蒙的书籍",亦有书商以蜀刻本古籍购运上海,"交换洋版书籍回川销售"。不过总的说来,有关西学、新学的书籍并不流行,其大量流行当在进入20世纪之后④。故与广州相比而言,19世纪80年代前后,蜀中士人能读到的西学书籍恐怕更少。这种状况在戊戌维新时期才有所改观,光绪二十四年(1898)尊经书院山长宋育仁在成都创办"蜀学会",其宗旨是"振兴蜀学","以通经致用为主,以扶圣教而济时艰"⑤。以蜀学会名义出版的《蜀学报》(设在尊经书院内)"为开蜀中风气而设","意在昌明蜀学,开通邻省"⑥。是时,因上海等地的维新报刊"已畅行蜀中",该报"故与各报体例略有不同,各报沿设海疆,闻见较易,于洋务为详。本局意主推行,力求实用,言各有

---

① 朱一新:《无邪堂答问》,中华书局2000年版,第162、164~165、172页。
② 张之洞:《劝学篇·序》。
③ 张之洞:《劝学篇·外篇·设学第三》。
④ 参见刘东父《清代成都木刻书业和外省书商的发展》,《四川文史资料集粹》第4卷,四川人民出版社1996年版,第361~365页。
⑤ 《蜀学会章程》,《蜀学报》第1期,光绪二十四年闰三月望日。下引该书同此版本,不再另注。
⑥ 《蜀学报章程》,《蜀学报》第1期。

当，不嫌并行"①。总之，19世纪后期，西学在广东与四川的传播虽有一定程度的差异，但同样存在类似的局限，在接纳西学方面，广东似未显示出更多的地域优势。

三、中学的衰微与复兴

19世纪后期的中西文化交流中，既存研究似乎更重视探讨西学的传播。但值得注意的一个现象是，在同光之际西学传播尚不广泛之时，中学却已经严重衰微。

据梁启超的观察，其时谈洋务者莫不以为"西文西语之当习"，于是"沿江沿海各省，其标名中西学馆、英文书塾以教授者，多至不可胜数"。求学目的可分为二，一"欲学焉而为通事、为买办以谋衣食者"，一"欲学焉而通古今中外、穷理极物、强国保教者"。而求学之人多为前者，后者则"未始有闻也"。学馆中虽设有华文功课一门，"不过循例奉行，苟以塞责，实则视为无足重轻之事"。结果是馆中学生"其所诵经书，只能谓之认字，其所课策论，只能谓之习文法，而绝不能谓之中学，其西学亦然，极其能事，乃亦不过在认字与习文法之二事，是直谓之末学焉可已"。此等学馆"亡中学则有余，至西学之能兴否，则非吾敢言也"②。确如梁氏所言，在西学影响较早的上海，早已出现书院诸生轻视中学的现象。

林乐知1882年在上海创立"中西书院"时，即强调该书院"其教虽以西法为主，而西学、中学究当相辅而行。故聘西师授读外，兼延中国积学淹博之士，课诵经籍，删改诗文尺牍，以期西学、中学悉造乎精纯。盖西学固为今日当务之急，而非明乎中国之书理，熟乎中国之文法，则西学要不过得其糟粕，终无由抉其菁英，将挟之翻译西书，而莫通义理；与之讲求格致，而莫测渊微，此其人或见用于世，第足供奔走之役，无当于远到之程，而本书院所定之章程，中西并教，实为握要以图也"。在林氏看来，学好西学的前提是必须首先学好中学。故劝导诸生重视中学。然而实际的情况则是诸生仍然重西学不重中学，"故西学到塾，而中学不到塾者有之；西学克奋，而中学苟且塞责者有之"③。

---

① 《蜀学报章程》，《蜀学报》第1期。
② 梁启超：《变法通议·论幼学·学校余论》，《饮冰室合集·文集之一》，第56、61~62页。
③ 林乐知：《中西书院肄业诸生当自期远大说》，载《申报》1882年12月17日。

与上海中西书院诸生轻视中学的倾向相反,同光之际广州开设的以学西学为名的"同文馆""西学馆",部分学生则因希图应试科举,反倒轻视西学。①"虽仍在馆肄业,然皆专意汉文,冀图乡试文理平通,以为期满保举府经、县丞、防御地步,志安小就,不思愤强,致将西文荒忽,未能精深,殊失设立同文馆之意。"② 所谓"专意汉文",自然是指应试时文。其实,不唯广东,京师同文馆及各地洋务学堂讲习"西学"的成效亦大成问题。时人指出,"西学功课亦最浅陋,竟有在馆肄业五六年学生,问以西学,一无所知,并语言文字亦未通晓者"③"欲求其善操西语,熟谙洋文者,实属寥寥无几也。"④ 这类学堂培养的学生,可谓西学仅袭皮毛,中学多半荒疏。在清末科举废除之前,类似的现象在学堂中也并不少见。

上海与广东两地学子对中西学的不同态度,似可从其学子寻求出路来解释。上海既是当时中国最大的通商口岸和洋务企业集中之地,洋务人才的需求较多,学子自然重视有实用价值的西语西文;而广东对洋务人才的需求显然远不及上海,故应试科举,求得功名,恐怕是更为现实的出路。

正是在中学日益衰微的情势下,张之洞创办尊经、广雅书院,提倡"通经""考史""经世""治身心",希望培养一批"通博之士、致用之才"来挽救和复兴中学,延续中国传统文化的命脉。从学术文化的层面来看,其力倡采纳西学之"用",最终也是为了恢复儒学"经世致用"的传统。尽管在西潮的冲击之下,尊经、广雅书院最终不得不改建为日益西化的新式学堂,但其在中国近百年来的文化教育史上仍有重要的历史地位,其文化积累的效应也只有在经历了更长的历史时期后才会更加凸显。

---

① 程美宝《地域文化与国家认同——晚清以来"广东文化"观的形成》一文已经注意到这一现象,见杨念群主编《空间·记忆·社会转型——"新社会史"研究论文精选集》,第394页。
② 《同治十年十月二十一日文渊阁大学士两广总督瑞麟等折》,中国史学会主编《洋务运动》(二),第118页。
③ 《大学堂总教习改用洋人》,原载《国闻报》,光绪二十四年六月二十五日,收入中国史学会主编:《戊戌变法》(三),第390页。
④ 曾广铨译:《中国讲求西学论》,《时务报》第51册"西文译编",光绪二十四年正月二十一日。

孙中山对中国现代学术文化的影响
——以中山文化教育馆为例

1933年，为"罗致国内学者潜心研究，以阐明中山先生之主义与学说，以树立文化之基础，以培养民族之生命，同时亦即以此为中山先生留文化上永远之纪念，俾与紫金山上庄严壮丽之中山陵同迈千古"①而创立的学术文化机构——中山文化教育馆，在20世纪三四十年代，集合中国的一批著名学者，从研究孙中山的学说入手，探索中国文化复兴的方案，取得了相当的学术成就和社会效益，对中国现代学术文化产生了重要影响，是中国现代学术文化史上值得关注的一个学术文化机构。但迄今提及者皆语焉不详②，专文研究亦付阙如。以下拟对中山文化教育馆的建立和发展、主要成绩及其在中国现代学术文化史上的地位试作初步探讨，希望能够引起学界关注民国时期的孙中山研究与中国现代学术文化史的关系。

一、中山文化教育馆的创立

中山文化教育馆的酝酿筹建始于1932年11月，先由立法院院长孙科邀请国民党中央训练部部长马超俊、交通大学校长黎照寰、立法院秘书长

---

① 《中山文化教育馆筹备委员会总报告》，第8页，中山文化教育馆筹备委员会编印，1933年3月。

② 杨玉清《解放前孙中山三民主义思想研究浅略述评》一文（收入孙中山研究学会编《回顾与展望：国内外孙中山研究述评》，中华书局1986年版）提及孙科"创办了中山文化教育馆，1934年在南京创刊《中山文化教育馆季刊》，篇幅很厚，据说想垄断当时的文化市场"。胡绳在1995年4月17日的一次学术谈话中，就国民党派系问题提及"孙科是自成派系的人，手下有一些进步人士，30年代他办中山文化教育馆和杂志，所用的人就有接近马克思主义的人"（"从五四运动到人民共和国成立"课题组：《胡绳论"从五四运动到人民共和国成立"》，社会科学文献出版社2001年版，第30页）。李新总编《中华民国大事记》（中国文史出版社1997年版）则仅以两行字记述了该馆的成立（见该书第3册，第479页）。尚明轩《民国时期的孙中山研究》一文（《学术月刊》2003年第4期）提及"孙科于1934年创办《中山文化教育馆季刊》，用很厚篇幅刊登研究孙中山的文章"。

梁寒操等人倡议发起，推举孙科等 15 人为筹备委员，负责成立事宜及筹措经费；蔡元培等 5 人为设计委员，负责制订举办事业的规划。① 初名中山文库，或中山文化馆，最后决定定名为中山文化教育馆。筹委会借国民党四届三中全会在南京召开之际，邀约与会中委签名发起。翌年 1 月 3 日，孙科又在上海举行茶话会，邀集各界名流作为发起人，并说明创建该馆之缘由和意义："鉴于外侮日亟，内忧未已，挽此沉疴，端在心理建设，乃征之以总理之主义，阐之以总理之学说，以恢复中华固有文化为经，以吸收现代新兴文明为纬，培养民族生命。造成核心信仰。"②

《中山文化教育馆缘起》亦申明了创立宗旨，强调文化为民族的活力和生命，文化进步与否实关系民族之兴衰："文化为一民族之活力，亦即为一民族之生命，文化之进步与停滞，实与一民族之兴替息息相关，纵览全世界各民族进步之轨迹，无不以文化运动为其先导。""革命之意义，亦即于推翻不适合某一时代经济环境之旧文化而创造新文化，并树立其新基。故革命之成功，不仅在于破坏，而尤在于时代动向之正确把握，并建立适合新时代之新文化。"③

筹备委员会呈请国民党中央党部备案、教育部立案的呈文亦强调须正确把握时代之方向，确立与新时代相适应的新文化："文化与民族其关系之重且大，证诸史实，已可概见。原夫文化之构成，一为过去之累积，一为当前之动向，我国过去文化尽多参证研讨之助，而当前动向更应权衡取舍为务，文化得其动向，民族斯有活力，民族有活力，方得时代正确之把握，而新时代之新文化于以成立。故文化运动之基础，不在政治权力，而在社会思想。""中山文化教育馆之设立，冀转移民族意识，振其思潮学力，励以破釜沉舟，为国家恢复散涣人心，为民族保全将堕人格，百年大计，舍此莫由，于推进民族文化动力之外，又有永久纪念总理之意义，当为全民所赞许者。"④

1933 年 1 月 10 日，筹备委员会在上海莫利爱路 10 号开始正式办公，

---

① 筹备委员会推举孙科任委员长，叶恭绰任副委员长，委员有吴铁城、张定璠、伍朝枢、蔡元培、郑洪年、杨庶堪、马超俊、史量才、黄汉梁、薛笃弼、吴经熊、黎照寰、陈彬龢共 13 人。设计委员会推举蔡元培为主席，叶恭绰、伍朝枢、史量才、杨庶堪为委员。
② 《孙主席致开会辞》，载《申报》1933 年 1 月 7 日。
③ 《中山文化教育馆筹备委员会总报告》，第 7 页。
④ 《中山文化教育馆筹备委员会总报告》，第 50～52 页。

开展筹备工作，分别呈请国民党中央党部备案、教育部立案，即获批准。除收到发起人捐款数万元外，从中央与地方政府获得的支助经费主要有：经孙科等在国民党中央政治会上提请并议决通过的国民政府月拨事业费5万元，上海市政府经市政会议议决自1933年度预算起每年补助事业费5万元，广东方面经西南政务委员会议决月拨事业费2万元。①

至3月7日止，共有发起人331人，大多为国民党元老、党政要人及各界名流。②

3月12日（孙中山逝世纪念日）上午10时，在南京总理陵园管理委员会举行成立典礼。发起人及来宾共300余人出席。大会主席林森先报告开会宗旨，继由孙科报告筹备经过，最后讨论、修正并通过了《中山文化教育馆章程》。馆址原拟设在上海，经讨论决定设在南京。③ 推选孙科为理事长；蔡元培、戴传贤、吴铁城、史量才、叶恭绰、郑洪年、孔祥熙、黎照寰8人为常务理事；林森、蒋介石、汪精卫、胡汉民、蔡元培、于右任、戴传贤、吴敬恒、张人杰、张继、宋子文、李石曾、居正、孙科、陈果夫、孔祥熙、伍朝枢、吴铁城、顾孟余、朱家骅、叶恭绰、史量才、杨庶堪、张定璠、薛笃弼、王云五、郑洪年、黎照寰、马超俊29人为理事。④

《中山文化教育馆章程》对中山文化馆的宗旨、事业、组织和经费都作了明确规定："以阐明中山先生之主义与学说，树立三民主义文化与教育之基础，培养民族之生命，为中山先生留文化上永远之纪念为宗旨。"⑤

主要"馆务"即开展的事业，包括六个方面：①学术研究。研究并发扬孙中山之主义与学说，集合学术专家学者研究与中国有关系之各种问题，支助国内外大学毕业成绩优良或具有天才之青年研究现代重要问题。②实地调查。组织调查队分赴各地调查农村社会经济教育状况。③学术奖金。设立中山奖学金，奖励科学发明、文学创作及有价值的著述等。④学费借贷。设立国内外大学学费借贷金，补助学行优良的勤苦学生。⑤学术讲座。设立中山学术讲座，选聘对于孙中山学说有研究者的专家，分赴各

---

① 《中山文化教育馆筹备委员会总报告》，第59页。
② 名单见《发起人一览》，《中山文化教育馆筹备委员会总报告》，第17～26页。
③ 《中山文化教育馆成立》，载《申报》1933年3月12日号外。
④ 《中山文化教育馆成立二周年新馆落成纪念刊》，第7页，1935年3月印行。
⑤ 《中山文化教育馆章程》，《中山文化教育馆筹备委员会总报告》，第9页。

大学讲学。⑥图书出版。迻译名著，编辑社会教育图书及定期刊物。①

在制订研究计划时，常务理事蔡元培提出，章程规定的研究范围甚广，"中山先生之主义与学说，包含甚富"，且"凡与中国有关系之各种问题，皆应研究则范围之广可知"，但考虑到受设备与经费的制约，不宜"各种学术，同时并立"，主张"集中力量，求精而不骛博"，先选择最适宜的几项进行，且不宜与其他研究机构已经设立、著有成就的学科重复设置。而应"举全力以从事于现代最所需要而其他机关尚未能充分设备之学科"，建议先举行三项研究，即中国美术史长编并组织美术馆、教育研究和社会问题研究；若以此计划可行，则学术奖金、学费贷款、学术讲座及图书出版"亦不妨暂以此三种为范围，而逐渐推广"②。常务理事叶恭绰"主张编纂一部总理传记为详确之记载，集合专家订定总理实业计划之实施方法，而汇为一书，以作准绳，并编辑中山文化教育丛书，将总理思想主张融渗于群众脑中，一面译印各国新出版书籍以便知识界之阅读"③。这些建议多为馆内拟定研究规划所采纳。

中山文化教育馆机构设置，除理事会综理本馆事务外，设秘书主任一人，负责主持馆内日常工作，举叶恭绰担任。设事务部办理本馆文牍、庶务、会计及不属于其他各部之一切事务，李大超任主任，李庚任副主任。设研究部办理本馆之一切学术研究及调查事务，黎照寰任主任，刘大钧任副主任。设出版部办理本馆一切编译出版及发行事务，史量才任主任，陈彬龢任副主任。④ 必要时由理事会决定设立各种委员会办理专门事务。

经费筹集包括创办捐款、基本金（只支用利息）、补助各款，经常捐款、特募捐款、出版物收入及其他收入。

《章程》还规定了发起人的义务和权利：在创立本馆时期须自捐或募捐500元以上之创办费，本馆成立一年之内募集500元以上之基本金；得随时进馆阅览图书查核报告，获永久赠送各种定期刊物及酌送各种出版图书。

中山文化教育馆成立后，最初开展的工作主要有：

1. 拟定研究规划。按照成立大会通过的计划大纲，凡专门问题之研

---

① 《中山文化教育馆章程》，《中山文化教育馆筹备委员会总报告》，第9~10页。
② 蔡元培：《中山文化教育馆设计管见》，《蔡元培全集》第7卷，浙江教育出版社1997年版，第418~419页。
③ 遐庵汇稿年谱再版印行会：《叶遐庵先生年谱》，第337页，1936年10月。
④ 参见教育部编《第一次中国教育年鉴》丙编，开明书店1934年版，第1135页。

究，学术刊物之印行，农村经济之调查，奖学金之举办，图书馆之筹设等事业，逐步开展。其中，学术研究范围包括中国的教育、艺术史、社会问题及土地问题、孙中山实业计划和心理建设、中国哲学史、中国地理、地方制度、国际问题。决定初步开展的工作计有：组织实地调查团分赴各地实地考察，尤其重点考察文化教育和民生状况；设置奖学金和助学金，先从少数办起；特约或收购编译、撰者图书，亦先从数类办起；限于财力人才，不能多设机构，拟先设各项研究员，分门初步研究。①

馆址迁南京后，叶恭绰不能常驻南京，遂辞去秘书主任一职，由马超俊接任并改称总干事。马任总干事后，对馆内组织、研究计划作了适当调整和扩充。研究部改分三民主义、经济和劳工三个组，制订了相应的研究计划。

三民主义组的研究计划分三期进行，第一期研究的课题有：孙中山之哲学系统、中国革命史研究、五权宪法原理、民族主义与中国民族问题、平均地权理论、中国现阶段的土地问题、民生主义之住居问题、物质建设中的人文地理研究、中国民族史研究、民生史观之社会学的历史学的研究。第二时期研究的课题有：心理建设之哲学的心理学的研究、实业计划之理论与实际研究、均权制度与地方政府、地价税研究、节制资本之实际研究、三民主义的教育政策研究、考试制度与监察制度研究。第三时期研究的课题有：民生主义与土地政策、移民殖边问题、国民党农民政策和劳工政策研究、中国行政制度之改进研究。②

经济组研究的主要课题有：都市社会经济问题（主要是上海）、广州农村经济调查、粤豫皖鲁烟草区调查、对外贸易农村经济关系研究、农工雇佣习惯及需供现状调查、耕地利用及乡村人口密度调查、各省耕地面积之厘订、垦殖问题研究等。

劳工组研究的课题主要有中国劳工运动史、中国劳动立法研究、孙中山的劳动思想等。

中山文化教育馆举办事业和研究计划具有较鲜明的两个特点：其一，根据实际的财力人力，有计划地进行研究和举办公益事业。在经费人才有限的情况下，研究计划分期进行，先不多设研究组室而只依据课题由研究

---

① 《中山文化教育馆举办事业计划大纲》，《中山文化教育馆筹备委员会总报告》，第61～66页。

② 本段及以下两段均引自《中山文化教育馆成立二周年新馆落成纪念刊》，第14～25页。

人员分别进行研究，一年多以后逐步扩充。其二，基础理论探讨和现实问题研究相结合。在拟订并实施的研究计划中，既有孙中山学说和思想的理论探讨，也有哲学、历史学、民族学、地理学等基础学科的研究，还有针对性较强的现实政策和社会问题的研究以及开展各种社会调查。

2. 修建南京新馆。成立大会决定馆址设在南京后，又经发起人充分酝酿，决定建在中山陵园内，"庶可与紫金山庄严壮丽之中山陵，互相辉映"。经理事会与园陵管委会协商，遂于1934年1月25日，正式签订租约，租地32.1亩，租期30年（期满仍有优先承租权），年纳租金48.15元。馆址确定后，孙科委托著名建筑师赵深负责主持设计，参与设计的还有满族建筑师童骏和园林专家傅焕光，设计方案及建馆预算经馆务会讨论通过。建馆预算为建筑费10万元，设备费5万元，图书费5万元。新馆工程经招标由张裕泰营造厂承建，总造价为96000元，于7月1日正式动工修建，所用之建筑材料，国货占十分之七。新馆未建成之前暂租上海福煦路803号房屋为馆址。1935年1月底全部馆舍建竣，2月20日起，迁馆至南京，3月1日起，在新馆正式办公，上海则暂设一办事处。① 3月12日，举行了中山文化教育馆成立二周年暨新馆落成典礼②。

3. 设立图书馆。中山文化教育馆在筹建之初即向全国各文化机关社团征求图书杂志，很快收到各地捐赠图书943部、杂志146种。中山文化教育馆正式成立后，即着手图书馆的筹建工作，于1933年年底初步建立。一年后，除收集中山文献外，一些重要的大型成套图书相继购定，如《四库丛刊正续编》《古今图书集成》《四库全书珍本》《大英百科全书》《社会科学百科全书》《美国百科源泉》等；各省方志及水利地图等要籍亦不时选备。共有图书16000余册，以社会科学图书为主，亦有少部分自然科学图书。③

图书馆还尽量收藏全国各种定期刊物，至1935年1月底，共收藏1129种，以刊物性质分类，普通类211种，时事评论类136种，社会科学类82种，教育类284种，自然科学类19种，应用科学类110种，宗教哲学类6种，文艺类65种，史地游记类7种，学校刊物类76种，公报类

---

① 《中山文化教育馆成立二周年新馆落成纪念刊》，第57～59页。
② 南京新馆于抗战期间被战火所毁，1994年在原址建成"中山书院"，主要用于纪念孙中山的学术研究和文化交流。
③ 《中山文化教育馆成立二周年新馆落成纪念刊》，第34～36页。

133 种。①

二、中山文化教育馆的主要成绩

中山文化教育馆自创立后，经十余年发展，已经取得了较明显的成绩。其间大致可分为三个时期。

（一）成立之后至迁离南京（1933年3月—1937年11月）

这一时期按照成立时制定的事业规划，开展了各项工作。取得的主要成果和业绩有以下几个方面：

一是孙中山及中国历史、现状研究。成立时的研究计划大多顺利进行，完成了一系列研究成果，因受经费及印刷条件限制未能全部出版，陆续出版的有8种：即胡去非《总理事略》（上海：商务印书馆1937年）、胡去非和陈培伟《总理遗教索引》（上海：商务印书馆1937年）、杨幼炯《近代中国立法史》（上海：商务印书馆1936年）、吴文晖《中国粮食问题》（上海：正中书局1938年）、马超俊《中国劳工运动史》（重庆：商务印书馆1942年），以及该馆编辑的三部专题论集即《民族学研究集刊》第1期（上海：商务印书馆1936年）、《中国教育制度讨论专刊》（上海：商务印书馆1937年）、《中国地租问题讨论集》（上海：商务印书馆1937年）。②

二是社会经济调查。此项工作采取委托馆外团体、与馆外团体合作、派员采访、通讯调查以及收集书报数据等多种方式进行。共完成"上海工业调查"（委托中国经济统计研究所完成）、"广东农村经济调查"（与岭南大学合作）、"粤豫鲁烟草区调查"（与太平洋学会合作）、"中国农工雇佣习惯及供需现状调查"、"中国耕地利用及乡村人口密度调查"、"中国垦殖事业调查"以及其他一些调查。在这些第一手比较深入的调查基础上，形成了一批重要的研究成果，由该馆正式印行，包括孔雪雄《中国今日之农村运动》（1934年）、陈翰笙《广东农村生产关系与生产力》（1934年）、陈正谟《各省农工雇佣习惯及供需状况》（1934年）和《中国各省的租佃》（1936年），另外还有稍后作为中山文化教育馆研究丛书之一出版的刘大钧《上海工业化研究》（长沙：商务印书馆1940年）

---

① 《中山文化教育馆成立二周年新馆落成纪念刊》，第39页。
② 本段及下段均引自《中山文化教育馆十周年工作概况》，1943年3月编印，第6～7页。

三是翻译介绍世界学术名著。此项工作始于 1933 年 7 月，大致分为三类：①翻译世界名著，编为中山文库世界名著译丛，由商务印书馆印行，陆续出版的有 29 种，即将出版的还有 23 种。从已出版的译著来看，以欧美社会科学理论、历史及现状研究的著作为主①，也有部分马克思主义及苏联问题研究的著作②。②编译时事丛书，此项工作始于 1936 年，或聘请专家著述，或编译外人著作，迄 1939 年已经出版了 4 种。③介绍世界学术思想，至 1938 年出版 3 种，即将出版 1 种③。

四是编辑出版定期学术刊物：自 1933 年 7 月成立出版部后，即着手拟订出版各种定期刊物的计划，并积极实施，这一时期出版的刊物有：

1.《时事类编》：1933 年 8 月 10 日在上海创刊，为国内专门介绍世界现势、国际舆情及外国论著的刊物，创刊号《卷头语》申明该刊的宗旨："我们认为要寻觅我们民族自救的途径及尽国民的责任，必须了解国际现势——研究世界上经济的、政治的诸种事实，拿来作我们的参考。同时我们认为对于材料的蒐集，对于时代的认识，亦必须严正地执着客观的态度，绝不渗入主观的成见。因此，我们的工作方计是：（一）选译各国著名刊物上政治的、经济的、文化的重要著述；（二）蒐集现世界各种重要统计；（三）介绍外人对于我们中国的政治、经济、文化、教育以及社会问题的批评与观察。"④ 中山文化教育馆编译部主任、著名法学家梅汝璈任主编，编译者除馆内熟谙英、法、德、日、俄各国文字的专任编辑外，还约请馆外专家、教授多人。先为旬刊，不分栏目，从第 2 卷 22 期（1934 年 9 月）起改为半月刊，分"世界论坛""学术论著""文艺""人物评传""名著介绍""科学新闻""文坛消息"等栏目，1935 年 3 月迁至南京出版。自 4 卷 1 期（1936 年 1 月）起增加"时事撮要""新书介绍"两栏，自 5 卷 1 期（1937 年 1 月）起，又增加"国际时事文献""一月来之国际时事"两栏。篇幅由最初每期六七万字，扩充至约 15 万字。

---

① 如 Buckle 著、胡肇椿译《英国文化史》；W. Sombart 著、季子译《现代资本主义》；Finer 著、李百强译《现代政府之理论与实际》；Sidncy & Webb 著、钱亦石译《社会研究法》；Bavink 著、陈范予译《现代科学的分析》；Brandy 著、俞宝书译《德国法西斯制度研究》等。

② 如 C. D. Colea 著、谌小岑译《马克思主义之真谛》，M. Mitin 著、沈志远译《辩证唯物论与历史唯物论》，Sidncy & Web 著、国立编译馆译《苏维埃社会主义新文化》，等等。

③ 各类译著书目见《中山文化教育馆十周年工作概况》，第 8～12 页。

④ 《卷头语》，载《时事类编》创刊特大号，1933 年 8 月 10 日。

至1937年8月，共计出版了5卷101期。①

2.《中山文化教育馆季刊》：1934年8月在上海创刊，为综合性学术刊物，左恭任主编，先后担任编辑委员的有王孝鱼、吴经熊、陈正谟、张汇文、杨幼炯、邓公玄、刘振东、钟天心、梁寒操、吴尚鹰、萧淑宇等人。自1935年夏季号（2卷2期，1935年4月）迁至南京出版②。每期35万字左右，迄1937年秋季号（4卷3期）出版后停刊，共计出版了4卷13期③。刊载孙中山学说、人文社会科学、中国文化教育、中国政治经济、世界学术思想、国际政治经济等方面的研究论文以及中国社会现状调查报告④。编辑部在创刊号的《编后记》中声明，刊稿坚持严格的学术标准以保持期刊的学术品位，并以此倡导学界之学风：

> 我们绝对排斥一切宗派的成见，使本刊不为任何畸形学说的专有的地盘；我们企图集合全国学术界的人材，以最公允的态度，作着各种学术的专门的研究。同时，我们选择的标准也预备做到较严格的程度，因为这不是文化贩卖机关，凡是粗制滥造的作品，在这里将不容易得到发表的方便。操持在商人和实质类似商人的掌握中的中国学术界，近年来已尽可能的混乱和肤浅化了，从任何见地，我们都没有再

---

① 即1卷出14期，2卷出28期、3～4卷每卷出22期、5卷出15期。

② 《1833—1949年全国中文期刊联合目录》增订本（书目文献出版社1981年版）称该刊"自4卷1期1937年起迁至南京出版"（见该目录第178页），不确；查该刊2卷2期原件版权页，已注明编行和发行处为南京（2卷1期则为上海），总代售处和印刷为上海。故自2卷2期起该刊已随南京新馆建成而迁至南京出版。

③ 即1934年创刊号、冬季号（第1卷1～2期），1935年春、夏、秋、冬季号（第2卷1～4期），1936年春、夏、秋、冬季号（第3卷1～4期），1937年春、夏、秋季号（第4卷1～3期）。

④ 以创刊号发表的文章为例：孙科《发刊词》、蔡元培《吾国文化运动过去与将来》、唐擘黄《论我国学术界最近的风气》、杨幼炯《如何建设三民主义的社会科学系统》、黄凌霜《民生史观论究》、张汇文《中山分权论在政治学上之地位》、林家瑞《中国监察制度论》、卫挺生《五权政府下的财政制度的改革》、李石岑《世界思潮的动向》、郭一岑《世界教育的趋势与中国教育的前途》、沈志远《苏俄哲学思潮的检讨》、胡愈之《世界政治动向》、董之学《大战后世界经济发展的回顾与展望》、张仲寔《帝国主义时代经济特征及其发展趋势》、钱亦石《现代中国经济的检讨》、孙晓村《中国农产商品化的性质及前途》、马寅初《利用外资的三种方法》、胡先骕《树木学和木材学的研究与国民经济建设》、季子《中国古代社会史的研究》、吕思勉《貊族考》、侍桁《通俗文字解剖》、刘大钧《研究我国工业化的原因与经过》、陈正谟《各省农工雇佣习惯的调查研究报告》、秦伯瑞《民国二十三年上半期的中国经济》（见《中山文化教育季刊》创刊号目次，1934年8月）。

助长这种混乱,使这种肤浅延续的理由。

因之在本刊上发表的作品,将和隐藏着另一种目的的货色,稍异其姿态吧:它们或许并不时髦,而是坚实的,或许并不华丽,而且坚实的;一个问(题)的提出,便有一个问题的解答;容或它们的论断尚有若干可商榷的地方,但当不失为一种有力的参考。同时,我们自然更期待执笔诸先生能保持一种谦逊的态度,不要陷于傲慢或武断,因为那是最妨碍真理的发见的,有时并致成非学者的偏见的谬误。

编者还呼吁道:"让肤浅的日子过去吧,每一个知识阶级的分子,应更多的更多的负起这转移时代文化的重要使命来!"①

该刊的撰稿者多有当时知名的专家学者,如经济学家章乃器、陈翰笙、马寅初、方显廷、刘大钧、千家驹、陈正谟、沈志远、孙晓村、钱俊瑞、薛暮桥、严中平、张培刚,文史学家胡愈之、吕思勉、吕振羽、陶希圣、肖一山、翦伯赞、朱光潜、李石岑、王孝鱼、邓拓(笔名邓云特),哲学家李达、唐君毅,教育家顾毓琇、钱亦石、姜琦,法学家杨幼炯、吴经熊、梅汝璈、张汇文等,这就在很大程度上保持了期刊的学术水平。

3.《期刊索引》:月刊,该索引根据馆收藏的 1129 种中文期刊编制索引,创刊于 1933 年 12 月,迄 1937 年 6 月,编辑印行共 6 卷。

4.《日报索引》:月刊,取材国内十余种重要日报,编制索引,分期刊行,最初作为附录与期刊索引合刊,1934 年 4 月始独立印行,自独立印行迄 1937 年 6 月,编辑印行共 5 卷。

5.《天下月刊》(英文):创刊于 1935 年秋季,旨在沟通中西文化,栏目包括社论、学术论著、中国名著翻译、中国文化界动态报告、书评等,每年发刊 10 期。②

五是编辑出版丛书。此项计划系由中山文化教育馆提出选题计划,然后登报向社会公开征集作者和书稿。决定编辑出版"公民丛书""建设丛书""民众科学丛书"以及"孙中山传记",1933 年 12 月登报公开征集三种丛书书稿。"公民丛书"应征作者经审查合格者 23 人,书目 10 种,至 1934 年 10 月底,有作者 12 人缴稿,计书稿 17 册。"建设丛书"作者应征

---

① 《编后记》,载《中山文化教育馆季刊》创刊号,第 400 页,1934 年 8 月。
② 《中山文化教育馆十周年工作概况》,第 13~14 页。

合格6人，至1934年年底，缴稿3种。"民众科学丛书"聘陶行知为主编，1934年年底也征得书稿5种。"孙中山传记"应征者更是十分踊跃，自1933年6月登报征稿后，应征者220人，至1934年年底，已经收到39位作者的39部书稿①。1934年7月，经理事会通过，组织丛书审查委员会，聘陈幼炯为主任，负责综核一切，刘大钧、丁燮林、钟天心、王昆仑、左恭、李庚、陈正谟为委员，负责审查丛书书稿及调查报告，也聘请有关专家参与审查。经审查合格的书稿，陆续交付出版。②

书刊的发行，最初委托书店代理，出版部仅指定一二工作人员兼理《时事类编》的部分订户及刊物交换工作。随着出版物的逐渐增多，为了扩大书刊发行，遂于1934年8月，成立出版物发行处，组织有计划的发行推广工作，着手扩充各省市及国外的分售处，聘约各大商埠的个人推销员，特约全国邮局代收订户；并联络各大报纸和著名杂志，交换刊登广告，扩大宣传，以增进经济上之收入。同时各出版物编辑方面在书刊篇幅、内容及印刷、装订等方面皆锐意刷新，力求精美完善，使"各刊销数均有惊人之进展"，如《时事类编》每期销数由3000册激增至6000册"且已不敷供求矣"。③

六是举办中山奖学金。1933年夏举办第一届，奖学事项共三种：救济我国农村方案（征文题目），奖金总额1000元；暑假计划与工作报告（征文题目），奖金总额1500元；自然科学考试竞赛，奖金总额1500元。④

1934年举办第二届，因鉴于第一届两类征文"成绩不佳"，第二届暂缓征文竞赛，只设以物理学为主的自然科学竞赛。事先经常务理事会议定《中山奖学金第二次举办计划案》，呈请教育部通令各大学推荐人选，并在各报刊登通告。推举理事蔡元培、黎照寰、郑洪年三人商定奖学办法，推定著名物理学家丁燮林、胡刚复、吕子方三人为评定委员。奖励两类大学生，大学物理专业在校生学习成绩优异者、毕业生有物理学论著或译著者，奖金总额各2000元。⑤

1936年还举行了全国大学生三民主义论文竞奖，收到全国33所大学

---

① 《中山文化教育馆成立二周年新馆落成纪念刊》，第31～32页。
② 《中山文化教育馆成立二周年新馆落成纪念刊》，第45～46页。
③ 《中山文化教育馆成立二周年新馆落成纪念刊》，第48～49页。
④ 《中山文化教育馆十周年工作概况》第14页，1943年3月编印。
⑤ 《中山文化教育馆成立二周年新馆落成纪念刊》，第51～55页。

及学院在校学生参加竞奖的预取论文共98篇，最后按民族、民权和民生三组，每组各取获奖论文10篇，共30篇，"汇集成册，发刊问世，一则以作推广三民主义宣传，一则以为大学生对研究三民主义之测验"①。

（二）迁离南京至重新规划之前（1937年11月至1942年3月）

1937年抗战全面爆发后，中山文化教育馆于是年11月迁离南京，先迁至汉口，1938年夏迁至重庆新市区中一路，后迁至北碚中山路。因大部分同人离馆参加抗战工作，刊物出版难以为继，调查计划倍受影响，翻译工作暂告停顿。在极其艰苦困难的情况下，馆内同人团结一心，根据抗战的形势和需要，继续努力开展工作，以直接服务于抗战为主要任务，仍然取得相当成绩。

一是编辑出版"抗战特刊"和"抗战丛刊"。除1939年至1941年出版研究成果7种外，迄1943年，编辑出版了"抗战特刊"6种。"抗战丛刊"9类103种，包括"通论"4种、"外交与国际形势"11种、"抗战对策·军事"4种、"抗战对策·政治"21种、"抗战对策·经济"21种、"抗战对策·国际法"3种、"抗战对策·文化教育及其他"28种、"敌情研究"9种、"敌军暴行"2种。②

二是继续编辑出版期刊。因战争期间，国外书刊不易获得，同时为适应战时文化之要求，对编辑出版方针作了一定调整，以阐述抗战各种问题为重点。编辑出版的刊物主要有：

1. 《时事类编特刊》：半月刊，前身即为《时事类编》，第1期1937年9月在南京出版，自2期（1937年10月）迁至汉口出版，自18期（1938年3月）起迁至重庆出版。先后编行《游击战争》《救亡工作实践与经验》《战地实况与作战经过》《武装民众与建立新国防军》《西班牙战争经验》《外交与国际问题》《地方行政机构改革问题检讨》《农村经济问题》《敌情解剖》《宪政宪章》《战时经济问题及粮食问题》等特辑或专号，此外，如战地通讯及文艺作品刊载尤多。至1942年1月，共计出版了70期。③

2. 续编《天下月刊》（英文）：抗战爆发后，该刊编辑部迁至香港继

---

① 吴尚鹰：《序》，《三民主义论文竞奖取录论文集》，中山文化教育馆1937年印行。
② 以上全部书名及著者见《中山文化教育馆十周年工作概况》，第15~24页。
③ 本段及下段据《中山文化教育馆十周年工作概况》，第24~25页。

续编行，唯为节省用费，将原定每年发刊10期改为每年发刊5期，至日军侵占香港时，始行停刊。

(三) 1942年3月重新规划研究任务以后①

抗战前期，因战时的要求和条件的限制，中山文化教育馆原规划的研究工作受到较大的影响。为了实现建馆宗旨，发展学术文化，1942年3月召开馆务会议，决定强化研究机构，重新整合研究力量，恢复过去之学术研究、社会调查及译介世界名著。

一是重新规划研究任务。以三民主义研究为重心，馆内分为民族、民权和民生三个研究室。

民族研究室的任务是研究孙中山的民族主义并寻求民族问题的实际解决方案。规划的研究专题主要有：三民主义的民族论与文化论、中华民族源流及其发展史、中华民族兴衰原因及繁荣种族的政策与方法、边疆民族问题的研究与解决。

民权研究室的任务是研究孙中山的民权主义并寻求实现民权平等的具体办法。规划的主要研究专题有：民权学说与政治制度研究、实现民权主义的方法与程序、国家建设理论与问题研究。

民生研究室的任务是研究孙中山的民生主义并寻求建设民生主义经济制度的正确政策。规划的研究专题有：民生哲学与经济学说、民生主义经济制度及其实现方法。

社会调查的任务是探明客观实际情况以配合上述研究，使能获得各种问题的合理解决。计划进行四项调查：全国人民对三民主义意见、在过去党治下全国地方施政成绩、中国边疆各民族社会经济状况以及全国党义研究专门人才调查。

译介世界名著作方面决定继续编译中山文库世界名著译丛，还计划翻译英国史学家汤因比（Toynbee）的史学著作以及剑桥上古史、中古史和近代史，以"应我国史学研究之深切需要及提高文化学术界参考资料之一般水平"②。

---

① 本节资料来源除另有注明外，均据《中山文化教育馆十周年工作概况》。
② 《中山文化教育馆丛书委员会征求迻译汤贝史学研究及剑桥上古史中古史近代史办法》，载《中山文化季刊》1943年4月第1卷第1期，第145页。

上述规划在短短的一年内即取得一定成效。研究课题方面已取得进展有20项，其中三民主义研究5项、历史学3项、民族学8项、文化学1项、社会经济3项。翻译世界名著已经完成3项，正在进行的有8项，以欧美、苏联经济方面的著作为主。①

二是编辑出版学术刊物。中山文化教育馆自迁重庆后，因印刷的困难和人事变动，原编辑出版的《中山文化教育馆季刊》被迫停刊。几经努力，至1943年3月决定继续出版学术刊物。

1.《中山文化季刊》：该刊实际上就是《中山文化教育馆季刊》的续刊，内容注重三个方面，即"（一）阐扬三民主义及以三民主义为理论指导之学术论著；（二）建设之具体方案；（三）世界学术思想之介绍与批评"②。并强调研究与实践相结合，"学术上的研究与事功上的研究同时并行"③。第1卷第1期于1943年4月出版，现存的最后一期是1945年9月出版的第2卷第2期。撰稿者多有知名专家学者，如经济学家王亚南、郭大力、陈正谟、吴文晖，文史学家闻一多、洪深、徐中玉、翦伯赞、简又文、钱实甫、杨人楩、彭泽益、吴泽，政治学家杨幼炯、邓初民、萨孟武，民族学家黄文山、戴裔煊，哲学家侯外庐、杨荣国，翻译家谌小岑等人。

2.《民族学研究集刊》：还在1936年5月，该集刊第1期已由商务印书馆在上海出版，嗣后因全面抗战发生，研究和出版受到影响。1940年3月由商务印书馆在长沙出版第2期，1943年9月、1944年10月由商务印书馆在重庆出版了3、4期，1946年4月、1948年8月由中华书局分别在重庆和上海出版了第5、6期，每期20万～25万字。主编黄文山④，编辑

---

① 以上研究课题及译书目录见《中山文化教育馆十周年工作概况》，第29～32页。除此以外，笔者所见该馆编辑出版的研究论集还有《民生史观研究集》（中华书局1947年版），收入梁寒操、黎东方、谌小岑、杨及玄、翦伯赞、侯外庐、吴泽共7人的论文共9篇；《民权建设中的世界与中国》（中华书局1947年版），收入孙科、钱端升、费巩、何凤山、西门宗华、杨幼炯、何永佶、吴绂征、张志让、陈念中、陈克文、陈霆锐、萧文哲等13人的论文14篇。

② 《本刊稿约》，载《中山文化季刊》1943年4月第1卷第1期。

③ 《发刊词》，载《中山文化季刊》1943年4月第1卷第1期。

④ 黄文山（1901—1988），广东台山人，1921年获北京大学文学士，1922年留学美国哥伦比亚大学，获文学硕士学位。1927年回国后，历任广东法商学院院长、中央大学社会学系教授兼系主任。1940年任中山文化教育馆研究部主任。著有《唯生论历史观》（正中书局1935年版）、《文化学及其在科学体系中的位置》（岭南大学西南社会经济研究所1949年印行）。1949年赴美，曾任洛杉矶中国文化学院院长、台湾大学及香港中文大学客座教授。

卫惠林、戴裔煊。该集刊介绍了西方民族学、人类学的流派、理论与方法，探讨中国民族学、人类学的学科建立和发展问题，专题研究中国（特别是西南地区）民族历史、文化和现状。为该刊撰写论文的学者大多是中国现代民族学、人类学和民俗学等学科的先驱，如黄文山、卫惠林、戴裔煊、丁骕、岑家梧、吴文藻、吴定良、何联奎、芮逸夫、胡鉴民、马长寿、凌纯声、徐益棠、商承祖、杨成志、闻宥①、朱希祖、林耀华、杨堃、李思纯、梁钊韬、方国瑜等人。

三是成立"战后世界建设研究会"。该会于1943年1月31日成立，主要研究战后世界建设诸问题，由理事长孙科兼任主任，下设五个组，分别负责世界一般情势、政治法制、经济财政、思想文化和社会问题五个方面的研究。并设有战后世界建设研究丛书编译委员会，"将盟邦朝野领袖及学者名流所发表的战后世界建设方案、计划和主张，辑为'战后世界建设研究丛书'，广事介绍，藉供国人研究参考之助"②。一年之内已经编译出版6种，正在排印或编译的尚有6种③。还编译出版了《战后问题论文集》共4集④，主要收录国外人士讨论战后问题的有关文章。

当然，由于八年抗战及随之发生的内战，长期处于战争环境之下，并受政治、经济和社会多种因素的困扰，中山文化教育馆未能取得更多成绩，这也是可以理解的。笔者受限于历史资料，也暂未论及抗战胜利之后中山文化教育馆的概况及结局。⑤但就其已经取得的学术成绩和社会效益来看，在中国现代学术文化史上理应具有比较重要的地位。

---

① 自丁骕至闻宥等13人为《民族学研究集刊》特约撰述人（共有特约撰述人25人），见《民族学研究集刊》第4期"扉页"。
② 周谷城等译：《美国与战后世界之关系》"总序"（战后世界建设研究丛书之一），独立出版社1943年版，第1页。
③ 该丛书编译委员会委员有梅汝璈、谢保樵、叶秋原、全增嘏、左恭、司徒德、周谷城、李抱宏、俞宝书9人，编译委员会名单及所译书目见胡佛等著、彭荣仁译《持久和平问题》（战后世界建设研究丛书之一）的版权页及尾页，独立出版社1944年版。
④ 独立出版社出版，1943年（1～2集），1944年（3集），1945年（4集）。
⑤ 教育部编：《第二次中国教育年鉴》（上海商务印书馆1948年版）第六编第四章"学术文化团体"中已无"中山文化教育馆"的记载，该书"编辑例言"称"至最近材料，则以（民国）三十六年（1947年）底止为原则"。据此推测，中山文化教育馆大概在1947年年底以前已经中止了学术活动。

三、在中国现代学术文化史上的地位及影响

首先，中山文化教育馆的创立及其学术活动，推动了孙中山研究的深入，标志着民国时期的孙中山研究总体上从政治宣传转向学术研究①，在孙中山研究学术史上应占有一定地位。

孙科在《中山文化教育馆季刊》创刊号发表的《发刊词》中说："中国国民革命现在已由消极的破坏阶段进展到积极的建设时期，因此我们对于中山主义也一定要从主观的感情的宣传进而作客观的理智的研究。从前我们要使中山主义普遍的为国人信仰，及唤起民众对革命的同情，而促进革命势力的发展，所以我们不能不偏重于主观的和感情的宣传，现在这个时代已经过去了，我们若要使中山主义更加发扬光大，我们必须对中山主义作一种切实的研究和补充。""一种主义的发生和长成，必定和它的环境与时代有密切的关系，换言之，一种主义一定有它发生并长成背景。"进而概括了中山主义的三种背景，即"中国的实际状况""欧洲的现代思潮"和"现代科学智识"。"所谓客观的理智的研究就是要我们取法中山先生探求真理的虚心态度，根据中国的实际情况，接受欧洲最现代的进步思潮，应用现代日新月异的科学智识，将中山主义所包含的各个问题切切实实下一番研究和补充的工作。中山主义的实际建设，需要我们埋头苦干，中山主义的理论建设，同样的需要我们埋头苦干。"《中山文化季刊》的《发刊词》也重申了这一办刊宗旨，强调阐明中山主义，"必然同时观察认识中国的现状，比较研究各国的进步思想，接受应用最新的科学方法，主观的冥想或直觉、玄学的研究，或凭偏颇的成见好恶的感情以作牵强附会的解释，都不是现代人的研究方法。"

这种强调研究的客观性和学术性、将孙中山研究与解决中国的现实问题以及世界进步思想和最新学术思潮相结合的学术导向，在孙中山研究学术史上具有一定的典范意义。用今天的话来说，就是既立足于中国的社会现实，也努力与国际学术文化界接轨。中山文化教育馆所开展的孙中山及其相关问题的研究力求体现这一学术导向，研究的广度和深度都有所拓

---

① 据尚明轩的研究，民国时期的孙中山研究大体以1927年国民政府成立为界分为初始和发展两个阶段。前一阶段"基本上还是从政治上纪念和评价孙中山，属于介绍性的通俗简易读物，仅有个别著作渐有学术性"，后一阶段"研究领域明显拓展，已逐步形成比较完全意义上的课题研究体系"。见尚明轩《民国时期的孙中山研究》，载《学术月刊》2003年第4期。

展，研究视角也较有新意①。同时，孙中山研究的一些基础性工作也得到了重视，如前文提及的由胡去非等编写的相对完整的孙中山传记《总理事略》②以及孙中山著作索引工具书《总理遗教索引》③，在资料征集和史实考订上下了工夫，编写亦比较严谨，至今仍有参考价值。

其次，以学术机构的名义组织和编辑出版了众多有影响的学术刊物、各类丛书和工具书，对中国人文社会科学的现代化起了比较重要的推动作用，在近代中国出版史、翻译史和新闻史上也有值得重视的历史地位。

《时事类编》便是当时一个很有特色、颇具影响的刊物。编者始终坚持客观真实地介绍各国最有价值的论著的办刊宗旨，让国人能及时获得对世界时事和学术思潮的真切了解。自称所编译文章的"原著作者皆为世界最著名之权威作家，阅读本刊一期，胜读各国著名杂志数十种，诚研究国际现势，认识新时代的唯一刊物"④。主编梅汝璈在纪念创刊四年时说："《时事类编》的宗旨，不在发挥同人自己的见解和言论，而在忠实地、客观地介绍各国出版界中最有价值的论著来供国人的参考，使不懂多种外国文字的一般国人藉此对于世界现势、国际问题以及学艺思潮各方面能获得更真切更直接之了解。本刊四年以来，在编辑方法和选材范围上虽时有不同，但这个宗旨却是始终一贯，恪守不渝。"林语堂在一篇《关于中国出版界》的英文论文里称《时事类编》的性质和地位相当于英国的《活时代》（*Living Age*），而"《活时代》是世界上很有历史，很负盛名的刊物"⑤。《时事类编》以特刊形式出版后，由原读者主要为"研究世界问题

---

① 以《中山文化教育馆季刊》所发表的有关孙中山学说及相关问题的研究论文为例：黄凌霜《民生史观研究》、张汇文《中山分权论在政治学上之地位》（以上1卷1期），陈长蘅《民生主义的计划经济与统制经济》（1卷2期），杨及玄《由历史观的演变说到民生史观》、杨幼炯《五院制度比较论》（以上2卷1期），杨及玄《民生史观的中国社会经济史研究》、周先庚《心理学与"心理建设"》（以上2卷2期），王孝鱼《"知难行易"和我国思想史上的知行问题》、杨及玄《民生主义中的"行"的问题》（以上2卷3期），陈德荣《孙文学说中的信once与行》、姜琦《三民主义之辩证观》、郑元瑞《三民主义之阶级调和说与儒家哲学》（以上2卷4期），林桂圃《孙中山先生的人性论政治理想》、陈正谟《平均地权与中国历代土地制度》（以上4卷3期）等等。

② 近年南京图书馆在馆藏历史文献中发现该书的誊清稿，已由全国图书馆文献缩微复制中心于2003年5月影印出版。

③ 该书以胡汉民编《总理全集》、中国国民党中央党部编《总理遗教》及陆达节编《孙中山先生外集》为依据编制而成。

④ 《时事类编周年纪念》，载《中山文化教育馆季刊》创刊号，1934年8月。

⑤ 梅汝璈：《时事类编之第五年》，载《时事类编》1937年1月1日，第5卷第1期。

和关心国际舆论的知识阶级"的期刊,转变为"能够普及到全国的智识分子和一般民众,使它成为一个有力的对内宣传抗战的读物"。编者重申:"忠实地介绍国外有价值的参考资料和客观地检讨有关抗战建国的切迫问题。""我们决不因恐惧识见浅薄和思想落后的庸众之误解,而自堕其宣传真理的勇气!"出版后即大受读者欢迎,第1期初版3000册,两天内销售一空,又再版8000册,仍然供不应求,以至"再版至四次之多"。①

在编辑出版丛书中所采取的开放态度,即中山文化教育馆负责策划、组织和审查工作,向学界和社会公开征集书稿的形式,也取得较明显的学术成绩和社会效益。不论是出版学术性的"研究丛书""世界名著丛书",还是普及性的"公民丛书""建设丛书""民众科学丛书",以及直接为抗战服务的"抗战特刊""抗战丛刊",都充分调动和整合了学界及社会的学术文化资源,扩大了中山文化教育馆在学界和社会上的影响,通过这种征稿形式,既团结和聚集了一大批各界的专家学者参与研究和撰述工作,也使中山文化教育馆的事业成为了整个学界和社会的事业,这对于在资源有限的情况下发展中国的学术文化来说,不失为一条行之有效的途径。

再次,组织或委托著名专家学者在深入进行社会调查的基础上,取得了一批重要研究成果,尤其在中国现代农村社会经济学和民族学这两个领域起了开拓和奠基的作用。

从研究孙中山的民生主义出发,中山文化教育馆十分重视民生问题的调查和研究,而当时中国最重要的民生问题是占人口绝大多数的农民之生计问题,故农村社会经济的调查研究一直是中山文化教育馆持续关注的课题。1933年11月至1934年5月,陈翰笙受中山文化教育馆之聘,组团到广东从事农村调查,对16县的农村概况进行了实地调查,对番禺县10个代表村1209农户逐一调查,还对50县335个村采取了通信调查,取得了大量第一手资料,在此基础上先后撰写调查报告《广东的农村生产关系与农村生产力》②和英文著作 *Landiord and Peasant in China: A Study of the Agrarian Crisis in South China*③,运用阶级分析方法研究生产关系与生产力,有力地论证了阶级剥削、高利贷剥削和国际垄断资本剥削是造成中国农民

---

① 梅汝璈:《时事类编之第七年》,载《时事类编特刊》1939年1月1日,第29期。
② 中山文化教育馆1934年12月印行。
③ International Publishers New York,1936;中译本《解放前的地主与农民——华南农村危机研究》(冯峰译),中国社会科学出版社1984年版。

贫困和农村社会危机的深层次原因，探寻了一条将马克思主义社会分析方法与西方经验研究相结合，认识中国农村社会经济性质的途径。通过农村社会的调查，还培养了一批著名的马克思主义经济学家，如王寅生、钱俊瑞、孙冶方、薛暮桥等人，在中国社会调查和农村社会经济研究上具有开拓性的意义①，陈翰笙也被学界誉为"马克思主义农村经济学先驱"。1935年夏，研究部邀集馆外专家学者就地租问题撰文讨论，各抒己见，汇集不同观点的文章19篇加上陈正谟撰写的"引言"，编为《中国地租问题讨论集》，其中收有薛暮桥的《怎样研究地租问题》一文，主张以马克思主义的方法论来研究地租问题。中山文化教育馆出版的农村社会经济的调查报告及学术论著，至今仍是研究民国时期农村社会经济史的重要参考文献。

　　从研究孙中山的民族主义出发，中山文化教育馆也十分重视民族学、人类学和民俗学等学科的开拓，积极开展民族调查和研究工作，为中国民族学、人类学和民俗学的学科确立和发展作了必要的学术积淀。编辑出版的《民族学研究集刊》成为中国历史上第一个以民族学为研究对象的专门刊物，也具有标志性的意义。《集刊》发表的一系列重要论文②以及古道济编《近代我国民族学译著目录》（集刊第2期）、《抗战以来我国民族学选目》（集刊第4、6期连载），对中国民族学及其学术史的研究也有重要参考价值。仅1942—1943年一年间，已经完成的民族学方面的研究课题

---

① 参见李章鹏《20世纪二三十年代陈翰笙农村调查的历史考察》，载《河北学刊》2006年第2期。

② 如黄文山《民族学与中国民族研究》、卫惠林《民族学的对象领域及其关联的问题》、凌纯声《民族学实地调查方法》、《民族学学说的新综合——新进化论》、商承祖《民族生活的进化因素》、杨堃《法国民族学之过去和现在》、吴文藻《功能派社会人类学的由来与现状》、马长寿《中国西南民族分类》、何联奎《畲民的图腾崇拜》（以上第1期），吴定良《人类面骨扁平度之研究》、卫惠林《世界现代人种分类的研究》、杨堃《民人学与民族学》、何联奎《畲民的地理分布》（以上第2期），芮逸夫《西南民族的语言问题》、李思纯《中国历史上边疆民族发式考》、朱希祖《云南爨氏族考》、杨成志《人类学的史的发展鸟瞰》、徐益棠《纪第二届国际人类科学大会》（以上第3期），卫惠林《战后中国民族政策与边疆建设》、吴定良《边区人类学调查法》、林耀华《分析语言意义对文化研究的贡献》、闻宥《民家地名的初步分析》、胡鉴民《羌民的经济活动型式》、马长寿《嘉戎民族社会史》、方国瑜《麽些民族考》（以上第4期），凌纯声《苗族的地理分布》、丁骕《新疆住民与维吾尔人》、马长寿《康藏民族之分类体质种属及其社会组织》、梁钊韬《中国古代巫师的种类》、戴裔烜《民族学理论与方法递演》、徐益棠《中国民族学之发展》（以上第5期），芮逸夫《中国亲属称谓制的演变及其与家庭组织的相关性》、岑家梧《四川蛮洞发掘记》、杨堃《我国民俗学运动史略》（以上第6期），何联奎《蔡子民先生对于民族学的贡献》（第3、5期连载），等等。

即有黄文山《民族学方法论》和卫惠林《世界民族之分类与分布》，部分完成或正在进行的有徐益棠《中国民族发展史》、马长寿《中国民族思想史》、罗香林《中国历代民族政策与今后对边疆应取之方针》、戴裔煊《民族学发展史》等。1946年民族学家徐益棠在集刊上撰文回顾民族学在中国的发展历程及近年取得的成就时指出："研究同志之增多，研究范围之广泛，以及各论文取材之精慎，内容之质要，均视战前为进步。"[①] 其研究成果不少成为了中国民族学的奠基之作。

最后，尤其值得一提的是，中山文化教育馆虽然采取了"官学结合"的模式，但在很大程度上保持了学术的自由品格和独立地位。该馆发起人和理事会成员几乎囊括了国民党的主要元老和党政要员，并获得了政府的经济资助和行政资源，同时也聚集了一大批知名专家学者从事学术研究和文化事业。这种"官学结合"并没有使学术研究依附于政治权势，而是保持了学术的自由品格和独立地位。政治背景和学术见解不同的学者聚集在一起，探寻了一条基础理论研究与解决现实问题相结合的学术发展路径，为研究孙中山的学说和思想、发展中国的学术文化这一共同事业做出了贡献。

中山文化教育馆筹建之初，其《缘起》便郑重申明要保持学术研究的独立地位："同人等尤有不得不郑重说明者，即本馆创办之始意与目的，纯为致力于学术之研究，企图于民族文化尽一分推进之力，既不受实际政治之牵掣，尤不为任何关系所绊系，则同人可以负责公告于社会者。"[②] 筹委会呈文中也明确声明："文化运动之基础不在政治权力，而在社会思想。"[③]

中山文化教育馆之所以强调学术不受政治牵制，也与该馆筹建之初，即不以国民党和国民政府的名义而是以孙科等人的个人名义来举办有很大关系。孙科在该馆成立大会上曾指出，鉴于"现在党外知识阶级，对本党往往吹毛求疵，表示不满"，而"现在国内公私大学的教授或其他学术专门机关的研究人员，十九为党外文人所担任"，"在一般为党外文人所熏染过的学生心目中，总以为三民主义是国民党一党一派的主张，无须乎全国人民共同来信仰。所以一提到三民主义，或与党有关系的一切，他们都感觉得有些厌倦。""如果文化运动再彰明较著的由党来举办，则进行前途，

---

① 徐益棠：《中国民族学之发展》，《民族学研究集刊》第5期，中华书局1946年版，第160页。
② 《中山文化教育馆筹备委员会总报告》，第8页。
③ 《中山文化教育馆筹备委员会总报告》，第51页。

在精神上或许要受一点影响。经同人考虑的结果,大家觉得以个人资格来宣传中山文化,在事实上和环境方面,都比较由党与政府举办,来得妥当,而收效较宏。"① 尽管孙科的初衷或许并非是要提倡学术研究的自由独立,但客观上却是为中山文化教育馆的学术研究和文化事业提供了更大的发展空间。

这种"既不受实际政治之牵掣,尤不为任何关系所绊系"的学术自由独立精神,确实融贯于中山文化教育馆的研究工作和出版事业之中,如前文提及的该馆《季刊》编者强调以学术水平作为论文取舍的唯一标准,《时事类编》遵循"忠实地、客观地介绍各国最有价值的论著"的原则,都是这种精神的体现。《季刊》创刊号所刊著名心理学家唐擘黄(唐钺)《论中国学术界最近的风气》一文,针对当时学界过分强调"实用的研究"的风气,主张要同时重视基础研究,因"学术的进行不能一定循着单一的方向走,实用的研究还是要靠无直接应用的研究"。过分强调"实用","就要把研究的生机反而阻遏了"。呼吁要给学者"选择题目的自由",要为学者营造"优游涵泳、从容不迫的环境";即使科研机关聘请研究人员从事应用研究的课题,"最好的政策还是让他以一部分时间作他喜欢的研究工作","做些与应用问题本身无关的研究,好像无用,其实乃有大用,'无用之为大用也'——主持学术机关的人一定要知道这个道理,才不至犯'欲速'并'见小利'的毛病"。还希望学界克服"门户水火之见",对不同的学科和学派都应采取"并育而不相害"的宽容态度,指出"政治上一党专政许有好处,学术上一党专政只有害处——不特不应实行,并且不应抱这种思想"。② 清华大学教授顾毓琇也针对当时流行一时的"科学有用""科学救国"的说法,在《季刊》上发表长文,提出独到见解:"其实科学不一定要有用,更不一定要救中国"。"惟其科学是高尚纯洁的智慧的探险,我们正不应勉强科学来迁就人世间的现状和问题","科学是为知识求真理的,科学并没有救中国的责任和义务"。最后结论是:"科学不一定要救中国,但是中国是要科学的。科学只要肯救中国,科学是可以救中国的。科学怎样可以救中国的答案,不在科学本身,而在中国

---

① 孙科:《中山文化教育馆筹备经过》,《孙科文集》第 1 册,台湾商务印书馆 1970 年版,第 102~103 页。

② 唐擘黄:《论中国学术界最近的风气》,《中山文化教育馆季刊》创刊号,1934 年 8 月,第 7~9 页。

的科学家。"① 顾先生一生治学涉猎甚广,在自然科学、戏剧、诗词、音乐、宗教等领域出版著作80余部,成为文理融汇、中西贯通的大师,与其具有自由独立的学术思想境界不无关系。

实际主持中山文化教育馆行政和研究工作的负责人虽然多在国民党党政系统内担任要职,但又都是当时各界知名的专家学者,如前后担任秘书主任或总干事的叶恭绰②、马超俊③、王昆仑④,研究部主任黎照寰⑤、杨幼炯⑥,编译部主任及《时事类编》主编梅汝璈⑦,《中山文化教育馆季

---

① 顾毓琇:《科学研究与中国前途》,载《中山文化教育馆季刊》第2卷第1期(1935年春季号),第44～58页。

② 叶恭绰(1881—1968),字裕甫,号遐庵,广东番禺人。清末京师大学堂毕业,留学日本,曾在清邮传部担任要职,入民国后历任交通部次长和总长、铁道部长。并致力于文化事业,出任过北京大学国学馆馆长,精通诗词书画文史考古。新中国成立后历任北京画院院长、中央人民政府政务院文化委员、中国文史馆副馆长等职。

③ 马超俊(1885—1977),字星樵,广东台山人,日本明治大学毕业,早年加入同盟会。曾任国民政府劳工局局长、广东农工建设厅厅长、国民党中央训练部部长、南京市市长、立法委员。1928年主持起草中国最早的劳工法典《劳动法典草案》,著有《中国劳工问题》(民智书局1925年12月初版)、《中国劳工运动史》(商务印书馆1942年4月初版),是当时中国著名的劳工问题专家。1949年后去台湾,晚年出任中国文化大学劳工研究所理事长。

④ 据全国政协网站公布的王昆仑简历,曾任中山文化教育馆总干事,但未说明担任此职的具体时间。而有关王氏的传记作品则未提及此事,其任职的具体时间待考。

⑤ 黎照寰(1898—1968),广东南海人。早年留学美国,获哥伦比亚大学经济科、宾夕法尼亚大学政治科硕士学位,并加入同盟会。回国后先后曾任香港工商银行和华商银行经理,广九铁路管理局局长,交通大学校长,沪江大学、上海圣约翰大学教授,国民政府财政部参事、铁道部次长等职。新中国成立后曾任之江大学校长,上海市第一至四届政协副主席,第三、四届全国政协委员。

⑥ 杨幼炯(1902—1973),字熙清,复旦大学政治学学士,历任上海各大学教授、民智书局编译所主任、立法委员。著有《近代中国立法史》(商务印书馆1936年版)、《中国政党史》(商务印书馆1936年版)、《中国政治思想史》(商务印书馆1937年版)(《三民主义思想体系之认识》,中山文教研究丛书之一,正中书局1945年版)、《国家建设原理》(中山文化教育馆研究丛书之一,商务印书馆1946年版)、《三民主义理论与制度》(中山文化教育馆社会科学丛书之一,中华书局1947年版)等著作。

⑦ 梅汝璈(1904—1973)字亚轩,江西南昌人。1924年毕业于清华学堂,1928年获芝加哥大学法学博士学位。次年回国,历任山西大学、南开大学、中央大学、复旦大学、武汉大学教授。并历任立法院委员、立法院涉外立法委员会主任委员和外交委员会代理委员长等职,著有《现代法学》(新月书店1932年版)、《最近法律学》《法律哲学概论》及英语著作《中国人民走向宪治》《中国战时立法》等著作。1946年5月至1948年12月,代表中国出任远东国际军事法庭法官,参与了举世闻名的东京审判。新中国成立后历任外交部顾问、人大法案委员会委员、全国政协委员、中国人民外交学会常务理事等职。

刊》主编左恭①，编辑委员吴经熊②、梁寒操③、吴尚鹰④等人。中山文化教育馆所聘请的研究学者或特约撰稿人多属当时中国的第一流学者和中国现代学科的奠基人⑤。正是聚集了这样一批第一流学者，以复兴中华文化为理想，以发展中国学术为己任，坚守学术研究的独立地位，从而取得了学术文化上的较大成就。这一历史经验值得认真总结和深刻反思。

---

① 左恭（1905—1976），湖南湘阴人，1927年北京大学肄业，1933年加入中国共产党，长期从事党的秘密工作。曾任国民党宣传委员会征集科总干事，1940年代后历任立法委员、立法院编译处处长、行政院顾问。新中国成立后任北京图书馆副馆长、全国第一中心图书馆委员会主任委员。

② 吴经熊（1899—1986），字德生，浙江鄞县人，1920年毕业于东吴大学法学院，同年留学美国密西根大学，获法学博士学位。1924年回国，任东吴大学法学院教授、院长、立法委员，1933年任宪法起草委员会副委员长，起草并以个人名义公布《中华民国宪法草案初稿试拟稿》，被世人称为《吴氏宪法》。1949年旅居美国，任新泽西州塞顿堂大学教授，后任台湾中国文化学院教授。著有《中国制宪史》（与黄公觉合著，商务印书馆1937年版），编有《六法全书新旧并列》（上海法学编译社，出版年代不详）、《中华民国六法理由判解汇编》（会文堂新记书局，出版年代不详）。

③ 梁寒操（1898—1975），字君默，广东高要人。1923年广东高等师范学校毕业。时任立法院秘书长、国民党中央宣传部部长，著有《三民主义理论之探讨》（青年书店1939年版），是当时的三民主义理论专家。1949年去香港新亚书院任教，后去台湾，曾任台湾中国广播公司董事长。

④ 吴尚鹰（1892—1980），号一飞，广东开平人，早年留学美国、加拿大。1914年回国，从事教育并研究平均地权理论。曾任广州市政府秘书长、广东建设厅厅长。1928年起，历任立法委员、土地法起草委员会主席、财政部次长等职，著有《土地问题与土地法》（商务印书馆1935年版），是著名的土地问题专家。1949年后定居美国。

⑤ 除前文已经提及的著名学者外，该馆成立之初的"特约撰述员"即有今日学界熟知的丁文江、丁燮林、方显廷、朱谦之、朱光潜、林语堂、金岳霖、胡愈之、胡适、翁文灏、马寅初、陶希圣、陶行知、陶孟和、陈垣、陈望道、章乃器、梁漱溟、张申府、冯友兰、傅斯年、许仕廉、贺麟、赵元任、蔡元培、潘光旦、蒋廷黻、蒋梦麟、罗家伦、顾颉刚、顾毓琇等人（《特约撰述人名单》，载《中山文化教育馆成立二周年新馆落成纪念刊》，第43~44页）。

第二编　政制改革与社会转型

张之洞与戊戌政制改革

戊戌变法是近代中国政制改革的一个重要关节点，维新士人和部分清朝官员都曾提出过政制改革的设想和方案。史学界一般认为张之洞作为"洋务派"的代表人物，以反对政制改革的姿态而成为"维新派"的对立面。然而，认真考察张之洞在戊戌维新时期的言行，其与康、梁等"维新派"在政制改革的问题上既有认同亦有分歧，反映了两者关于政制改革的不同路径。

一、"西艺非要，西政为要"

19世纪后期兴起的洋务运动主要限于采纳西方的军事技术和新式工业，未能在政制近代化方面取得进展，甚至连翻译介绍西方政制的书籍也寥寥无几。时人指出："中国通专门高等西文者寡，故译书少而劣，而译于兵戎，略于政制。"① 梁启超1897年上张之洞书亦称："中国向于西学，仅袭皮毛，震其技艺之片长，忽其政本之大法。"② 在封疆大吏中，仅有两广总督张树声1884年在《遗折》中曾明确提出过仿效西洋议院政制的主张。但史学界似乎尚未注意到这一事实：作为封疆大吏的张之洞同样较早地认识到了西洋政制的优越性。其在山西巡抚任上创办洋务局时，于1884年4月拟定的《延访洋务人才启》中即指明："盖闻经国以自强为本，自强以储才为先。方今万国盟聘，事变日多，洋务为当务之急。海疆诸省设局讲求，并著成效。查中外交涉事宜，以商务为体，兵战为用，以条约为章程，以周知各国物产、商情、疆域、政令、学术、兵械、公法、

---

① 尹彦铎：《剂变篇》，中国史学会主编《戊戌变法》（四），第305页。

② 梁启超：《上南皮张尚书书》，《饮冰室合集·文集之一》，第105页。《饮冰室合集》将该书记于1896年。据丁文江、赵丰田编《梁启超年谱长编》记载应为1897年："（1897年）二月，先生从武昌归来后，曾致张南皮一书，劝就两湖书院的规模提倡政法之学。"（见该书第67页）

律例为根柢，以通晓各国语言文字为入门，世用所资，至广且急。"① 张之洞倡习西洋"政令""公法""律例"等涉及政制的"洋务"，并以此为"根柢"，足见其对"西政"重视的程度。在甲午战败之际，张之洞更是明确提出了"西人政事法度之美备"，"十倍精于"军事技术的见解。② 可见在戊戌维新运动兴起之前，张之洞虽然未像张树声那样明确提出效法西洋议院政制，但其对西洋政制优越于中国政制之处仍有相当认知。

维新运动兴起后，张之洞在代表作《劝学篇》中又提出了政制改革的主张。他说："不变其习不能变法，不变其法不能变器。""西艺非要，西政为要。"③"大抵救时之计，谋国之方，政尤急于艺。"④ 可知他不仅认识到了仿效"西政"、进行政制改革的重要性和迫切性，而且从较深层次上看到了政制与文化的相互依存制约关系。至于其主张的变法内容，便有兴学校、变科举、改学制、派游学、译西书、办报刊、变法制、兴实业、修铁路、练新军等等举措。同时，不难看出，在戊戌时期，张之洞主张仿效的"西政"内容，与《延访洋务人才启》提出的"洋务"内容比较，实有一脉相承之处。

张之洞的政制改革模式，可以说是"中教"为体，"西政"为用。他说："夫不可变者，伦纪也，非法制也；圣道也，非器械也；心术也，非工艺也。"⑤ 一句话，就是在坚持中国传统的文化价值体系不变的架构下，除了"西艺"外，还采纳财经、军制、教育、法制等等"西政"。张之洞视纲常名教为中国传统文化价值体系的核心，即"圣人所以为圣人，中国所以为中国，实在于此，故知君臣之纲，则民权之说不可行也；知父子之纲，则父子同罪免丧废祀之说不可行也；知夫妇之纲，则男女平权之说不可行也"⑥。他希望以此为"体"来采纳"西政"，即所谓的"政教相维"，但这种"嫁接"难免会出现"橘化为枳"的结果。他之所以有此认知，与其"尚知六经大旨，以维持名教为己任"⑦ 的清流本色不无关系，

---

① 苑书义等主编：《张之洞全集》第4册，第2400页。
② 此系谭嗣同转述，见蔡尚思、方行编《谭嗣同全集》（修订本），第158页。
③ 张之洞：《劝学篇·序》。
④ 张之洞：《劝学篇·外篇·设学第三》。
⑤ 张之洞：《劝学篇·外篇·变法第七》。
⑥ 张之洞：《劝学篇·内篇·明纲第三》。
⑦ 辜鸿铭：《张文襄幕府纪闻·清流党》，黄兴涛等译《辜鸿铭文集》上册，海南出版社1996年版，第419页。下引该书同此版本，不再另注。

也不能忽视日本明治政制及其成功经验对他的影响。

值得指出的是，视"纲常名教"为中国传统文化价值体系的核心，在当时的士人（包括维新士人）中，也是较普遍的认知。戊戌以前，"早期改良派"大多主张在坚持中国固有的纲常名教的前提下来采纳西艺、西政。有学者已经指出，"他们在鼓吹仿行西方君主立宪制度的同时，都不同程度地肯定和维护三纲五常的封建礼教"①。戊戌时期，不少士人亦持这一认知。如戊戌闰三月，因入侵山东的德国士兵滋扰即墨县孔庙，康、梁等人发起了第二次公车上书，由梁启超、孟麦华领衔有831名广东举人签名的上书宣称："夫君臣之义，父子之纲，孔子所立，若大教既亡，纲常纽绝，则教既亡而国亦从之"，强调"令天下人知君臣父子之纲，家知孝悌忠信之义"②。在张之洞及当时的士人看来，中国传统文化的代表是儒教，而儒教的核心则是纲常名教，坚持纲常名教则意味着坚持中国的传统文化。

萧公权指出，张之洞是借西学来保存中学（儒学），而康有为则予儒学以非传统的解释，但"康氏与张氏一样坚信尊孔与保教必须与富强维新齐头并进。康有为作为儒家的护卫者可说是与张之洞一样的'保守'"。此论不无见地。唯萧先生认为张氏"借自西学的不过是技器"，而康氏"除西方的科技外更建议变法"③ 则不确矣。张氏借自西学的除"技器"外，更有"西政"，且"西政"尤急于"西艺"，其重心实在采纳"西政"。

百日维新之始，光绪帝颁布《明定国是诏》，其宗旨以"圣贤义理之学"为本，而"博采西学"之用，与张之洞的"中体西用"的路数是一致的。百日维新颁行的新政：经济方面保护奖励农工商业、京师设农工商总局、各省设商务局；政治方面允许臣民上书言事，裁撤冗官闲衙；军事方面编练新式陆海军，采取西洋兵制；文教方面设立学堂，提倡西学，废除八股，改试策论等等。这些举措既属于康有为所赞同的变法内容，也没有超出张之洞所说的"西艺""西政"范围。在变法的这一层面上，张之

---

① 徐宗勉、张亦工等：《近代中国对民主的追求》，安徽人民出版社1996年版，第17页。

② 公呈原件藏第一历史档案馆，转引自孔祥吉《关于康有为的一篇重要佚文——答人论议院书》，载《光明日报》1982年8月2日。

③ （美）萧公权：《近代中国与新世界：康有为变法与大同思想研究》，汪荣祖译，江苏人民出版社1997年版，第105页。下引该书同此版本，不再另注。

洞与康有为实无多大分歧。

二、开议院"今非其时也"

在设议院问题上，张之洞是否与康、梁等维新派存在严重的分歧与对立呢？论者多将赞许西洋立宪政治、主张设立议院的言论作为判断"维新派"的标准，但这一标准本身便存在问题①。甲午战前，以赞许的态度介绍欧美、日本等国政制的有识之士，即包括一般论著所说的"地主阶级改革派"（林则徐、魏源、徐继畬、梁廷枏等）、"早期改良派"（王韬、薛福成、宋育仁、郑观应等），出使官员（斌椿、张德彝、郭嵩焘、徐建寅、崔国因、曾纪泽、黄遵宪等）以及"洋务派"（张树声）。其中不乏主张在中国设立"议院"者。戊戌维新时期主张开设议院者更是大有人在。如候选郎中陈时政上书主张"上下议院宜亟开设也。泰西议院为立国最良之规模，实有国不易之宏纲"。翰林院撰修骆成骧也曾上折建言："窃见当今各国，其政治最善者，莫要于议院；其议院之最善者。莫要于公举执政。今议院未能骤开，则公举执政之法，不可不先务也。"② 出生官宦世家的孙宝瑄在日记中也写下主张"开议院"的言论："法非不可变，未造变法之机器耳。变法之机器奈何？曰：开民智，兴民学，扶民权。民智奚开？曰：设报馆。民学奚兴？曰：立学校。民权奚扶？曰：开议院。"③ 光绪二十四年二月十一日（1898年3月3日）《时务报》第53册发表赵而霖《开议院论》呼吁："若不急开议院，则上下之情不通，即门户之见不化，又安望有富强之一日耶？"杨锐也曾说："现在新进喜事之徒，日言议政院。"④ 可见，"开议院"已经成为当时之流行语，算不上什么惊人之论，时人所争论的不过是采取何种形式、何种步骤来实施的问题。

其实，戊戌维新时期不赞成速开议院的正是康、梁。梁启超在1896年写的《古议院考》中就曾说："凡国必风气已开，文学已盛，民智已成，乃可设议院。今日而开议院，取乱之道也。故强国以议院为本，议院

---

① 熊月之已指出：用"要不要实行立宪制度"作为划分"洋务派"与"早期改良派"的标准"也不很合适"。见熊月之《中国近代民主思想史》，第133页。
② 国家档案局明清档案馆编：《戊戌变法档案史料》，第196、197页。
③ 孙宝瑄：《忘山庐日记》，上册，第125页。
④ 杨锐：《杨参政公家书》，中国史学会主编《戊戌变法》（二），第572页。

以学校为本。"① 康有为则讲得更为清楚。1898年1月他在向光绪进呈的《日本变政考》中指出，三权分立为"泰西立政之本"，三权中以"立法为要"，并认为"民选议院之良制，泰西各国之成法，而日本维新之始基也"；同时又指出，设立议院必须以兴学校、开民智为前提，"夫学校与议会，相联络、相终始也。故学校未成，智识未开，遽兴议会者，取乱之道也。学校既成，智识既开，而犹禁议会者，害治之势也。"② 在康氏看来，议院应该是体现民权的"民选议院"，而当时民智未开，还不具备开议院的条件；加之守旧势力太大，速开议院必然使变法受到更大阻力。他在1898年7月9日《国闻报》上发表《答人论议院书》一文，甚至强调说，议院"泰西尤盛行之，至国权全畀于议院而行之有效。而仆窃以为中国不可行也，盖天下国势、民情、地利不通，不能以西人而例中国"，"故今日之言议院、言民权者，是助守旧者以自亡其国者也"，"中国惟以君权治天下而已"。③ 希望借助光绪帝的君权来推行变法。在故宫博物院发现的内府抄本《杰士上书汇录》也证明康有为那篇著名的变法纲领《应诏统筹全局折》（原名《请大誓臣工开制度新局折》）中并没有制定宪法、实行立宪的内容，这些内容是康有为在戊戌政变后加进去的④。故当内阁学士阔普武通"上疏请开议院，上本欲用之"时，康有为则谓"而今守旧盈朝，万不可行"。谭嗣同、林旭"又欲开议院"时，康氏仍"以旧党盈塞，力止之"⑤。

顺便指出，在关于维新派政治纲领与戊戌变法性质的评价问题上，不少学者的研究思路，往往是认为百日维新只有提出定宪法、开议院的政治纲领才足以表明维新运动的"资产阶级性质"，否则便是维新派在政治上的"倒退"行为或"软弱"的表现⑥。其实，一场改革运动的政治纲领往

---

① 《饮冰室合集·文集之一》，第96页。
② 康有为：《日本变政考》卷1、卷6、卷7，姜义华、张荣华编校《康有为全集》第4集，第113、173、203页。
③ 姜义华、张荣华编校：《康有为全集》第4集，第326页。
④ 参见孔祥吉《戊戌奏稿的改篡及其原因》，收入胡绳武主编《戊戌维新运动史论文集》，湖南人民出版社1883年版。
⑤ 楼宇烈整理：《康南海自编年谱》，第56页。
⑥ 关于这一问题的讨论可参见刘大年《戊戌变法的评价问题》，载《近代史研究》1982年第2期；宋德华《戊戌维新派政治纲领的再探讨》，载《历史研究》1985年第5期；房德邻《维新派政治纲领的演变》，载《历史研究》1989年第6期。

往有一个演变完善的过程，并具有阶段性的改革任务及出台举措，故其性质也应该放在一个稍长的历史阶段来加以分析判断。只是由于百日维新仅推行了103天即夭折，才使研究者的分析判断缩短了视野。我们也不能不看到，日本明治维新从1868年颁布《五条誓约》，其后推行太政官制度，1885年废除太政官制度，建立内阁制度，到1889年公布《大日本帝国宪法》，正式确立天皇制君主立宪政体，其间也经历了20余年。正如康有为所言："变法之道，必有总纲，有次第，不能掇拾补缀而成，不能凌躐等级而至。经画土地之势，调剂人数之宜，学校职官之制，兵刑财赋之政，商矿农工之业，外而邻国联络箝制之策，内而士民才识性情之度，知之须极周，谋之须极审，施法有轻重，行事有缓急，全权在握，一丝不乱，故可循致而立有效。泰西变法，自培根至今五百年，治艺乃成者，前无所昉也。日本步武泰西，三十年而成者，有所规摹也。"① 他是仿效日本明治维新，按照开民智、改官制、定宪法、开国会的改革思路"有次第"地推行。故在百日维新前致力于立学会，办报刊，从事开民智的活动。百日维新时，开始推出改官制的举措，在光绪召见和总理衙门大臣垂询时，康有为都强调"宜变法律，官制为先"，具体举措便是设立"制度局"。至于定宪法、开国会，实行君主立宪，那是待条件成熟后才能实现的目标，因而他一再声明开议院为时尚早。反倒是后来的研究者希望维新派在百日维新期间就提出开议院的政治纲领，仿佛不如此便难以体现维新运动的进步意义，这多少有违于康、梁的初衷。

戊戌时期，张之洞确是不赞成开议院，但并不等于是反对议院政制本身，同样是认为开议院的条件尚不成熟。

张之洞对西洋议院政制也是有所认知的。辜鸿铭在1896年就上书张之洞，介绍西洋议院的演变，"分国会为上下议院，盖欲集众思广众益，达上下之情"；并指明晚近的西洋议院政制也有不少弊端，造成"西洋各国近日政治之所以外强而实弥乱"②。张之洞则说："考西国之制，上下议院各有议事之权"③；"外国筹款等事，重在下议院；立法等事，重在上议院"④。张之洞强调下议院重在筹款等事，并非忽视下议院在议院政制中

---

① 康有为：《日本变政考》卷9，姜义华、张荣华编校《康有为全集》第4集，第223页。
② 辜鸿铭：《上湖广总督张书》，黄兴涛等译《辜鸿铭文集》下册，第220页。
③ 张之洞：《劝学篇·内篇·明纲第三》。
④ 张之洞：《劝学篇·内篇·正权第六》。

的重要地位。梁启超同样指出，西国"每有应筹款项，皆待命于下议院，下议院则筹之于民"①。英国学者霍布豪斯（Hobhouse）论述19世纪自由主义在英国的发展时也指出："我们更多地听见'无代表，不纳税'的呼声而较少听见'无代表，不立法'的呼声。因此，从17世纪开始，财政自由就包含着所谓的政治自由。"② 戊戌以前，国人多认为议院是起"通上下之情"的咨询作用，而张之洞已经指明议院具有"议事之权"和"立法"权，其对议院政制的认知水准，大概并不比某些维新人士低。他认为中国之所以还不能开议院，一是民智尚未开通："中国士民至今安于因陋者尚多，环球之大势不知，国家之经制不晓，外国兴学立政、练兵制器之要不闻。"二是缺乏议员人选："家有中资者，乃得举为议员，今华商素鲜巨资，华民又无远志"，故"此时欲开议院，其如无议员何？此必俟学堂大兴，人才日盛，然后议之，今非其时也"③。可知张之洞与康、梁同样关注开设议院所需要的社会条件，因此他同样认为在学堂未兴、人才未盛之前是不能开议院的。除康、梁外，其他维新人士亦持与张之洞类似的看法。如谭嗣同说："学会者开民智也。议院者民智已开之后之事也，界限不可不清也。且其权操之国家，国家即能议行。苟民智不开，议者何人？"④ 麦孟华说："中国文学未昌，风气未辟，民智未开，民事未习，千百乡愚，将成哄市，议院启矣，民能建议以善事乎？不知其不能而强行之，则今尚非时，止足取乱。"⑤ 既然如此，张之洞关于开议院"今非其时也"的见解，与康、梁等"维新派"不速开议院的主张又有多大分歧呢？

三、"当时之言变法者，盖有不同之二源"

在戊戌政制改革中，张之洞与康有为并不是不存在分歧。熟谙晚清史事的陈寅恪曾说："当时之言变法者，盖有不同之二源，未可混一论之也……南海康先生治今文公羊之学，附会孔子改制以言变法。其与历验世务

---

① 梁启超：《论湖南应办之事》，载《湘报》第27号，光绪二十四年三月十六日。
② （英）霍布豪斯：《自由主义》，朱曾汶译，商务印书馆1996年版，第10～11页。
③ 张之洞：《劝学篇·内篇·正权第六》。
④ 《南学会问答》，载《湘报》第15号，光绪二十四年三月初二日。
⑤ 《总论：民义第一》，载《时务报》第28册，光绪二十三年五月初一日。

欲借镜西国以变神州旧法者,本自不同。"① 此论颇具深意,惜未引起研究者注意。笔者认为两者之不同处主要有三:

其一,是否适当改变清廷的权力结构。在康有为看来,百日维新中虽然不必开议院、言民权,但是改革官制,设立制度局,却是必要的。他主张适当改变清廷的权力结构,让康、梁等维新人士参与朝政,借助光绪帝的"君权"来进行变法。按康有为原来的设想,既要让维新人士参与朝政,又不至于增大"改官制"的阻力,则采取设立新衙门、不撤旧衙门的策略。但一提出"改官制"、设"制度局",即"流言纷纭,咸谓我尽废内阁、六部及督抚、藩臬司道矣","于是京朝震动,外省悚惊,谣谤不可听闻矣"。②"彼盈廷数千醉生梦死之人,几皆欲得康之肉而食之,其实康不过言须增新衙门耳,尚未言及裁旧衙门也,而讹言已至如此。"③ 可见"改官制"阻力之大。

在张之洞看来,既然"外洋民权"的主旨不过是"民间可以发公论,达众情",就可以在清廷既有的权力结构中,实现绅民的这种权利。他说:"凡遇有大政事,诏旨交廷臣会议,外吏令绅局公议,中国旧章所有也。即或咨询不及,一省有大事,绅民得以公呈达于院司道府,甚至联名公呈于都察院。国家有大事,京朝官可陈奏。可呈请代奏","但建议在下,裁择在上","何必袭议院之名哉?"④ 其主张仿效的"西政"中,也并无"改官制"之类的内容,较之康有为的政制改革方案,显得保守一些。不过其间也隐含着另一层意思:政制改革是一个循序渐进的过程,而这一过程比康有为"有次第"的变法还稍长。

其二,张之洞反对康有为的"孔子改制"说。1895 年 11 月,张之洞在南京会见康有为时,就表示反对所谓的"孔子改制",提出只要康放弃此说,便可以为之提供开上海强学会的活动经费。康有为则表示,不能因张之洞提供活动经费便改变自己的学说。次年 1 月,康氏在上海创办强学会,刊行《强学报》,该报以孔子纪年,封面大书"孔子卒后二千三百七十三年",以之与光绪二十一年并列,又发表《孔子纪年说》。这一作法,

---

① 陈寅恪:《读吴其昌撰梁启超传书后》,《寒柳堂集》,生活·读书·新知三联书店 2001 年版,第 167 页。
② 楼宇烈整理:《康南海自编年谱》,第 51 页。
③ 梁启超:《戊戌政变记》,《饮冰室合集·专集之一》,第 71 页。
④ 张之洞:《劝学篇·内篇·正权第六》。

引起了张之洞的不快。结果,因《强学报》使用孔子纪年,"见者以为自改正朔,必有异志"① 而受到非难。张之洞授意宣布上海强学会停办,《强学报》停刊,被人们指责为压制维新派的显例。平心而论,办报的目的本是为了扩大维新宣传,这就需要采取能为更多的人所接受的宣传方式。使用什么纪年,固然具有政治意义,但对宣传维新来说,毕竟还是一个次要的形式问题。因为使用光绪纪年,并不会妨碍维新宣传;而改用孔子纪年,便意味着"改正朔",即改朝换代,这当然容易为他人所攻击。

康有为《孔子改制考》一书系统阐发了"孔子改制"理论,他本希望借孔子的旗号来减少变法的阻力,即其所言:"布衣改制,事大骇人,故不如与之先王,既不惊人,自可避祸。"② 然而,该书一刊行,便产生了梁启超所形容的"火山大喷火"的效应,引发了卫道士们的强烈不满。与康氏的初衷相违,"孔子改制"一提出来,不但"惊人",而且未能"避祸";不仅成为了卫道士们攻击的目标,就连陈宝箴、翁同龢这些赞同变法的官员也认为其说"荒谬",结果被清廷强令毁版。

以"孔子改制"来宣传变法,在当时的情势下,其效果是惊世骇俗的,其负面影响也是明显的。诚如萧公权所言:"康氏发展孔教的努力除有反效果外,其本身也极不成功。"③ 其实,作为一种变法理论,宣传面越广,影响力越大,接受者越众,才是成功的标志。"孔子改制"说除了康氏的若干弟子外,心悦诚服者并不多,而反对者、非议者、不理解者却不少,这不能简单地归因于民智未开、守旧者众。严复译述的《天演论》也是在同样的时代和社会中传播的。其宣传物竞天择、适者生存,直接抬出英人赫胥黎,并没有把进化论装入公羊学说的框子里,其宣传的实际效果却影响了整整一代人。难怪梁启超后来在《清代学术概论》中对其师当年的作法,也说过一番令人深思的话:"中国思想之痼疾,确在'好依傍'与'名实混淆'……康有为之大同,空前创获,而必自谓出孔子。及至孔子之改制,何为必托古?诸子何为皆托古?则亦依傍混淆也已。此

---

① 梁启超:《与康有为书》,中国史学会主编《戊戌变法》(二),第547页。
② 康有为:《孔子改制考》,姜义华、张荣华编校《康有为全集》第3集,第141页。
③ (美)萧公权:《近代中国与新世界:康有为变法与大同思想研究》,汪荣祖译,第102页。

病根不拔，则思想终无独立自由之望。"① 梁氏亲身经历体会之言，其意深焉！

其三，采取稳健还是激进的变法步骤。百日维新期间张之洞对改科举的变通便是稳健的一例。

是年3月，梁启超曾上书请废八股取士之制，其时各省举人将及万人齐集京城参加会试，"皆与八股性命相依，闻启超等此举，嫉之如不共戴天之仇，遍播谣言，几被殴击"。6月，康有为先后代徐致靖、宋伯鲁拟奏折，陈述了八股取士的危害，提出废除八股，改试策论。光绪帝谕令准行。于是"举国守旧迂谬之人，失其安身立命之业，自是日夜相聚，阴谋与新政为敌之术矣"②。可见改革科举同样面临很大阻力。

张之洞历来是赞成改科举的，早年任学政时，对科举的弊端便深有洞悉，在《劝学篇》中还专门撰写《变科举第八》一章。不过他也深知改科举阻力甚大。梁启超曾记述："张之洞且尝与余言，言废八股为变法第一事矣，而不闻其上折请废之者，盖恐触数百翰林、数千进士、数万举人、数十万秀才、数百万童生之怒，惧其合力以谤己而排挤己也。"③ 改科举的诏令下达后，张之洞与陈宝箴联名上《妥议科举新章折》④，肯定了改科举的必要性，"惟救时必自求人才始，求才必自变科举始"。因康有为代拟的上疏着重揭露八股取士的危害，反复强调改试策论以"讲求时务"，并未谈及具体的实施办法。张之洞由此认为"若一切考试节目未能详酌妥善，则恐未必能遽收实效"。遂提出了八股当废、四书五经仍作为考试内容的折中方案；主张变通科举章程，乡会试仍为三场，而"将三场先后之序互易之"，一试历史政治，二试时务，三试四书五经，并提出每场录取的具体方法，岁科两考也照此办理。尽管他宣称三场并重，因清代科考"最重首场"，把四书五经摆在政史、时务之后，其实已隐喻着虽有保留但地位降低之意。张之洞的变通方案虽然带有保守色彩，不过，考虑到科举取士"行之且千年，深入迂儒骨髓"⑤ 的实际情况，不采取一步到位的方式，则较有可操作性，光绪帝当即诏准了张之洞的变通方案。梁启

---

① 朱维铮校注：《梁启超论清学史二种》，第72页。
② 梁启超：《戊戌政变记》，《饮冰室合集·专集之一》，第70、71页。
③ 梁启超：《戊戌政变记》，《饮冰室合集·专集之一》，第84页。
④ 苑书义等主编：《张之洞全集》第2册，第1304～1309页。
⑤ 胡思敬：《戊戌履霜录》卷1，中国史学会主编《戊戌变法》（一），第360页。

超在记述这件事时,曾有一番较为中肯的评说:"以科举取士,必不能得人才也,故不惟八股当废,即科举亦当全废。而一切学级,悉自学校出,此乃正理也。然此次不即尔者,盖使数百万之老举人、老秀才,一旦尽失其登进之路,恐未免伤于急激,且学校生徒之成就,亦当期之于数年以后,故此数年中借策论科举为引渡,此亦不得已之办法也。"① 可知当时科举改革涉及众多士人的切身利益,改变过于"急激",反倒增大改革的阻力,张之洞采取谨慎的变通办法并非没有道理。

康有为虽然不同意在"守旧盈朝"的局势下"言议院、言民权",却提出了同样会引起守旧势力敌视的其他激进主张。如为了扩大维新的声势,9月5日及之后,他以自己的名义连拟《请断发易服改元折》《请设新京折》②,提出剪发辫,换西装,改戊戌年为维新元年,迁都江苏,各地多置陪都。这些主张固然有显示维新气象的政治意义,但是,在时人看来,断辫易服、改元迁都,便意味着改朝换代,这不仅是守旧势力所无法容忍的,即使是同情变法的人恐怕也接受不了。更何况不换西服同样可以推行新政,而穿上洋装未必就不会复旧。改元迁都这些属于朝廷大典之事,没有慈禧太后的点头岂能办到?北京城当时已经盛传光绪帝将"改衣冠,剪发辫"的谣言,形成了一种对变法明显不利的社会心理。康有为比较激进的姿态所带来的不利后果,连其弟康广仁也看到了:"伯兄规模太广,志气太锐,包揽太多,同志太孤,举行太大,当此排者、忌者、挤者、谤者盈衢塞巷,而上又无权,安能有成?弟私窃深忧之。……弟且夕力言新旧水火,大权在后,决无成功,何必冒祸?伯兄亦非不深知,以为死生有命,非所能避,……伯兄思高而性执,拘文牵义,不能破绝藩篱,至于今实无他法。"③ 9月中旬,康有为还策划了更为激进的措施,准备拉拢袁世凯,组织力量包围颐和园,捕杀慈禧太后。④ 为了排除变法的阻力,决计对慈禧采取果断措施,这不失为有勇气和魄力,但要取得成功又必须

---

① 梁启超:《戊戌政变记》,《饮冰室合集·专集之一》,第34~35页。
② 姜义华、张荣华编校:《康有为全集》第4集,第432~433、442~444页。
③ 康广仁:《致易一书》,转引自汤志钧《戊戌变法人物传稿》(增订本)上册,中华书局1982年版,第132页。
④ 事见毕永年《诡谋直纪》,载《近代史资料》第63号。关于康氏在百日维新中的"激进"言行及后果,已有学者撰文详论,参见王炎《从珠岩山人戊戌诗三首看杨锐、刘光第与戊戌变法》、《杨锐、刘光第研究》,巴蜀书社1989年版。

有周密的计划和一定的军事实力。可是，连参与其事的谭嗣同、毕永年都感到不大可行时，康有为却仍坚持己见。就在谭嗣同游说袁世凯的当天（9月18日），慈禧已抢先发动了政变①。

改革之所以难，可以说正在于是一种"权衡新旧"（张之洞语）的运作过程。旧制度的存在是与旧势力的既得利益密切相关，对旧制度进行改革，势必危及旧势力的既得利益，除非以一种新的利益去换取其既得利益，否则他们就会出死力反对改革。对此，严复在百日维新前夕，就有颇为深刻的分析："国家承平既久，则无论为中为外，举凡一局一令，皆有缘法收利之家。且法久弊丛，则其中之收利者愈众，一朝而云国家欲变某法，则必有某与某者所收之利，与之偕亡。尔乃构造百端，出死力以与言变法者为难矣。是故其法弥敝，则其变弥不可缓；而亦其变之弥不可缓，则其欲变弥难。盖法之敝否，与私利之多寡为正比例，又与变之难易为正比例。夫小人非不知变法之利国也，顾不变则通国失其公利，变则一己被其近灾。公利远而难见，近灾切而可忧，则终不以之相易矣。"② 要想在短短的时间内，将旧制度一下子革新，显然是不现实的。仅仅是百日维颁布的措施，就已经引起了守旧官僚和习惯势力的强烈反抗。改革旧的制度，需要把握时机，及时加大改革力度。但也要考虑社会的承受能力，减少改革的阻力。在条件尚不具备的情况下，加快改革的步伐、扩大维新的声势，既可以动员起支持改革的力量，但同时也会将反对改革的力量动员起来；后一种动员则有可能比前一种动员的效果更加显著。当反对势力动员起来后，改革则将面临被扼杀的危机——这不能不是戊戌变法迅速失败的一个重要原因。从这一角度审视，对张之洞在戊戌政制改革上采取的"保守"姿态似当作进一步的探讨。

---

① 关于戊戌政变的具体时间有不同的说法，此处据林克光《戊戌政变史事考》（载《近代史研究》1987年第1期）。

② 严复：《拟上皇帝书》，王栻主编《严复集》第1册，第75～76页。

张之洞与清末立宪

张之洞在清末立宪中的态度和作用,近年来已引起了研究者的关注。苏云峰、孔祥吉、邓红洲等学者先后发表专论讨探,发掘了新资料,提出了新观点。① 本节拟在已有研究的基础上,进一步发掘了尚未利用的新资料,对张之洞与清末立宪的关系再作探讨。

一、主张设上议院

张之洞明确提出在中国实行立宪的主张当在庚子事变之后。苏云峰先生根据光绪二十七年二月十六日(1901年4月4日)张之洞致刘坤一等八位封疆大吏的电文,论证了张之洞"曾经一度倾向于民主制度"。孔祥吉先生则通过分析《江楚会奏变法三折》以及致刘坤一等人电牍等资料后,得出张之洞在"庚子事变后萌发了立宪思想"的结论。的确可以说,在致刘坤一等人的电牍中,张之洞第一次明确提出了中国变法的关键是实行立宪政治。他说:

> 变法有一紧要事,实为诸法之根,言之骇人耳。西法最善者,上下议院互相维持之法也。中国民智未开,外国大局茫然,中国全局本省政事亦茫然。下议院此时断不可设,若上议院则可仿行。考宋磨勘转官之法,必有荐主十人。明廷推之法,则大臣皆与,似可略仿之。督抚由司道府县公举,司道由府县公举,府由州县公举,州县由通省绅民公举,但不能指定一缺,举员多者用之。京官除枢垣不敢轻议外,部院堂官,由小九卿翰詹科道部属公举;科道由翰詹部属公举;司员掌印补缺,由本部堂候补者公举。每一缺举二、三员候钦定,岂

---

① 苏云峰:《张之洞的中国官僚系统民主化构想——对张之洞的再认识》,载《近代中国史研究通讯》第8期,(台北)中央研究院近代史研究所1989年版,第181~184页;孔祥吉:《张之洞与清末立宪别论》,载《历史研究》1993年第1期,第101~111页;邓红洲:《张之洞"从缓""从速"立宪论》,载《近代史研究》1998年第3期,第193~219页。

不胜于政府数人之心思耳目乎？推之各局总办，亦可由局员、工匠公举。惟武将不在内，盖今日营哨官并不知兵，不能举也。流弊亦不能无，总是利多害少，贿赂情面、庸劣尸位之弊，必可绝矣。姑妄言之，请诸公略本此意而思一可行之法，则幸甚。①

张之洞上述主张较之戊戌时期的政制改革思想，当然有所进步，他承认立宪政治是变法的根本，推崇西洋上下议院互相制衡的制度，主张各级官员通过推举产生。这些见解，以一位封疆大吏的身份向同僚公开表明确不多见②。

需要指出的是，张之洞的政制改革思路从戊戌维新到庚子事变后并未发生大的变化，仍具有前后相承的关系。戊戌时期，他对西洋议会政制并没有持否定的态度，只是强调中国学堂未兴，人才未盛，还不具备设立议院的条件。庚子事变后的电文，也是强调"民智未开"而主张先"仿行"上议院，而真正体现民权的下议院仍然"断不可行"。可见，张之洞始终认为在中国实行立宪政治是一缓进的过程。还当注意的是，庚子事变后国人的"民智"已经发生了较大变化。据辜鸿铭的观察，是时国人已经普遍得出了这样一个结论："面对现代欧洲各国那种物质实利主义文明的破坏力量，中国文明的应战能力不足，无效无用。"③ 张之洞在提出仿行上议院的前四天，致电江督刘坤一，疾呼："此时非变西法不能化中国仇视各国之见，非变西法不能化各国仇视中国之见，非变西法不能化各国仇视朝廷之见，必变西法，才人乃能出，武备乃能修，教案乃能止息，商约乃能公平，矿务乃能开辟，内地洋人乃不横行，乱党乃能消散，圣教乃能久存，应变者多，应有次第。"刘坤一复电亦表赞同："中国积习太深，欲求

---

① 张之洞：《致江宁刘制台等》，苑书义等主编《张之洞全集》第10册，第8540～8541页。

② 电牍送达八位封疆大吏之后，其反应并未"惊骇不已"，而是相当冷淡。只有两广总督陶模一人默许，两江总督刘坤一在收到该电牍的第二天，便回复说："议院意美，但恐事多阻格，未能照行。"山东巡抚袁世凯、安徽巡抚王之春、江苏巡抚聂缉椝、署浙江巡抚余联沅以及会办商务大臣盛宣怀五人，对此也未表示任何意见（参见苏云峰《张之洞的中国官僚系统民主化构想——对张之洞的再认识》）。

③ 辜鸿铭：《中国牛津运动故事》，黄兴涛等译《辜鸿铭文集》上册，第386～387页。

变通，必须从容易处下手，循序渐进，坚定不摇，乃有实济，不至中辍。"① 在这种情势下，提出仿行上议院完全是顺理成章之事。概言之，张之洞在政制改革的目标设定上主张立宪政治，而在具体实施中则强调"应有次第"的推行。

1904 年国内立宪呼声日益高涨，张之洞此时却反而表现出十分低调的姿态。据张謇是年三月二十八日（5 月 13 日）日记记载，张之洞在与之谈论立宪时，"其论亦明，其气殊怯"②。其显然有所顾忌而持论谨慎。张謇等人还为张之洞和两江总督魏光焘代拟关于立宪的奏稿。经七易其稿，"语婉甚而气怯"。③ 而此折也终未上奏。

张謇在给赵凤昌的信中则进一步谈及张之洞对立宪的态度，借用翁同龢的遗言批评张之洞"学术杀人"：

> 北洋友人讯（此讯亦由京转），言南皮创为有制宪法之说，民间有义务无权利，讥其毒民，后必不昌。岂真有此说耶？公有所闻否？此老发端既不勇，而以大学章程例之，正恐学术杀人之事不免。公与之有休戚之谊，不可不尽言。昔人言以嗜欲杀身，以货财杀子孙，以学术杀天下后世之人，士君子不可有此罪孽，公幸念之。此事消息不恶，印书必望速成、速布、速进，并望以百本见寄。常熟遗疏中有此语，是病榻所谈，此老毕竟有心。公秘之。④

张之洞对于立宪"发端既不勇"，主张"有限制宪法，民有义务无权利"，符合其一贯的政治思想和政治风格，其在参与制订的《学务纲要》中借诠释权利与义务的关系来强调臣民的义务，都反映了这种思想和风格。

尽管如此，张之洞还是十分关注立宪的动向，特别是关注袁世凯对立

---

① 张之洞：《致江宁刘制台》、刘坤一：《刘制台来电》，苑书义等主编《张之洞全集》第 10 册，第 8533～8534 页。
② 张謇：《日记》，张謇研究中心、南通市图书馆编《张謇全集》第 6 卷，江苏古籍出版社 1994 年版，第 528 页。下引该书同此版本，不再另注。
③ 张謇：《啬翁自订年谱》，张謇研究中心、南通市图书馆编《张謇全集》第 6 卷，第 865 页。
④ 张謇：《致赵凤昌函》，张謇研究中心、南通市图书馆编《张謇全集》第 1 卷，第 78 页。

宪的态度，当他接到其在天津的坐探委员报告袁世凯就"会奏请立宪法"曾"密告东粤等省，切近之处，勿可会衔"时，立即电询"是否有人约袁会衔、袁探知廷意故密告粤东？望密探确实，迅速电复"①。张之洞之所以重视袁的态度和动向，盖因袁氏既以庆亲王奕劻为奥援，也得到慈禧太后的眷顾，其直隶总督兼北洋大臣身份，实有举足轻重的地位。

翌年，张謇致函袁世凯，说动其赞成立宪，"公便执牛耳一呼，各省殆无不响应者；安上全下，不朽盛业，公独无意乎？"②袁世凯的幕僚张一麐也乘机劝袁"实行内阁制度"，使"皇室退处于无权"，以消弭满汉矛盾。袁见到张函后，头一天还认为"中国人民教育未普及，程度幼稚，若以专制治之，易于就范，立宪之后，权在人民，恐画虎不成，发生种种流弊"。张一麐与之反复辩论，袁"竟不为动"。次天，袁却立即改变了看法，嘱张一麐拟定请求立宪的奏章，"所言似出两人"③。1905年6月，由袁世凯领衔，会同张之洞以及两江总督周腹联衔奏请以12年为期，实行宪政。7月，朝廷即发出谕旨，派载泽五大臣分赴东西洋考察政治。

1906年夏秋，考察政治大臣先后回国。戴鸿慈、端方行抵上海时，曾向张之洞征求关于立宪的意见。张复电称"立宪一事，关系重大，如将来奉旨命各省议奏时，鄙人自当竭其管蠡之知，详晰上陈，以备采择。此时实不敢妄参末议"④。坚持不明确表态，表明他此时对实行立宪依然采取了比较谨慎的态度。若联系其政制改革"应有次第"进行的思路，采取这一态度也在情理之中。

9月1日，清廷发布上谕，宣布"仿行宪政，大权统于朝廷，庶政公诸舆论，以立国家万年有道之基"。因目前"规制未备，民智未开"，所以"必从官制入手"，然后厘订法律，广兴教育，清理财务，整饬武备，普设巡警，作为预备立宪的基础。最后"妥议立宪实行期限，再行宣布天

---

① 《甲辰五月十七日天津巢委员来电》，《张之洞存各处来电》第66函；《甲辰五月十八日致天津巢委员凤冈》，《张之洞电稿乙编》第16函，中国社科院近代史所藏档，转引自李细珠《张之洞与清末新政研究》，第294页。

② 张謇：《为抵制美货事致袁直督函》，张謇研究中心、南通市图书馆编《张謇全集》第1卷，第89~90页。

③ 张一麐：《心太平室集》卷8，沈云龙主编《近代中国史料丛刊》第1辑（8），台北文海出版社1966年影印，第470~471页。

④ 张之洞：《致上海戴钦差端钦差等》，苑书义等主编《张之洞全集》第11册，第9509页。

下,视进步之迟速,定期限之远近"①。这份上谕,给实行立宪的进程定了基调,即先改革官制,然后进行政法、教育、财政、军事方面的整顿和改革——相当于张之洞所说的"西政"范围,然后再视进步之迟速,决定立宪的期限。

应注意的是,当时主张或倡导立宪者却各有其不同的政治用心及目的。

真心诚意希望中国实行立宪政体的是立宪党人。尽管他们对清廷拖拖沓沓的作法有所不满,但清廷宣布"仿行宪政"毕竟为立宪党人的活动提供了合法依据,因而表示了欢迎的态度。"奔走相庆,破涕为笑。旬月之间,薄海内外,欢呼庆祝之声动天地。"② 他们闻风而动,纷纷成立各种立宪团体,进行立宪的宣传鼓动。

袁世凯也对立宪表示了热心的姿态。1906年8月,袁世凯奉命入京阅看考察政治大臣的条陈,在受慈禧召见时,力主组织责任内阁,改革官制。当其主张遭到一些王公大臣的反对时,竟扬言:"有敢阻立宪者,即是吴樾!"③ 袁世凯热心于立宪,不过是想仿效立宪国家的责任内阁制,组织内阁,拥奕劻为名义上的总理,自己任副总理,掌握实权,扩大北洋集团的实力。

满族权贵则希望通过立宪来削夺地方督抚和汉族官员的权力,加强中央集权。载泽说:"盖宪法既立,在外各督抚,在内诸大臣,其权必不如往日之重,其利必不如往日之优。"④ 而素以排汉著称的铁良更是说得明明白白:"立宪非中央集权不可,实行中央集权非剥夺督抚兵权财权、收揽于中央政府则又不可。"⑤

慈禧太后对立宪也自有打算,担心光绪今后一旦重新亲政,会威胁到她的最高权力地位,大概也希望通过立宪来限制光绪的权力。据《清鉴纲

---

① 故宫博物院明清档案部编:《清末筹备立宪档案史料》上册,中华书局1979年版,第43~44页。下引该书同此版本,不再另注。

② 《郑孝胥张謇等为在上海设预备立宪公会致民政部禀》,中国第二历史档案馆编《中华民国史档案资料汇编》第1辑,江苏人民出版社1979年版,第100页。

③ 孙宝瑄:《忘山庐日记》下册,第914页。

④ 载泽:《奏请宣布立宪密折》,中国史学会主编《辛亥革命》(四),上海人民出版社1957年版,第27页。下引该书同此版本,不再另注。

⑤ 《时报》1906年9月30日,转引自侯宜杰《二十世纪初中国政治改革风潮——清末立宪运动史》,人民出版社1993年版,第79页。下引该书同此版本,不再另注。

目》光绪三十一年七月记载，慈禧"辛丑回京，大阿哥被黜，废立之谋未遂，恐帝他日一旦亲政，攘夺君权，不得已思采用立宪制，一以粉饰臣民之要求，一以为他日限制攘夺君权之地步。至本年六月，因袁世凯等之奏请立宪。遂宣谕允之"①。

可见，对于立宪问题，立宪党人、统治集团内的满汉官僚及各个派系都有各自不同的出发点，所以不考察其动机和目的，单单看谁的立宪态度积极，谁的立宪调子唱得高，则常常难以做出合乎实际的判断。张之洞虽然较早地提出变法的根本在于实行立宪，但是他对立宪问题仍然持论谨慎，并不轻易表态。在朝野上下一片立宪热浪中，他可能已经意识到了满族权贵的意图在于加强中央集权，袁世凯的打算在于扩大北洋势力。不久，朝廷公布官制改革方案，满族权贵和袁世凯的意图明朗，张之洞便立刻站出来抵制官制改革。

二、抵制官制改革

发布预备立宪诏书的第二天，清廷下令进行官制改革。改革官制实质上是统治集团内部的一次权力再分配。实际主持编纂官制改革方案的袁世凯，提出设立责任内阁作为行政的总机关，撤销军机处。新近与之联姻的尚书张百熙又具疏密保奕劻为总理，袁世凯为副总理。袁世凯的方案一提出，立即引起了铁良等满大臣以及袁的政敌的一片反对。11月6日，清廷公布了慈禧最后裁定的新官制案。中央官制改革旨在集权于满族权贵。原有的内阁、军机处照旧，部院改组增设为11个，即外务部、吏部、民政部、度支部、礼部、学部、陆军部、法部、农工商部、邮传部、理藩部。按清朝旧制，各部设满汉尚书一员，号称满汉不分。但这次公布的11个部的13名大臣，汉族只有5人，而满族7人，蒙古族1人。重要的度支部、陆军部也掌握在满人手中。铁良担任陆军部尚书，从袁世凯控制的新军北洋六镇中收回了四个镇的指挥权，还宣布各省新军统归陆军部管。

外官制改革旨在削夺督抚的权力。编制馆提出了两种方案，征求督抚的意见：第一种方案建立以督抚为首长的行省衙门，合布政使、按察使署于同一衙门，同署办公，另设高等审判厅，督抚不再行使司法权。第二种

---

① 转引自庄练《中国近代史上的关键人物》下册，中华书局1988年版，第162～163页。

方案着重在明定权限,以专责成。各督抚中明确赞成第一种方案的有2人,有条件赞成的6人,而明确反对的则有8人。另有4人意见折中。综观各督抚的复电"大抵主第二层办法者,多于第一层,主第二层办法而请缓行者,多于速行,以编制局两层办法为是,而以财力不足程度未及为言者,尤居多数"①。实际上,多数督抚都采取了拖延应付的策略。

11月7日厘定官制大臣在来电中对外官制改革还提出两个重要的建议:一是设立地方审判厅,"置审判官,受理诉讼";府州县划分数区,每区设立谳局一所,"置审判官受理细故诉讼,不服者方准上控于地方审判厅"。二是各府州县设立议事会,"由人民选举会员,公议本府州县应办之事";设董事会,"由人民选举会员,辅助地方官办理议事会所议决之事"②。这两个建议是通过司法独立和地方自治来削夺督抚的权力。

对于两种外官制改革方案,张之洞都持反对态度。他致电浙江巡抚张曾敭说:"外官改制,窒碍万端,若果行之,天下立时大乱,鄙人断断不敢附合,倡议者必自招乱亡,不解是何居心。京电催迅速作复,尤怪。事关二百余年典章,二十一省治理,岂可不详慎参酌,何以急不能待,必欲草草定案耶?足下不宜言去,如鄙人之衰朽迂庸,愤懑填膺,元能补救,乃当速乞罢耳。"③ 他针对厘定官制大臣的来电提出了他对立宪的看法:"此次官制之应如何改定,自以有关于立宪之利害为主。其无关宪法者,似可不必多所更张,转致财力竭蹶,政事丛脞,人心惶扰。考各国立宪本指,不外乎达民情、采公论两义,此二事乃中国圣贤经传立政之本原,唐虞三代神圣帝王驭世之正轨,心同理同,中外岂有殊异?"④

首先是主张维持原有官制。他强调立宪的主旨不过是"达民情、采公议"。设立议事会、董事会,"一须正其名义,二须定其权限"。所谓"正其名义",即"只可称局,不可称会",因为地方上原有各种"绅局",而秘密会社多称"会",不可与之混淆。所谓"定其权限",就是议事之员,只许有议事之职,不能有决断之权,"议决之可否,悉由官定"。董事之员,只可供地方官委任调度,不宜加以辅助地方官办事之名。总之"议事

---

① 《立宪纪闻》,中国史学会主编《辛亥革命》(四),第23页。
② 《厘定官制大臣来电》,苑书义等主编《张之洞全集》第11册,第9564页。
③ 许同莘:《张文襄公年谱》,第206页。
④ 张之洞:《致军机处厘定官制大臣》,苑书义等主编《张之洞全集》第11册,第9557页。

之员有议而不能决,董事之员宜听官令而不宜听绅令"。他还表白说,"近年以来,于各种新学新政提倡甚力,创办颇多,岂不愿中华政治焕然一新,立刻转弱为强,慑服万国?"但根据民情和物力,"实不宜多有纷更"。只可对现有各衙门进行"认真考核,从容整理,旧制暂无多改"。张之洞的基本态度是维持现有的外官制,仅是允许地方绅士提出议政意见,供地方官咨询参考。他还说,虽古人云"天下本无事,庸人自扰之"。但"无事自扰,尚无大害,若方今四海有事之日,再加之以扰,则不可支矣。且庸人安能扰天下,惟才敏气盛、急于立功立名之人,察理不真,审势不明,贸然大举,乃能扰天下耳"①。

其次是反对司法独立。他认为外国之所以司法独立是"专为力伸民权",这是因为外国数十百年来,"暴君虐政,民不堪命",所以其国民重视司法之权,以求避免残酷之祸。加之外国人民智已开,"皆具有爱国之心",其国"民权虽似乎偏重,而其实适得其中"。中国人则民智未开,"爱国者固多,而持破坏主义志在乱国者亦复不少"。现在革命党人四处活动,司法独立意味着地方行政官员不能过问案情。而某些司法官在审理"逆党"的案件中,"必将强引西律,曲贷故纵,一匪亦不能办,不过数年,乱党布满天下",结果是"本意欲创立宪之善政,反以暗助革命之逆谋"。针对司法独立可将治外法权收回的说法,他认为"或谓司法独立可收回治外法权,尤为事理所无"②。

由此看来,张之洞抵制官制改革,主要是以维持现有的统治秩序为由,抵制清廷削弱督抚权力的中央集权。反对司法独立,也主要是以防范革命党人为由反对削夺督抚的司法权。不过在同一电稿中,张之洞却表示了早日实行立宪的态度。他说:"如虑立宪之宗旨不能显露,则与其过重裁判之权力,莫如稍扩议院之规模。地方要政,准其入告,时政阙失,准其陈言;京外大臣有不职者,准其举发上闻。上下议院,互相补益;官吏绅民,互相匡救。盖议院虽重,仍是专属立法一门,不能兼揽司法之权,流弊尚少。窃惟立宪,良法也,美名也。谕旨预备立宪,固海内臣民之所

---

① 张之洞:《致军机处厘定官制大臣》,苑书义等主编《张之洞全集》第11册,第9557~9563页。
② 张之洞:《致军机处厘定官制大臣天津袁宫保》,苑书义等主编《张之洞全集》第11册,第9576~9578页。

欣愿。洞略晓时局，尤望其早见实行者也。"① 这表明其对立宪的基本态度是主张"稍扩议院之规模"，"上下议院，互相补益"，"尤望其早见实行者也"。

三、襄赞民选议院

1907年9月，清廷谕令张之洞与袁世凯同时调入军机处。14日，张入宫接受慈禧"召对"。关于这次"召对"内容，据孔祥吉《张之洞与清末立宪别论》一文所引抄本《时务汇录》丁未时务杂录《八月七日张之洞入京奏对大略》，其中有关"立宪"的内容如下：

> 皇太后旨：大远的道路，叫你跑来了，我真是没有办法了。今日你轧我，明日我轧你；今日你出了一个主意，明日他又是一个主意，把我闹昏了。叫你来问一问，我好打定主意。
>
> 对：自古以来，大臣不和，最为大害。近日互相攻击，多是自私自利，臣此次到京，愿极力调和；总使内外臣工，消除意见。
>
> 问：出洋学生，排满闹得凶，如何了得？
>
> 对：只须速行立宪，此等风潮自然平息。出洋学生其中多可用之材；总宜破格录用。至于孙文在海外，并无魄力，平日虚张声势，全是臣工自相惊扰。务请明降因旨，大赦党人，不准任意株连，以后地方闹事，须认明民变与匪乱，不得概以革命党奏报。
>
> 旨：立宪事，我亦以为然。现在已派汪大燮、达寿、于式枚三人出洋考察，刻下正在预备；必要实行。
>
> 对：立宪实行，越速越妙；预备两字，实在误国。派人出洋，臣决其毫无效验。即如前年派五大臣出洋，不知考察何事？试问言语不通，匆匆一过，能考察其内容？臣实不敢相信。此次三侍郎出洋，不过将来抄许多宪法书回来塞责，徒靡多金，有何用处？现在日日言预备，遥遥无期。臣恐革命党为患尚小。现在日法协约、日俄协约，大局甚是可危。各国视中国之能否实行立宪，以定政策。臣愚以为，万

---

① 张之洞：《致军机处厘定官制大臣天津袁宫保》，苑书义等主编《张之洞全集》第11册，第9578页。

万不能不速立宪者，此也。①

孔先生还从张之洞入京奏对的时间、原因、内容诸方面考证，认为这一史料"真实可信"。查阅过该抄件的郭世佑先生则说："该抄件不曾注明任何出处，也不知为何人所抄，有待进一步查证，如果这份抄件十分可信，似乎还难以推断张之洞在此对话之前也是积极主张和支持速行君主立宪制的。"②

笔者查阅当时一些报刊，发现是月《申报》也曾报道了这次"召对"的主要内容，为判断上引抄件的真实性提供了佐证，对于了解张之洞的立宪主张亦至关重要，而这些材料至今尚未被研究者所引用，故全录如下。

1907年9月19日《申报》第三版"专电""电一"云：

张相国召见时奏对三事：（一）请速行立宪，由民间公举乡官。（二）融化大臣意见，共济时艰。（三）缉拿革命党半系官吏邀功，未必尽是党人。又奏宪政办法十条。慈宫面谕著具折呈鉴览，昨日（初十日）折上奉旨交内阁军机处政务处会议。

"电二"云：

张相国议开国会期以三年成立，袁宫保极力赞成。

该报"第三版"同时刊有袁世凯召对时有关"立宪"事宜的"电三"：

袁宫保召见时奏对实行立宪五事：（一）办理新政国事须上下同心。（二）以后颁发谕旨政令须实力奉行。（三）京外各官缺其职务大同小异者均须归并。（四）破格用人量材授职。（五）三品以上各官准其专折奏事。

---

① 抄件全文见《历史研究》1993年第1期，第105～106页。
② 郭世佑：《晚清政治革命新论》，湖南人民出版社1997年版，第351页注1。

张、袁关于立宪的奏对的内容，存在明显的不同倾向，张强调的重点在于"速行立宪"，而袁则意在"事权专一"。

1907年9月24日《申报》第四版"紧要新闻"所刊"张中堂入京后近事"，则对张之洞关于立宪的奏对有更详细的报道：

> 张中堂之宠眷。据内廷消息，两宫以张香涛相国才长心细，历练老成，极为器重。近日召见军机大臣后，迭次单传入见密议要政，每至紧要之处，即将近侍屏退。闻两宫谓军机大臣曰，张某所奏立宪政体暨消除满汉办法、改良政务事宜虽与袁世凯相同，而其精到处，则胜袁十倍。故于日前面谕张相国云：现在举办新政，毫无成见，务望汝等详慎参酌，随时奏闻，以便裁决施行云。
>
> 张中堂之奏对。日前张中堂召对所陈者三事：一言宜速实行立宪，所谓预备立宪者，预备二字不通。今宜先开下议院并举乡官，凡乡官皆须由民公举，虽未必尽得其人，究可拔十得五，断不能由官派充。乡官均由官派，即非立宪之意。二言大臣不可有意见。三言近日所指为革命党者大半系地方官邀功所为，其实土匪之蠢动为向来□常有，未必尽系革命党云。翌日，又蒙召见两次，为时颇久。慈宫言至时局艰难，声泪俱下。后询及立宪一事，中堂奏称我国立宪，全球皆知，虽有十五年之预备，而时机已至万不可缓。至改良官制及一切立宪事宜不可躁进。惟有参酌东西各国成法，体察我国情形，逐渐改良，次第举行，方为妥算。慈宫深为嘉纳。

张之洞称立宪"时机已至万不可缓"，而"改良官制及一切立宪事宜不可躁进"，似针对袁世凯所主张的"实行立宪五事"而言，凸显两人的分歧。袁氏奏对的内容似无更多新意，故该报称张之洞所奏"虽与袁世凯相同，而其精到处，则胜袁十倍"，抑袁扬张的倾向十分明显。

同日出版的《盛京时报》所刊《述张中堂之论时政》也报道了张之洞有关的立宪主张：

> 京函云，有某绅晋谒中堂，中堂自谓年已衰老，若就向来办熟之事，加意经营，尚可奏效，倘欲新著手办一事，则恐不能奏功，徒为人笑。至现在新政官制春事为创始之事，尤为繁杂，断非屑力所能

胜，若得时机，拟力行辞职，以免尸位。中堂又谓拟奏请开国会以定人心，凡朝廷措置政府之人及决算财政皆须由议院核定，将来制定宪法，亦由议院参与。又拟先定浑化满汉之法，若此则国内人心合一，宪法自易施行。查日本宪法，由日本朝廷制定，然中国历史及现在情形，均与日本异而时之前后又不同，决不能沿用日本成例云云。

1907年9月25日《大公报》"要闻"亦报道：

张相国请办三事：政界人云，张相国日前于奏对之时，力请两宫，实行三事：（一）速设议院。（二）设置乡官。（三）实行自治。以上三事，闻已而奉谕旨，准其逐次施行。

上述材料对于了解张之洞的立宪态度极为重要，因为在此之前，他在立宪问题上态度谨慎，而这次却积极主张实行立宪，特别是提出了设立"下议院"的主张。还在张之洞入京之前，郑孝胥在是年七月初八（8月16日）的日记中也记载了张之洞"即开国会"的说法："蒯礼卿言，南皮致意西林，入京必挽之。南皮谓内阁总理一人，必合内外官用廷推之法，并主持即开国会。余以告西林，西林曰，愿赞成。"① 赞同立宪的孙宝瑄在是年八月二十五日（10月2日）的日记中记载，"观报，张南皮有请立下议院之说"②。张之洞的立宪主张，也引起了立宪党人的关注。据清末立宪团体政闻社的成员彭渊恂事后于1908年致梁启超函中透露，张之洞"入京之目的在速立民选议院"，因奕劻和袁世凯极力反对，"志不得遂，乃主张先设谘议局，意谓此举一经成立，不久必四方一致，而为国会运动，则其结果自能良好。其定该局章程，颇费苦心，隐含有监督行政长官之权能。故南皮深恐一般人民不解其命意深远，膜不经意，极欲各新闻杂志有以引伸其义而鼓吹之"。彭氏得到这一消息，大为兴奋，以为若能派人说服张之洞赞成，对于政闻社来说，"诚大好机会"③。这表明张之洞提出内阁总理由内外官员推选产生，并联络岑春煊赞同此举，显然是为了抵

---

① 中国历史博物馆编、劳祖德整理：《郑孝胥日记》第2册，中华书局1993年版，第1103页，下引该书同此版本，不再另注。
② 孙宝瑄：《忘山庐日记》下册，第1078页。
③ 丁文江、赵丰田编：《梁启超年谱长编》，第452～453页。

制袁世凯所提出设立内阁的方案,以防止满贵的专权,故而对召开"民选议院"采取了积极襄赞的姿态。而张之洞所主张的"凡乡官皆须由民公举",与其1901年致刘坤一等大员电牍中关于上级官员由下级官员"公举"的设想也是一致的。

张之洞从原来认为下议院"断不可设",到主张速立"下议院",自然是前进了一步,其对立宪的态度为什么会发生如此变化呢?邓红洲先生认为张之洞"在立宪问题上从缓进骤转激进"的"内在动因"是希图出任内阁总理,"打算通过立宪来掌握中央实权"①。这一分析虽可谓一家之言,不过,应该看到的是,当时朝野舆论多主张立宪必先从实行地方自治入手,成立责任内阁必先设立民选议院,以民选议院监督责任内阁。如1906年11月2日御史史履晋奏称:"夫时处今日,非立宪无以自存,而立宪之大原必由地方自治入手,地方自治国民之事也。""然则欲行宪法,非取决于公论不可,欲取决于公论,非先立议院不可。议院者立法之地也,政府者司法、行政之地也,议院可以监督政府,则政府有所顾忌,不敢蒙蔽以营私,然后君民一本,呼吸相通,宪法之精意胥在乎是。倘未立议院,先立内阁,举立法、司法、行政三权握于三数人,则政府之权愈尊而民气不得伸,民心无由固,不但立宪各国无此成法,亦大失谕旨庶政公诸舆论之本意矣。"1907年9月18日黑龙江巡抚程德全奏:"惟必须议定选举规则,先立国会议员之名,俾尽监督行政之责,且有国会则地方自治既可藉资考查,责任内阁亦可藉以维持。"10月5日,湖南即用知县熊范舆等上书请速设民选议院:"然而政府之责任,必与民选议院相待而生,民选议院一日不立,则责任政府一日不成。""惟设立民选议院,则国会与政府立于对待之地位,一人失职,弹劾之书立上;一事失宜,质问之声即起。夫而后官无尸位,责有专归,一切放弃因弃之弊,乃可以悉免矣。""夫三权分立,为各国通行之制度,即为将来立宪之本原,今行政各部方始更革,若开设国会以为立法机关,则司法旋可完全独立,是亦豫备立宪之缓急先后也。"② 而上述张之洞的立宪主张也是强调设立民选议院和实行地方自治,其主要意图与当时朝野舆论一致,设立议院的目的,正

---

① 邓红洲:《张之洞"从缓""从速"立宪论》,载《近代史研究》1998年第3期。
② 故宫博物院明清档案部编:《清末筹备立宪档案史料》上册,第459、461页;下册,第606、612~613页。

是为了监督和限制责任内阁。故与其说张之洞的意图在于希图出任内阁总理，不如说是希图通过设立议院，来抵制奕劻、袁世凯之设立责任内阁。

张之洞立宪主张的这一"转变"，也与"丁未政潮"前后的政局有关。这次政潮给清末政局带来两个重要后果。

首先是"清流"大受打击，立宪党人大失所望。在政争中，"清流"曾把海内外的立宪党人作为自己可以利用的盟友。"预备立宪公会"就得到了岑春煊的支持，会长郑孝胥原是岑春煊的部属。立宪党人也希望利用"清流"来推动立宪，张謇、汤寿潜以及康有为、麦孟华等都与岑氏有较多的接触。当"清流"受到打击后，立宪党人大失所望。康有为的弟子徐勤1907年9月5日在致康氏的函中对时局作了悲观的估计："政府屡电张、袁入京，二人甫到，张、袁即授以军机大臣，袁且兼外部尚书。内外大员更调十余人，而竟不及岑，可见那拉之忌吾党也。今张、袁入军机，必日以压制吾党为事，就现下情形而论，吾党万难于政界中占一席，只有于商务、教育力为整顿，俟数年后，以待其变而已。"① 而张之洞要在国内取得较大声望，又不能不重视立宪党人的向背，所以他担心"一般人民不解其命意深远"，视其为袁世凯之类的"浊流"，希望通过积极主张速开"民选议院"来博得立宪党人的好感。

其次是"浊流"得势，汉族官僚受到排挤。在政潮之前的中央官制改革中，汉族官僚的地位已经削弱。政潮之后，随着瞿鸿禨、岑春煊的下台，"清流"备受打击，"浊流"十分得意，汉族官僚大受排挤，满族权贵更加专权，再一次出现了类似中法战争后严重的腐败政局。② 在清流与浊流的政争中，张之洞对于瞿、岑这样的"清流"持同情和赞赏态度。在慈禧面前称岑春煊"极有血性，办事勇敢"，林绍年"才具开展，操守极

---

① 上海市文物保管委员会编：《康有为与保皇会》，上海人民出版社1982年版，第377页。
② 光绪十年（1884）因慈禧太后与恭亲王奕訢的政争而发生"甲申朝变"，慈禧太后将奕訢与其他四位军机大臣全部罢黜，另命礼亲王世铎等五人代之，改组后的军机处实际则由醇亲王奕譞及其心腹孙毓汶掌握。张佩纶、陈宝琛、邓承修等清流官员先后遭到贬斥，活跃一时的清流从此衰微，其后果则是朝政的日益腐败。张謇将这一年视为晚清朝政走向腐败衰落的关节点："自恭王去，醇王执政，孙毓汶擅权，贿赂公行，风气日坏，朝政益不可闻，由是而有甲午朝局之变，由甲午而有戊戌政局之变，由戊戌而有庚子拳匪之变，由庚子而有辛亥革命之变。因果相乘，昭然明白。"（张謇：《啬翁自订年谱》，张謇研究中心、南通市图书馆编《张謇全集》第6卷，第845页。）

好"；称奕劻则"阅历太深"，袁世凯的私党徐世昌"太得意，阅历太浅"①。其褒贬的倾向性十分明显。瞿被罢官离开北京，至汉口时打算渡江拜访张之洞。张虽顾虑有"朋党"之嫌，没有同意瞿的来访，但仍然"乘舟舶江心，置酒话旧而别"②。岑被排斥出北京后，已奉命入京的张之洞即"致意西林（岑春煊），入京必挽之"③，表示同情。面对政潮后的政局，张之洞感到只有通过加快立宪，设立"民选议院"，才能抑制"浊流"横行、亲贵专权所导致的政治腐败，以挽救岌岌可危的清王朝。

张之洞从提出仿行上议院，到主张"稍扩议院之规模"，再到呼吁速开下议院，其立宪态度从表面上看，虽似有一个从"从缓"到"从速"的转变，但其实行宪政的基本思路及设立的目标却始终一致，即主张最终建立上下议院政制。从1901年致刘坤一等电中称赞西国"上下议院互相维持之法"，至1907年2月4日致袁世凯电中仍主张"上下议院，互相补益"，而1907年9月入京后主张速开下议院，正是这一思路和目标的必然结果，只是随着清末政局的迅速变化，这一结果的来临在立宪党人看来并不算快，而在后来的研究者看来似乎又显得快了些。

这一年，朝野关于设立"民选议院"的呼声也越来越多。张之洞在此时提出设民选议院，虽然不算有多少新意，但是，由他这样地位的重臣提出，就具有较大的影响力。自张之洞表态支持迅速立宪后，清廷也确是做出了加快立宪的姿态。1907年9月20日，宣布在北京设立资政院，作为预备议院基础；10月19日又命令各省督抚在省会设立谘议局，作为地方自治的基础。

张之洞与清末立宪研究的深入，除了尚须进一步发掘资料、厘清史实外，还应重视清朝统治集团在立宪过程中的争权夺利斗争。过去的研究思路，多关注立宪运动中资产阶级反对封建统治集团的斗争，这一认知为研究者不断强调已成定论，这当然有其理论和事实依据。不过，清朝统治集团围绕立宪所进行的争权夺利斗争同样不可忽视。清末立宪本身就是一场自上而下的运动，故统治集团的斗争对于立宪运动的兴起、发展和结局至关重要，对此尚须给予足够重视。

---

① 《八月初七日张之洞入京奏对大略》，转引自《历史研究》1993年第1期，第105～106页。
② 许同莘：《张文襄公年谱》，第207页。
③ 中国历史博物馆编、劳祖德整理：《郑孝胥日记》第2册，第1103页。

张之洞与清末社会经济发展

张之洞是推动清末社会经济发展的重要历史人物,既存研究大多着重于从洋务新政的视角,研究其创办汉阳铁厂、丝麻四局等洋务企业的历史作用。本节则从社会经济史的视角,着重从扶植民营工商业、重视城市建设以及工业化构想三个方面,探讨张之洞在清末社会经济发展中的思想与实践,从一个侧面说明清政府与社会经济发展的关系。

一、扶植民营工商业

甲午战争后,举国上下发出了振兴实业的呼声,民营工商业也进入了初步发展时期。张之洞顺应时代潮流,在江苏和湖北推行了一系列扶植、奖掖民营工商业的举措。

早在1895年的《吁请修备储才折》中,张之洞就向朝廷建议,谕令各省设立商务局以振兴商务。1896年2月7日,总理衙门奏请谕令各省督抚在省会设立商务局,旨在"维护华商,渐收利权","官为设局,一切仍听商办,以联其情"。① 时署两江总督的张之洞,率先响应,于是月17日,奏请在南京、苏州和上海各设商务总局,派员督办。在张之洞看来,"无论何种商务,凡商人于创造营运各节遇有为难之时,必须官为保护,官商之气久隔,又须绅为贯通"。所以他委派"乡望素孚,商民信服"的"在籍绅士"——两位状元陆润庠、张謇以及前礼科给事中丁立瀛分别负责经理苏州、通州和镇江的商务局。同时募集商股"合为一大公司,设缫丝、纺纱厂各一"。② 这就是近代中国"状元办厂"的典型——陆润庠创办的苏纶纱厂、张謇创办的大生纱厂。大生后来成为近代中国机器棉纺业中规模最大、成效最显的民营资本企业,其最初兴办得到了张之洞的支持。

---

① 《奏复请讲求商务折》,《时务报》第1册,光绪二十二年七月初一。
② 张之洞:《筹设商务局片》,苑书义等主编《张之洞全集》第2册,第1143~1144页。

通州（今南通）素以盛产棉花、土布而闻名，但甲午战前当地还没有一家新式纺织厂兴办。1893年盛宣怀在上海创办华盛纺织总厂时，因原棉主要来自通州，曾打算在当地设立纱厂。其时，通州乡民还没有采取洋纱织布，当地绅商认为，若设纱厂，"将尽夺织妇之利"，而且布商对掺用洋纱所织之布也"必剔出不收"，设立纱厂的动议只得作罢①。1895下半年，张之洞鉴于洋纱输入日多，通州已开始大量采用洋纱织布，致使利权外溢，便授意张謇在通州邀集绅商，集资创办纱厂以抵制洋纱。张謇邀集通州及上海商董6人，议定集股60万两，购纱机2万锭。于1896年1月，禀请立案，取厂名为"大生"。2月11日，张之洞奏请免除纱厂税厘称："通州海门为产棉最盛之区"，近来洋纱输入，当地农民"转相购买，参织土布，每年销耗四十万余金，若不亟就该处兴办纱厂，则民间此项漏卮无从就塞"。《马关条约》"有准其工商至各口岸城乡市镇任便制造之条，难保非意存侵越"。而在当地设立纱厂，可以就近采购棉花，"成本较轻，集事较易"。请求允准纱厂完纳关税后，"其余厘税概行宽免"。②

可是，张謇的集资活动一开始就遇到困难，新式工业对江南绅商还缺乏吸引力，许多人宁愿投资地产及传统商业金融业，而不愿投资风险较大且不熟悉的新式工业。1893年张之洞为创办湖北纺织局南纱厂，向德商瑞记、地亚士洋行借款订购的"官机"40800锭，运至湖北时，张调署两江总督，这批"官机"又随张转运至江苏，打算以60余万两的价格移交苏州商务局招商承办，但苏州绅商观望不前，"官机"只得存放在上海杨树浦码头，已近三年。回任的两江总督刘坤一命令上海商务局道台桂嵩庆降价出售。时逢上海纱价大跌，已开办的纱厂已面临停办或出售的危机，这批"官机"更是无人问津。桂嵩庆见张謇集资遇到困难，而"官机"又须尽快脱手，便托人与张謇商定，以"官机"作价50万两入股大生，另招商股50万两，共计100万两，纱厂也改为了"官商合办"。张謇与"沪董"商定，商股50万两由通、沪各筹一半。后来"沪董"提出筹资

---

① 参见张謇《大生纱厂第一次股东会之报告》，张謇研究中心、南通市图书馆编《张謇全集》第3卷，第80页。

② 张之洞：《通海设立纱厂请免税厘片》，苑书义等主编《张之洞全集》第2册，第1116～1117页。

困难，只认集股金16万两，其余34万两则由"通董"认集。①

张謇为了集资四处奔走苦求，绅商因上海纱市不景气而对投资纱厂十分冷淡，"凡以纱厂集股告人者，非微笑不答，则掩耳而走"②。结果到1897年3月，"沪董"方面仅招到611股（每股100两），实收2万两；"通董"方面只招到1200股，实收5.89万两③。4月中旬，张謇到武昌、汉阳考察了一周，希望得到张之洞的支持。他参观了两湖书院、汉阳铁厂和枪炮厂，对张之洞兴办教育和实业的成绩印象颇深，感受到"西人艺学之精，南皮要是可人"④。从而对兴办实业更有了信心。经张之洞提议、刘坤一同意，"官机"对半平分，各作价25万两，由张謇和盛宣怀各领20400锭，分别在通、沪设厂，即所谓的"绅领商办"。"官机"作为官股，官方只取8%的"官利"，不过问企业经营，实与贷款无异。大生另招商股25万两，总资本50万两。张謇选定通州城西北约15华里的唐闸作为厂址动工兴建，1898年冬大生厂建成，次年5月正式开车投产。但因基建投资近17万两，加上其他设备共计用去19万多两，所余流动资金仅四五万两。而收购原棉、支付官利、工薪以及一切未完工程都在在需款。张謇东挪西借，"往往甲日筹得一二万，乙日已罄，丙日再筹，而丁日又须还甲"⑤。在分领"官机"时，盛宣怀曾许诺帮助大生筹集"新股活本"，但一直不能兑现。1898年12月，张謇不得不再次函请张之洞说服盛宣怀，设法借款维持。盛自接办汉阳铁厂后，正面临严重的资金困难，自然爱莫能助。直到1899年，机纱行情看涨，大生纱厂才基本渡过难关，开始获得利润，没有收足的商股也相继收足，从此进入稳步发展的阶段，年年获得厚利，从1901年至1913年，共获得纯利335.2万两，成为棉纺织业中经营最成功的民营企业。⑥

---

① 《大生系统企业史》编写组：《大生系统企业史》，江苏古籍出版社1990年版，第13页。下引该书同此版本，不再另注。

② 张謇：《大生纱厂第一次股东会之报告》，张謇研究中心、南通市图书馆编《张謇全集》第3卷，第82页。

③ 《大生系统企业史》编写组：《大生系统企业史》，第13页。

④ 张謇：《日记》，张謇研究中心、南通市图书馆编《张謇全集》第6卷，第391页。

⑤ 张謇：《大生纱厂第一次股东会之报告》，张謇研究中心、南通市图书馆编《张謇全集》第3卷，第84页。

⑥ 参见章开沅《开拓者的足迹——张謇传稿》，中华书局1986年版，第56～62页；《大生系统企业史》编写组《大生系统企业史》，第13～16、37页。

武汉地区民营工商业的发展更是得益于张之洞的积极倡导和扶植。

汉口是长江流域开埠较早的城市，较早出现的近代工业是以加工茶叶为主的俄资企业。自张之洞在武汉地区兴办钢铁、纺织工业以来，政府又成为工业投资的主体。而民营工业的产生不仅比上海、广州等沿海城市晚了近20年，甚至比内地的重庆还稍晚些。直到1895年前夕才出现了第一家民营工业——新昶机器厂。这不仅与汉口长期以转口贸易为主要功能有关，也是湖北风气未开，官方倡导不力之故，张之洞督鄂以前的历任湖广总督，连官办的企业都没有创办一个，更谈不上扶植民营工商业。

张之洞督鄂后，在投资创办官营企业的同时，也积极提倡商战以挽回利权，扶植民营工商业，其事例之一，是先后在汉口、武昌倡办了兴工劝商的机构和场所。

汉口商务公所。1898年3月，张之洞鉴于"今日阜民之道，自以通商惠工为要策"，于是"仿外洋劝工场办法"，在汉口成立商务公所，其宗旨为"兴商业""勉工艺"。具体的作法是，在公所内陈列湖北各地有名的物产，标明产地价值，供华洋商民参观。派员驻局经理，各商帮公举董事数人协助经理，随时邀集富有经验的商人来公所进行评比，"较物产之精粗，衡工艺之优劣，考求采制新法"，以使各种土货物产"日出日广，日造日精，民生藉以宽舒，地方益臻繁盛"。至于各商如何推广集资，生产销售，"统由商人自筹自办，官不预闻"。官方只在涉及省内外地方事务时负责维持保护，帮助询访国内外商情并委派江汉关监督瞿廷韶总办该公所事务，试用通判张赓飏任坐办委员。①

汉口商务局。1898年9月3日奏请设立汉口商务局，委派广东候补道王秉恩、江苏候补道程仪洛两人会同总理其事。遴选商董数人为总董。因汉口商人外省人多，本省人少，所以"商务事体，所重在商而不在绅"②，遴选熟悉商情者担任总董，不拘于是否本地绅士。商务局的职能主要有：（一）创办商报，采访沿海沿江各口岸及省内外各地商品物产的市价销路，译载外国报刊书籍有关商情；组织商会，由商务局邀集各省在鄂商帮组成，以期联络协助；倡习商学，讲习制造、销售、商律、货币、市场方面

---

① 参见张之洞《札委瞿廷韶等总办汉口商务公所》，苑书义等主编《张之洞全集》第5册，第3577～3579页。

② 张之洞：《致总署》，苑书义等主编《张之洞全集》第3册，第2130页。

的专业知识，选派商会中人员赴日本学习。（二）政府筹资并借商款，用机器制造土货，供华商效法，并提供咨询服务。（三）成立公司，联络省内外华商，在武汉购地造屋，设立行栈或工厂。（四）与洋商合资办厂，既可免其独占利益，又可学习其工艺。（五）明定赏罚，打击造假仿冒者，以示劝惩。（六）维护商业信用，防止倒闭发生，将倒闭者仿西例公诸报端，不准更名充商贸易。（七）奏请减免税厘、专利，鼓励国货生产以抵制洋货。（八）奖励投资设厂、资助兴办商务以及留学归来学以致用者。上述职能体现的宗旨"不外于抵制洋货，依仿洋式，借助洋师之义"①。汉口商务局成立后，于次年4月30日出版了旬刊《湖北商务报》，"以开商智，振商务"为宗旨，专刊有关商务谕旨，奏疏、政令、中外商情和商业知识等内容，已知发行五年，到1904年1月止，共出版了163期②。这是国内最早发行的商务官报。

武昌通商场。武昌城北武胜门外直至青山滨一带，与汉口铁路码头相对，为武昌南北干路之中枢。张之洞预计粤汉铁路修通后，这一带必将成为商务繁盛之地。而"近年洋人托名华人，私买地甚多，各国洋人垂涎已久"③。为了不使洋人侵占这一地区成为又一个租界，遂于1900年10月，奏请将这一带辟为"自开口岸"，"名通商场，不名租界"，设立机构自行管理，"庶不失管理地方之权"。先设立"江岸局"负责土地的征购。12月，通知江汉关知照各国驻汉领事，不论官私土地出租或购买事宜统归"江岸局"管理，华洋各商均不得私自向民间议租，由官局统一收取地租，除提成数分交原业主外，余款作为修筑堤岸、码头、马路等基础设施建设的费用。陆续投资23万两，征购土地3万余亩。不久又设立"商场局"，派湖北布政使瞿廷韶总办局务，洋务局委员梁敦彦、武昌知府梁鼎芬担任提调，负责通商场的建设开发，聘英国工程师斯美利勘测设计。张之洞预计粤汉铁路修通后，随着城市工商业的发展，地价将大大增值，土地出租或出售将值银2000万两，除还拨借款外，巨额余款则可投资通商场及其他基础设施的建设，或资助兴学练兵和兴办农工商务。他认为现在财政虽

---

① 张之洞：《汉口试办商务局酌议办法折》，苑书义等主编《张之洞全集》第2册，第1326～1329页。
② 参见刘望龄《黑血·金鼓——辛亥前后湖北报刊史事长编》，湖北教育出版社1991年版，第28页。
③ 张之洞：《致西安行在军机处》，苑书义等主编《张之洞全集》第3册，第2179页。

然困难，仍必须及时预谋开发，否则，"匪特失大宗之财用，抑且损自主之治权，寝假各地悉为外人冒购，势必又陷租界故辙，侵我统辖地方之权，其流弊后患，殆不可问"①。这一计划于1902年10月奏明备案，后因经费与土地问题，开发进程缓慢，至张之洞调离鄂督时尚未开张，但对开商智、通商情还是起了宣传鼓动的积极作用。

两湖劝业场。1902年10月在武昌兰陵街创办两湖劝业场，仿日本方式，分商场与陈列馆二部分，陈列馆有房屋13栋，南北长23丈，东西宽五丈，面积115方丈。在场内招商分三部分展出：（一）"内品劝业场"，陈列本省人工制造品；（二）"外品劝业场"，陈列外省及外国各种货物、机器；（三）"天产内品场"，陈列两湖地区各种土特产及矿产。"内品场以劝工，外品场以劝商，天产内品场以统劝工商兼可劝农"。进入场内陈列，不收取房地租。展出的商品分类陈列，标明定价，供人观览购买，"工者价昂而售速，劣者价贬而滞销，彼此相形，自生激励"②，形成一种优胜劣汰的竞争氛围。

事例之二，倡导汉口茶业采取近代化的生产组织和生产方式，增强在国际市场上的竞争能力以挽回利权。

汉口自开埠后，成为华中茶区的出口口岸，原陆路运俄国之砖茶改由汉口出海；汉口与上海、福州成为中国的三大茶埠。中国出口茶叶的主要销场是英、美两国，19世纪70年代，出口英、美的华茶分别受到印度、锡兰和日本茶叶的排挤，如中国出口到英国的茶叶，从1886年191万多担下降到1895年的25万余担。印度、锡兰和日本茶叶种植、加工、销售都采取了近代化方式，具有质量高、成本低、市场大的种种优势，中国茶叶在国际市场上遂处于劣势。只有出口俄国的砖茶尚保持增长趋势，汉口则是俄茶出口主要基地。70年代中期，俄商则在汉口设立机器砖茶工厂，垄断了出口砖茶的制造，在整个90年代的10年中，产值高达2640万两。茶叶的销售市场也完全被外国洋行所控制，凭借其雄厚的资本，在收购茶叶时，采取抑价压秤的手法，获得高额利润。华商因资本不足，生产和销

---

① 张之洞：《收买通商场地亩折》，苑书义等主编《张之洞全集》第2册，第1480~1481页；《札江汉关道知照各领事武昌开设通商场》，苑书义等主编《张之洞全集》第6册，第4068~4069页。

② 张之洞：《委高松如等会同承办劝业场工程》，苑书义等主编《张之洞全集》第6册，第4234~4235页。

售方式落后，无法与外商抗衡。①

张之洞较早注意到这一问题的严重性，主张亟图改良茶叶生产，扩大销路，挽回利权。督鄂以来即详细考察茶叶生产销售情形，重视改良茶叶生产。鉴于"中国茶叶质味本佳，但因采摘不时，或种制未善，或掺杂不净，以致销路日少，价值日低"的现状，1891年7月，他饬令两湖各属讲求制茶，指出提高茶叶质量是扩大销路的关键，"但患茶叶之不精，不患销路之不畅、价值之不高"。要求各属官员认真劝导商民，改进生产，提高质量。凡"有能实力讲求，以致价高销畅者"，给予奖励；"有漠视民生，奉行不力，毫无成效者"，给予惩处。② 1894年，他曾令江汉关道用官款选购上等红茶交俄商代运行销，以为提倡，初见成效，颇有盈利，但终因俄商不肯中国分其利益，拒绝代运而停办。③

甲午战争后，华茶在国际市场上更是处于日益衰败的地位，引起了朝野的关注。1897年11月，张之洞再次指出，中国茶业若不亟图改良，则无法"挽利源而维商本"。改良之途径是"栽种必明化学，焙制又须机器"，所以必须合富商之力，集股设立工厂，引进国外的先进技术，以改变茶叶生产的落后状况。并委派江汉关税务司"筹画种茶制茶之良法"，在汉口或产茶地方设立工厂，聘请外国技术人员指导生产，使"中国茶市日有起色"，并强调"不得招附洋股"。④ 1899年5月，再一次劝谕华商购机制茶，指出，汉口茶叶出口关系到湖北进出口贸易的盈绌，因华茶生产落后，质量不能提高，在国际市场上日益受到印度、欧美、日本茶叶的排挤，致使"洋茶货价，日高一日，我茶出口，年少一年"，若不及时图谋改良，"则必如他事终落人后，原有大利，尽为外人夺去，岂不可痛可危"。遂委派江汉关道劝谕华商集股购机，采用外国新法改良生产。一些州县官员及商董以"机器价贵，成本难筹"为由，不愿采用新法生产。张之洞得知情况后即给予批驳，令有关官员继续劝商筹办，并表示"如有须

---

① 参见汪敬虞《中国近代茶叶的对外贸易和茶业的现代化问题》，载《近代史研究》1987年第6期。

② 张之洞：《札两湖产茶各州县讲求制办红茶》，苑书义等主编《张之洞全集》第4册，第2839~2841页。

③ 参见许同莘编《张文襄公年谱》，第84页。

④ 张之洞：《札委税务司筹画种茶制茶良法、在汉集股设厂教导》，苑书义等主编《张之洞全集》第5册，第3526页。

官力维持保护之处，本部堂定必竭力扶持，倘商人集股不足，本部堂亦可酌筹官款若干相助，以期成此盛举"①。但是，由于俄商垄断了汉口茶叶的生产与贸易，张之洞振兴改良茶业的设想最终未能实现。

事例之三，扶植武汉地区的民营工业，抵制外国资本的渗透。

武汉地区民营工业投资的一大特点是外地商人前来投资占有相当比例。清末已知为商人投资兴办的 31 家工业企业中，外地商人占 17 家之多，来自广东、上海、浙江、江西、安徽等省及海外侨商。② 1890 年 2 月，当张之洞得知川商卢干臣等将从日本回国开办火柴厂，即电驻日公使黎庶昌，表示欢迎卢氏来汉投资建厂，希望"华商华工多制造洋货"，以挽回利权。虽因卢氏考虑股东多系重庆商人，汉口设厂"费用贵售价低"，而未前来③，但张之洞欢迎外来投资的积极态度和扶植政策，使外地商人能够在武汉地区顺利投资建厂并得到较快发展。

1897 年浙江商人宋炜臣来汉口投资 10 万元开办燮昌火柴厂，张之洞批准其 10 年专利。该厂"制造甚属可观，其工程亦有条不紊"，有工人 1200 人，每日生产火柴约 43 万盒，产值约 1000 两左右。"获利甚厚。"④宋氏为了联络湖北文武官员，还在歆生路（今江汉路）开设华胜军装呢绒皮件号。张之洞过江来汉口，常到该处憩息。⑤

张之洞还支持宋炜臣创办了武汉地区第一家民营水电公司。汉口开埠以来，英、德、日商租界内办有发电厂，专供租界用电。19 世纪末 20 世纪初，汉口城市的发展，水电需求量增多，各国洋商见有利可图，纷纷要求在汉口兴办水电企业。张之洞"以事关中国主权"，均予谢绝。1906 年，宋炜臣等集资 300 万元申请开办既济水电公司，张之洞以宋氏等"资本素称殷实，办事已著成效"，立即批准；并拨官款 30 万元作为股本，另派官员一人"总司管理该公司弹压、保护、稽查三项事务"，"公司内用

---

① 张之洞：《札江汉关道劝谕华商购机制茶》，苑书义等主编《张之洞全集》第 5 册，第 3815～3816 页。
② 参见皮明庥主编《近代武汉城市史》，中国社会科学出版社 1993 年版，第 185 页。下引该书同此版本，不再另注。
③ 参见张之洞《致东京黎钦差》《黎钦差来电》，苑书义等主编《张之洞全集》第 7 册，第 5426～5427 页。
④ 汪敬虞编：《中国近代工业史资料》第 2 辑下册，科学出版社 1957 年版，第 712～713 页。
⑤ 参见皮明庥《武汉近代民族资本主义工厂创建史实》，载《江汉论坛》1985 年第 3 期。

人、理财诸事,官不干涉,以清权限"。① 公司下设电气灯厂和自来水厂。电灯厂设在汉口河街大河庙河沿,1908年建成送电。装有500千瓦直流发电机3部,所发电可供18000盏灯使用,在全国亦可算是一个规模较大的电厂。自来水厂设硚口外宗关上首,水塔设在市内张美之巷后城马路附近,1909年7月竣工供水,日供水达22730多吨。供水人口约10万。汉口租界也完全依靠该厂供水。② 由于张之洞采取了扶植鼓励的政策,汉口城市的公用事业得到较快发展,在清末各大城市中名列前茅。

民营大冶水泥厂的创办同样得到了张之洞的扶植。湖北大冶黄石港盛产水泥原料,且质量较佳。由于修建汉阳铁厂的水泥全赖国外进口,花钱费时,所以张之洞早已有了自行创办水泥厂的想法。1894年,他就将大冶灰石样品寄德国,请专家化验,得知可制上等水泥,打算招商承办水泥厂,但终未办成。1907年道员程祖福集资30万两,申请在黄石台子湾兴办水泥厂,张之洞批准该厂生产专利权15年,由官保利5年,5年后,若获利渐丰,则仿照外国公司通例,"提酌余利缴官,以为报效"。并令地方官对该厂"妥为保护",又"奏请免完厘税五年,以励商情"。当即委派程祖福为该厂总办,表示"勿庸另派督办"。厂中一切事务以及或盈或亏,均由商人"自行经理,官不与闻"。程曾在原呈中提议30年后机器厂房"全数报效归官"。张之洞则批示,扶植该厂"意在提倡实业,畅销湖北土货",此提议"殊可不必","应勿庸议"。程还申请自费赴日、美考察,张亦表示支持,即令发给咨文护照。为了不使企业落入外国资本之手,张之洞还特别在批文中强调:"惟此项工业只可华商附股,断不准招集外国人股本,致滋纠葛,是为至要。"③ 该厂机器设备购自德国,于1910年建成投产,因"拥有最新式的设备和优质原料,生产的高级水泥销路不错"④。但开工四年后,终因经营不善,亏损较多,复借日款,旋被启新

---

① 张之洞:《批职商宋炜臣等禀创办汉口水电公司》,苑书义等主编《张之洞全集》第6册,第4838～4839页。
② 参见皮明庥主编《近代武汉城市史》,第102～103页。
③ 张之洞:《批道员程祖福禀拟承办水泥厂》,苑书义等主编《张之洞全集》第6册,第4841～4842页。
④ 《海关十年报告(1902—1911年)》汉口(李策译),武汉市社会科学联合会1993年编印。

洋灰公司合并，改名为华记湖北水泥公司。①

正是张之洞在湖北采取了一系列扶植、奖掖民营工商业的措施，使湖北的近代工商业得到了较快发展。据宣统元年（1909）民政部《湖北省警务公所第一次统计书》载，汉口已有商业行业95个，商店总数在4800家以上。据历年《海关贸易报告册》统计，武汉的进出口贸易额1865年为2325万两，1901年前约为4000～5000万两，1902年突破10000万两大关，到1911年，已达15000万两。民营新式工业也得到了长足的发展，至辛亥革命前已经创办了122家近代企业。武汉近代工商业的发展水平，仅次于上海，居全国第二。被外国人誉为"东洋之芝加哥"②。

二、重视城市建设

张之洞早在督粤期间即重视广州城市的建设。当时珠江北岸之官地被民间逐渐侵占填筑，造成泥沙淤积，每逢涨水，西关、南关一带常被水淹。针对这一现状，于1889年批准治理珠江水域、修筑省城珠江堤岸和马路，共分十段修筑。"沿堤多种树林，以荫行人，马路以内通修廊，以使商民交易，铺廊以内广修行栈，鳞列栉比"，实现"街衢广洁，树木葱茂"，"市房整齐，码头便利，气象一新，商务自必日见兴起"。③ 这一工程不仅将起到防洪的作用，更促进了城市经济发展和城市形象的改善。是年底，天字码头第一段堤岸及官轮码头工程竣工，"堤上马路宽平，排立行栈，街衢清洁，气象恢宏，所有填筑地段、新修铺房，商民争来承领缴价，其隙地未修之铺屋，均有商人分领自认兴修"④，取得初步成效。旋因其调任湖广总督，工程停工；10年之后复工，至1914年始全部完竣。

张之洞在第一次署两江总督任上，曾先后在南京、上海兴修码头、马路，改善市政交通。

张之洞署江督之前，南京只有一座1882年轮船招商局修建的码头，随着长江航运的发展，往来南京的轮船日益增多。招商局的码头只供本局轮船使用，外国轮船公司轮船及其他轮船则不得使用。于是，英法领事在

---

① 参见陈真编《中国近代工业史资料》第3辑，生活·读书·新知三联书店1961年版，第724页。
② 参见皮明庥《武汉近代民族资本主义工厂创建史实》，载《江汉论坛》1985年第3期。
③ 张之洞：《修筑珠江堤岸折》，苑书义等主编《张之洞全集》第1册，第672～674页。
④ 张之洞：《珠江堤岸接续兴修片》，苑书义等主编《张之洞全集》第1册，第749页。

1889年就向前任两江总督曾国荃提出要在南京设立码头的要求。清政府以南京不是通商口岸而予以拒绝。1895年3月,英国驻镇江、上海领事以英商怡和、太古轮船公司在下关无法停泊,公司生意受损,数次向张之洞交涉,要求在南京设立码头。南京港内停泊的官船也日渐增多,也需要有靠泊码头。在此情况下,张之洞以南京"未经通商口岸,断不许洋行设立趸船",拒绝了英领事的要求。同时提出由官方建立码头一座,供官轮和商轮停泊,"并许洋行轮船停泊,酌量收租",以所取租金作为码头历年的维修费用。① 这样既有理由拒绝外国来此修建码头,也有利于南京港的发展。是年夏,令南京地方官筹银在下关趸船栈桥式码头一座,称为接官厅码头,是为南京第一座由官方兴建的轮船公用码头。

同时为了改善下关码头到城内的交通,张之洞又主持修筑马路。自1864年湘军围剿太平军,南京城市受到严重焚毁后,历经30年,仍未得到复原。从下关到城内,道路崎岖难行,并且还要渡过一道河。旅客只有在下关改乘小船,沿秦淮河到汉西门一带上岸,再坐桥或骑驴入城。遇到涨水季节,小船黑夜横渡,常常发生事故。下关所在的北城一带,地势复杂荒凉,抢劫命案时有发生。"商旅往来,官吏趋走,备极颠踬。"南京城内也是"市廛萧条,城内有居民者三之一,空旷者三之二"。张之洞因此提出,"利民之方,修路即为要义,必须运载迅速,信息灵便,人货流通,则街市日增,民生日富"。在下关增置趸船、登岸浮桥及附属设施,又在秦淮河入江之处修造"洋式活桥"一道,使旅客由江登岸后,得免小船夜渡之险。并筑从新码头至城内的马路,从长江边经下关,由仪凤门入城至碑亭巷为止,全长15里。不久又往南接修至贡院以达通济门。造桥和筑路两项工程共耗银5万两。马路修通3个月后,"贫民食力者竞造手车,以为生计,往来如织,马路两旁,小民购地造屋者日多"。除上海外,在江苏各城市中,南京是最早修筑马路的。

同年,又支持修筑上海南市马路等市政工程,以振兴华界商务,促进了上海华界近代市政建设的兴起。

开埠前的上海,城市重心在县城(南市)。上海县城建成于明嘉靖年间,商业区集中在城内大小东门和北门附近。上海开埠后,在县城北门外

---

① 本段及下段见张之洞《金陵设立趸船修造马路片》,苑书义等主编《张之洞全集》第2册,第1091～1092页。

先后划定英、美、法三国租界。昔日偏僻冷落的乡间，迅速出现了一片新城区，滨江的外滩地区，洋行林立，高楼耸峙。而昔日"万商云集，百货山积，人马喧阗，舟车如织"的县城，则是墙垣破落，城门低隘，交通梗塞，"行于洋场则履道坦坦，而一过吊桥便觉狭厌兼多秽恶"，"殊有天渊之隔"①。上海城市的商业中心很快北移，"租界日盛，南市日衰"，形成强烈的反差。

1894年，上海地方当局曾筹议在县城小东门外沿黄浦江边修筑马路，改善交通，因甲午战争发生而中辍。1895年，江海关道黄祖络禀报张之洞，提议修筑此条马路"其利有四，其不可缓者有二"。其利之一是振兴华界商务。这一带面临浦江，背倚城郭，商铺民居较多，聚集福建、广东和宁波三大商帮，贸易以土货为大宗，"为上海华界精华荟萃之区"。若在此修筑马路，连接租界外滩，交通得以畅行，再兴建水电设施，则可以招徕商贸，使"华界面为之一兴，挽回利权不少"。其利之二是维护江南漕运。此处为江浙漕船停泊之处，但因沿岸居民竞相侵占滩边，造成江面狭窄，不利船舶航行。若修筑马路，即可在路外加固堤岸来防止侵占，使漕运顺畅。其利之三是便利南洋防务。南洋防务自创办以来一直没有自用码头，兵轮停泊都是借用法租界招商局码头，花费不少且多有不便。在此修建码头，供兵轮官轮停泊，有利于南洋防务。其利之四是有利于商业运输。此路可通江南制局及龙华、闽行等地并延伸至松江一带，马路修成，"小车既可往来，土货出入尤便"。不可缓者之一是与这一带毗连的法租界谋求扩张，日本又欲在此新开租界，必须设法杜绝。不可缓者之二是外国资本将利用《马关条约》在华设厂制造的特权，扩大在华投资。所以必须"广添机器局厂"，发展民营工业以图抵制。此地交通改善后，不仅"土货出水事事皆便"而且兴建工厂"所省经费甚钜"。计划新修的马路从十六铺起至先农坛止，全长约6里，需经费8万两。马路修通后，市面既兴，地价必涨，然后以出租土地的方式回收筑路资金。②

黄祖络于是年8月到南京面见张之洞筹谋修路之事，张对此表示了极大的关注和支持，认为"泰西各国富民通商之要领，首以开拓道路为第一

---

① 《申报》1880年4月25日。
② 本段及下段见张之洞《兴办上海南市各工程折》，苑书义等主编《张之洞全集》第2册，第1067～1069页。

端"。上海城北已为各国租界所占,造成"洋商日富,华商日贫,喧宾夺主,以后岌岌可虑"。必须及时修筑南市马路及各项基础设施,以"杜彼侵占之谋,兴我工商之业"。否则,"日本及法商正在汲汲窥伺,若再为所侵占,则华商处处为所束缚,永无开拓生发之机"。8月底,果然有日本人来到十六铺进行勘测,欲成立修筑马路的机构。张之洞一面派人员进行测绘,树立标志,一面派军队前往施工,即行开办。并于是年底向朝廷奏明,暂行借拨出使经费8万两作为筑路资金。马路于次年竣工,南市面貌改观,"昔日之瓦砾荒滨今则化为康庄大道,从此铺户繁多,商贾屯集,市面为之振兴"①。

张之洞在创办汉阳铁厂时,注意到了城市对工商业的聚集效应和推动作用,提倡商战,振兴实业的一系列活动,也都需要以城市为依托,因而对武汉的城市建设与市政改善更是给予了极大重视,兴办了规模较大的市政工程,使武汉城市在清末得到较快的发展。

武昌南面和北面的旧堤以及城郭外沿江一带江岸年久失修,洪水季节,江水灌入,堤内数十万亩良田全部被淹没,受灾贫民流离失所。张之洞一到鄂督任上,即意识到兴修防洪堤既可以防洪护田,又可以工代赈救济贫民,决计筹款修堤"为一劳永逸之计"。1899年春,先将武昌北面红关至青山之北堤,分八段动工修筑,全长约30里,堤高1丈至1.7丈,堤宽2丈。秋冬间又将武昌南面白沙洲至金口之南堤,分十段修筑,堤高1丈余,堤宽2丈,全长约50里。原有旧堤距江岸较远,新筑北堤则濒临沿江附近,使原被洪水淹没的江边大片田地得以回收利用,包括在新堤之内。因工程较大,遂派员督率民夫,"日夜赶筑,晴雨无间,倍极辛勤"。并在新堤外种植柳树,柳树之外种植芦苇,以御风浪而护堤基。又在南北两堤修建闸门数座,供排洪使用。城郭一带10余里石砌江岸也增修加高,其南北两端与新筑之南北堤相接处加筑土堤,使之与南北长堤高度相等。此后数年内,又将南北新堤不时维修加固,低处增高。虽耗资数十百万,但由于使用赈捐款,采取"以工代赈"的方式,从而于1902年全部顺利完工②,对武昌城免受洪水之灾起了重要作用。

---

① 《申报》1897年12月4日。
② 张之洞:《修筑省城堤岸折》,苑书义等主编《张之洞全集》第2册,第1477~1479页;《札委李绍远等承修鲇鱼套至金口、洪关至青山堤工》,苑书义等主编《张之洞全集》第5册,第3760~3761页。

汉口镇（即夏口镇）原属汉阳府汉阳县，近代以前虽然已是中国有名的商业城镇，但开埠前城区面积狭小，集中在汉水沿岸至大江口即今中山大道东南、花楼街口至硚口一带，面积仅约11.2平方里（2.8平方公里）。19世纪后期，狭窄的城区已不能适应城市发展的需要。1898年，张之洞奏改夏口镇为夏口厅，与汉阳县分治。分治后的夏口厅，辖区扩展东西长54公里，南北宽18～42公里，为汉口城市的发展打下了基础。①

汉口后湖一带邻近正在兴修的铁路，地面宽阔，夏秋间常受洪水浸溢。经张之洞考察，随着铁路的兴建，后湖一带必然随之繁华，若此处筑成长堤，既可防范洪水，堤内之地亦可成为一新的商业区。1901年派员前往勘测绘图，准备筹款兴修。德商闻讯后即通过德领事表示愿意承揽此项工程。张之洞坚持此项工程"极关重要，湖北当自行筹办"，不允德商插手。遂于1904年冬筹款兴修，初步确定在堤外开挖引河一条，上通襄河（襄阳以下汉水），下通涨河，引河所挖之土即作筑堤之用。委派官员前往后湖一带勘察地势，确定施工方案，预算所需经费。计自东边之牛湖广福寺前，西至戴家山，南折至姑嫂树，连接旧堤到襄河边之皇经堂，全长约34里，堤面宽2～3丈，底宽6～8丈，堤高与正在兴修的京汉铁路相若。筑堤工程浩大，投资100万两，次年竣工。后被称为"张公堤"。堤内10余万亩土地免遭水患，荒地变为沃土，为汉口市区的扩展提供了良好的基础。② 修筑后湖长堤，则为汉口城市的发展带来了新的地域空间。

随着新式工商业和交通的勃兴，武汉城市土地迅速增值，一些外商企图抢购土地，图谋暴利。还在议修京汉、粤汉铁路之时，汉口洋商与当地某些人合谋抢购铁路规划范围内的土地，图谋侵占。对洋商的这类行径，张之洞不断给予了反击。1897年11月，他下令汉阳至黄陂、孝感、应山等县铁路经过之地，严禁囤买铁路地段，若地方官"阳奉阴违，希图收税，致有洋人托名囤买地段，有碍路工"，定将参劾查办。次年8月，又下令严禁私自买卖武昌修造铁路用地，派夏口县令前往查明，凡被洋商购买者均予收回。1899年2月，又因"汉口街市码头，亦往往被洋人私买

---

① 参见苏云峰《中国现代化的区域研究：湖北省，1860—1916》，中研院近代史研究所专刊（41），1981年版，第520～521页。下引该书同此版本，不再另注。

② 参见张之洞《札江汉关道兴修后湖长堤》《札江汉关道委修后湖堤工》，苑书义等主编《张之洞全集》第6册，第4252、4268～4269页；苏云峰《中国现代化的区域研究：湖北省，1860—1916》，第524页。

私租",派江海关道设局清理地籍,防止洋商侵占土地。①

"张公堤"筑成后,堤内地价上涨,地权纠纷不时发生,洋商乘机插手其间,并由各国驻汉领事出面向张之洞施加压力,企图以原购有堤内土地为由侵占土地。1906年,张之洞设立"汉口后湖清丈局",清理地籍,订立章程。规定凡有红契(经向官府纳税盖官印的契约)粮单(缴纳田赋的凭据)者经查验属实后,承认其土地所有权,凡仅有白契(民间自写契约)粮单者经查验属实后,承认其土地自耕权,但不得辗转租佃买卖,若租佃买卖则须一半充公;重新登记土地者都须缴纳堤费,以回收筑堤的投资。"无论华洋商民,凡不遵守章程,不遵缴堤费者,一概不准税契。"洋商私下在民间购买土地者,则令其向卖主退还原价。② 通过这次清理,逐步回收了筑堤的投资,1909年征收契税及赎地价款达71440两③,制止了洋商侵占土地的图谋。

汉口老城区狭窄拥挤,火灾时有发生。为此,张之洞采取改造旧城的措施。1906年通令夏口厅及江夏、汉阳两县出示拓宽街道,规定新建或改建房屋,均必须自原线退后三尺,以拓宽街面。《海关十年报告(1902—1911)》记述了市政改善的情况:"市政当局正朝着改善排水设施,加强卫生教育等方面努力。马路拓宽了,所有新盖建筑比原来的老房子后退了3英尺。老城厢和租界一样,新式西洋建筑使老式建筑黯然失色。""官府治所武昌城变化也很大。一条用碎石铺成的马路横穿全城,城内有不少外国建筑和工厂,其中以官方、半官方的机构居多。"

后湖长堤的修筑、京汉铁路的通车以及旧城的改造,使武汉三镇特别是汉口城市得到了迅速发展。汉口原来荒僻的玉带门、大智门一带,工厂、仓库相继建立,附近的贫民区改为商店、辟为市场。据《夏口县志》所载:"自后湖堤,芦汉通轨,形势一年一变,环镇寸地寸金。"④ 1906年,在汉口绅商的要求下和张之洞的支持下,汉口城墙拆除,在原有的基

---

① 张之洞:《札行出示严禁铁路应用地段地方官展停六个月税契》《札江汉关道照会各国领事省城武胜门外新河地方有将地基卖与洋行者令洋商缴退》《札江汉关道设局清查税契饬议章程》,苑书义等主编《张之洞全集》第5册,第3524~3525、3637、3744~3745页。
② 张之洞:《札桑宝覆丈后湖地亩并章程》,苑书义等主编《张之洞全集》第6册,第4373~4375页。
③ 参见苏云峰《中国现代化的区域研究:湖北省,1860—1916》,第524页。
④ 《夏口县志·交通》(1920年刻本),第3页。

址上修成后城马路，马路西起硚口，东抵一码头英租界。"从前为人迹罕到之处，近则轮轨交通，店铺林立，几令人不可思议矣。"① 汉口市区由原来的 11.2 平方里扩展到 28 平方里。1909 年，商人刘歆生、宋炜臣等提议在后湖修筑马路，开辟新市区，计划投资 100 万两，从硚口水电公司到刘家庙东站沿铁路以北的地区，修筑横向马路 5 条、纵向马路 26 条，这一计划在继任鄂督陈夔龙的支持下着手实行，一些道路已经开始填高地基准备施工。②《海关十年报告（1902—1911）》曾这样报道："一些官绅设想，在汉口背面的平原上依据现代原则再建一座新城，一条小河把它与拥挤不堪的汉口老城厢隔开。旧汉口城是按常规兴建的，即在一定的空间里容纳尽可能多的房子。地产在现在，以至于将来，将会一直是一条可以牟取暴利的产业。地价上涨使得一些工厂不得不向市郊发展。现在的汉口城区周边遍布工厂：从硚口的面粉厂和酿造厂，到涢水下游的官办造纸厂和扬子江机器厂。"后来因武昌起义发生，计划的实施才停顿下来。清末武汉城市得到较快发展，城市人口迅速增长，到 1911 年，武汉三镇城市人口已达 80 多万人，其中汉口 59 万人，武昌 16 万人，汉阳 7 万人，③ 原受江河阻隔的武汉三镇，因行政、经济和交通联系的加强，也开始从分离走向融合，逐渐形成为一个统一的近代大都市。

三、工业化的构想

张之洞在推动社会经济发展的实践中，还提出了中国工业化的构想，这一构想的主要内容集中在 1895 年上奏的《吁请修备储才折》和 1898 年发表的《劝学篇》中。《吁请修备储才折》是张謇代拟的，也收入了《张季子九录·政闻录》，题为《代鄂督条陈立国自强疏》④。所以，既因奏折为张謇所拟，可以说反映了张謇的思想；又因经张之洞同意并具名上奏，自然也代表了张之洞的看法。张謇后来成为"民族资产阶级"的代表，而张之洞则被视为"洋务派"的首领之一，人们比较多的注意两者的区别和对立，不过，这篇奏折却足以说明"民族资产阶级"与"洋务派"在发

---

① 《夏口县志·交通》（1920 年刻本），第 5 页。
② 参见王永年《论晚清汉口城市的发展和演变》，杨蒲林、皮明庥主编《武汉城市发展轨迹》，天津社会科学出版社 1990 年版，第 36 页。
③ 《海关十年报告（1902—1911）》，汉口（李策译）。
④ 此文收入张謇研究中心、南通市图书馆编《张謇全集》第 1 卷，第 29～41 页。

展民族经济上仍有共识。

在张之洞的工业化构想中，最重要的思想，就是把发展近代新式工业视为中国经济发展的关键。针对中国19世纪后期比较流行的说法，即所谓的外国是"商务立国""商务为本"，他提出了新式工业是"富民强国之本""农商之枢纽"的思想。还在1889年在关于修铁路的议论中，他就提出了"外洋富强之术统言之，则百工之化学、机器、开采、制造为本，商贾行销为末，销土货敌外货为先，征税裕饷为后"① 的看法。他在《吁请修备储才折》又明确说："世人皆言外洋以商务立国，此皮毛之论也。不知外洋富民强国之本，实在于工，讲格致，通化学，用机器，精制造，化粗为精，化贱为贵，而后商贾有懋迁之资，有倍蓰之利。"② 又在《劝学篇》中再次阐发了这一思想："工者，农商之枢纽也。内兴农利，外增商业，皆非工不为功。""外国工商两业，相因而成，工有成器，然后商有贩运，是工为体，商为用也，此易知者也。"③

"工体商用"的观点，在张之洞之前，薛福成在1879年所写的《商政》中早已言及："西人致富之术，非工不足以开商之源，则工又为其基，而商为其用。"后又在1893年写的《振百工说》中说："泰西风俗，以工商立国，大较恃工为体，恃商为用，则工实尚居商之先。"④ 张之洞在筹建铁厂布局时都曾多次委托薛福成购订机器设备，所以极有可能受其思想的启发。不过薛福成更多的是从西人的经验来看问题，在讨论工与农商的关系时，又提出了"握四民之纲者，商也"⑤ 的观点。而张之洞则更多地结合中国的实际来看问题，在论及工农商的关系时，提出了工为农商之枢纽的看法，其"工体商用"观也就有了更丰富的内涵。

张之洞将工业作为"富民强国"之"体"和"本"，是相对于商业和农业而言，那就必然涉及落后国家经济发展中普遍存在的一个重要问题：工业与商业、农业的关系问题。

工业与商业的关系，实际上就是生产和流通的关系。张之洞强调工业

---

① 张之洞：《遵旨筹办铁路谨陈管见折》，苑书义等主编《张之洞全集》第1册，第710页。
② 苑书义等主编：《张之洞全集》第2册，第998页。
③ 张之洞：《劝学篇·外篇·农工商学第九》。
④ 丁凤麟、王欣之编：《薛福成选集》，第540、482页。
⑤ 薛福成：《英吉利用商务辟荒地说》，丁凤麟、王欣之编《薛福成选集》，第297页。

生产对商业流通的决定作用,"工有成器,然后商有贩运"。正是从这个意义上讲,生产是第一性的,流通是从属于生产的。同时,他并没有停留在只是为工业而工业,为生产而生产的认识水平上,而又强调了流通对生产的促进作用,谈到了与商品生产有关的市场、成本、创新等问题。他说:"其精于商术者,则商先谋之,工后作之。先察知何器利用,何货易销,何物宜变新式,何法可轻成本,何国喜用何物,何术可与他国争胜,然后命工师思新法,创新器,以供商之取求,是商为主,工为使也。"① 这就是说,生产者必须进行周密的市场调查,包括产品的销路、样式、成本、消费者偏好等等,这样才能掌握竞争的办法,努力降低生产成本,采用新技术,创造新产品,以适应市场需求。所以从这个意义上讲,是"商为主,工为使"。显然,张之洞所说的"工"是指以市场为目标的商品生产。

对于工农业的关系,张之洞对中国传统的"以农为本"的思想作了新的诠释,提出发展本国工业产品,必须重视农业的思想。他曾说:"中国以农立国,盖以中国土地广大,气候温和,远胜欧洲,于农最宜,故汉人有天下大利必归于农之说。夫富民足国之道,以多出土货为要义,无农以为之本,则工无所施,商无可运。"② "利民之事,以农为本,以工为用,中国养民急务,无过于此。"③ 这里所说的"土货"即是指与"洋货"相对而言的"国货",大体包括工业产品和原料加工产品。在他看来,要达到"富民足国"目的,只有发展本国工业产品的生产;而发展工业又必须首先重视农业,以便为工业提供更多的原材料。落后国家在工业化初期,轻工业和原料加工业在工业生产中占有主要地位,这就导致了对农业产品原料的较大需求,农业能够提供原料的多少,便成为制约工业的一个重要因素。可见他强调的"以农为本"已经不是传统意义的"重农"思想,所要发展的农业,也是与工业化相联系的近代农业。

如何发展农业?张之洞进一步提出:第一,推广国外农业的"新理新法",讲求"农学"。他说:"今日欲图本富,首在修农政,欲兴农政,必

---

① 张之洞:《劝学篇·外篇·农工商学第九》。
② 张之洞:《遵旨筹议变法谨拟采用西法十一条折》,苑书义等主编《张之洞全集》第2册,第1436页。
③ 张之洞:《筹定学堂规模次第兴办折》,苑书义等主编《张之洞全集》第2册,第1493页。

先兴农学。查外国讲求农学者,以法、美为优。"主张组织翻译外国农业科技书籍,推广农业科技,派遣留学生赴欧美、日本攻读农业,各省设立农务学校,培养农业专门人才。第二,政府设立专门管理、指导农业的机构,中央设农政大臣,各省设农务总局,州县设劝农局。"责成既专,方有成效。"①

20世纪50年代,不少发展中国家受欧美经济模式和经济理论的影响,认为农业代表传统的经济,在经济发展中只是一个辅助、被动的部门、仅仅是为工业提供无限供给的廉价劳动力,而采取了过去某些发达国家以破坏传统农业为代价来实现工业化的办法,结果导致了60年代农业发展的停滞,由此才意识到农业在经济发展中的重要性。而张之洞早在19世纪末20世纪初,就对中国工业化初期的农业问题予以重视,这确乎难能可贵了。

张之洞主张大力发展工业是要解决当时中国的两大现实问题:"养民"和"收漏卮",即解决贫民的生计,减少中国财富的外流。在此之前的1892—1893年,薛福成也针对守旧士大夫"广用机器,不啻夺贫民生计"的陈说,提出过"机器殖财养民"的观点。并认为中国必须破除"科举之学",改变"贱工贵士"的观念。② 张之洞大概也受了薛氏思想的启发,不过他作为封疆大吏于1895年7月所上的《吁请修备储才折》中公开倡导"机器殖财养民"的观点,对于士人改变旧的观念,自然更具有积极的意义。他说:

中国生齿繁而遗利少,若仅恃农业一端,断难养赡,以后日困日蹙,何所底止!故尤宜专为意为之(按:指工业),非此不能养九州数百万之游民,非此不能收每年数千万之漏卮。今宜于各省设工政局,加意讲求。查各关贸易册中每年出口易销之土货,则加工精造之,扩充之,以广其出;进口多销之洋货,则加工仿为之,以敌其入……中国人数之多,甲于五洲,但能于工艺一端蒸蒸日上,何至有忧贫之事哉!此则养民之大经、富国之妙术,不仅为御侮计,而御侮自

---

① 张之洞:《遵旨筹议变法谨拟采用西法十一条折》,苑书义等主编《张之洞全集》第2册,第1436~1437页。
② 薛福成:《用机器殖财养民说》《振百工说》,丁凤麟、王欣之编《薛福成选集》,第420、483页。

在其中矣。①

在张之洞看来，中国人口众多而日渐贫困，所以必须大力发展工业，才能解决众多贫民的生计问题。只有增加本国"土货"出口，减少"洋货"的进口，才能抑制财富外流。主张在各省设立"工政局"来指导帮助工业的发展，凡出口产品则加工精造，提高产品在国际市场的竞争能力，以扩大出口；对进口洋货，则设厂仿造，以减少进口。利用中国丰富的廉价的劳动力资源，发展这两种类型的工业，这样，既解决了贫民的生计，又增加了社会的财富，从而达到"养民""富国"的目的。所以他说这是"养民之大经，富国之妙术"。1901年，他在《遵旨筹议变法谨采用西法十一条折》中又进一步指出："总之，欲养穷民，查荒地不如劝百工，欲塞漏卮，拒外人不如造土货。富民富国，确实可凭。"他的这一构想，与中国传统的"养民"思想有了区别，即不是仅着眼于采取"薄赋轻役""劝课农桑"之类的休养生息政策，而是通过发展近代新式工业来增加就业与国民收入，也就是说他更重视"开源"，而不仅是"节流"。

在这里，张之洞实际上提出了这样一个问题：对于一个人口众多、经济落后的国家来说，应该采取什么样的工业化模式？他所主张的工业化模式，类似于现代经济理论所说的发展中国家工业化初期普遍采用的模式，即利用本国丰富的廉价劳动力，通过实行"初级产品出口战略"和"进口替代战略"来实现工业化。所谓"初级产品出口战略"就是利用本国的自然资源和人力资源，发展农矿初级产品的生产和出口，来推动本国经济的发展，积累工业化所需要的资金。所谓"进口替代战略"就是发展过去依靠进口来满足国内需要的工业产品的生产，以节省经济发展所需要的外汇，减少对外贸易中的逆差（漏卮），达到国际收支平衡，是一种利用国际贸易所开拓的国内市场来发展经济的一种方式。而对于最初选择初级产品出口的国家来说，进口替代必然成为其国内工业化的起点。从这个意义上来讲，张之洞的工业化模式是立足于中国"人数之多，甲于五洲"这样一个基本的国情来思考的。

这一工业化模式大概是参照了日本的经验提出的，他曾提到日本"变

---

① 张之洞：《吁请修备储才折》，苑书义等主编《张之洞全集》第2册，第998~999页。

法才二十年，而国势日强"①的一些成效。其实，若考察日本工业化过程，会发现与中国一样，也是在不平等条约存在的情况下进行的。日本自1859年开港后，关税主权丧失，税率被压低到5%。明治政府一直把收回关税主权和振兴经济作为实现工业化的主要政策，但收回关税主权进展迟缓，直到1911年才最后全部收回关税主权，与此同时日本大体也完成了工业革命。所以日本工业化的经验之一就是在关税主权丧失的情况下，通过发展国内产业来抑制没有关税保护的进口贸易。所发展的就是两种类型的国内产业：一是进口替代型产业，减少对进口的依赖；二是根据日本的资源、技术条件，发展出口的产业。②

单从经济方面来看，这一工业化模式并非没有实现的条件。因为日本当时的经济状况，也并不比中国优越多少：日本主要的进口替代产业——钢铁工业的起步晚于汉阳铁厂；日本对外贸易的"王牌"产业——生丝的出口量在1905年以前一直不如中国；日本工业的主体——家庭手工业在工业总产值中的比重，1892年还高达96.8%，到1909年才下降到54%。③

然而，日本在国民教育、经济体制方面的近代化程度则高于中国。单以教育而言，1872年，日本开始建立以义务教育为中心的近代教育体制，此时，总学龄人口中只有28%的受过初等教育，到1886年义务教育就学率已达50%以上，各级学校在校学生总数达290多万人。④人口10倍于日本的中国，直到1912年在校学生总数才达到了290万人。对此，张之洞在同一奏折中也有所认识："人皆知外洋各国之强由于兵，而不知外洋之强由于学，夫立国由于人才，人才出于立学，此古今中外不易之理。"⑤不过这份奏折回避了日本工业化过程中的另一个重要事实，就是及时推进政治制度的改革：日本自1868年明治维新后，1881年公布国会设立诏书，1885年建立内阁制度，1889年颁布《大日本帝国宪法》，正式确立了二元君主立宪政体。日本扩大出口和进口替代的工业之所以取得成功，很大程

---

① 张之洞：《吁请修备储才折》，苑书义等主编《张之洞全集》第2册，第993页。
② 参见孙承《日本资本主义国内市场的形成》，东方出版社1991年版，第225页。
③ 参见万峰《日本资本主义史研究》，湖南人民出版社1984年版，第198、262页。下引该书同此版本，不再另注。
④ 参见万峰《日本资本主义史研究》，第326页。
⑤ 张之洞：《吁请修备储才折》，苑书义等主编《张之洞全集》第2册，第996页。

度上是得力于这样一个近代化政府的扶植。

当然，张之洞也没有忽视政府在经济发展中的作用。在这一工业化模式中，"官权"，即政府的作用，有着十分重要的地位。在讨论工业与"养民"的同时，还提出了"以官护商"的构想。《吁请修备储才折》针对中日两国对外贸易的不同状况说：

> 自中外通商以来，论者或言通商便，或言通商不便，此皆一偏之论也。大约土货出口者多，又能自运货赴外洋销售，不受外洋挟持，则通商之国愈多而愈富；土货出口者少，又不能自运出洋，坐待外人收买操纵，则通商愈久而愈贫。考日本与西人通商，专讲精造土货、自运外洋两端，商本亏累，则官助之，不以赔折而沮。今该国商利岁入至八千余万元，其取于美利坚者约四千万元。商务盛则交涉得手，国势自振，其明效若此。中国上下之势太隔，士大夫于商务尤不考究，但有征商之政，而少护商之法。西人常论中国商人最工贸易，惜国家不为保护，任其群起逐利，私作奸伪，不顾全局，以致百业皆衰。至护商之要，不外合众商之力，以厚其本；合国与民之力，以济其穷。①

显然，这是从外贸的角度来讨论外贸与一国经济发展的关系以及政府应采取的政策。如果对外贸易主动权掌握在本国商人手中，"不受外人挟持"，那么，发展外贸便能促进本国经济的发展。反之，如果本国外贸为外商所控制，利润为外商所攫取，便对本国经济发展不利。所以后进国家的政府应该扶持和组织本国商人，加强同外国商人竞争的力量。而在中国，从政府方面来说，"但有征商之政，而少护商之法"；从商人方面来说，又缺少协作精神"群起逐利，私作奸伪，不顾全局"，由此导致中国经济衰落。所以奏折才提出"护商之要，不外合众商之力，以厚其本；合国与民之力，以济其穷"。上述看法，是针对当时中国的实际情况作出的分析，并没有只持一端，便断定外贸对中国有利抑或有害。

奏折进一步提出了"护商"的具体措施：一、疏通各商。各省设立"商务局"，"就各项商务，悉举董事，随时会议，专取便商利民之举，酌

---

① 苑书义等主编：《张之洞全集》第2册，第997页。

剂轻重,而官为疏通之,勿使倾轧坏业,勿使作伪败名"。二、奖励联合。"凡能集臣资多股设一大公司者,奏请朝廷奖之"。三、惩治奸商,"藉招股坑骗者,重治其罪"。四、周知商情。除准派商董出洋学习,使馆代为照料外,令出使大臣随时考究各国商务情形,并"知照总署及各省督抚,以便随时悉心筹画"。① 可见,张之洞是希望通过政府的组织、协调和奖惩等措施来促使中国商人联合起来,增强与外商的竞争力量。

在西方早期资本主义国家工业化时期,反映新兴工商者利益的经济理论主张"自由放任主义",政府最好只起"守夜人"的作用,保境安民,让"看不见的手"去自动调节经济。我们讨论中国近代民族工商业的发展时,因为时过境迁,自然不应该以"自由放任主义"的观点看问题,以为中国的工商业者可以通过自由竞争来发展民族经济。即使在西方国家工业化时期,这种自由竞争的理想状态也未能实现。美国经济学家萨缪尔森在他那本颇有影响的《经济学》中也承认,19世纪后"政府在经济上的作用稳步增加"。至于在落后国家工业化过程中,政府作用之重要,更为许多事实所证明。近代中国的资本主义从产生之时起,便"生不逢时",早就不存在自由竞争的国际国内环境,外有强大的洋商,内有守旧的势力,单靠"商"的力量,没有"官"的扶持,要振兴实业谈何容易。李鸿章、张之洞这样的封疆大吏在筑铁路、建铁厂时尚且阻力重重,遑论一般商人。

四、余论

虽然清政府中像张之洞这样有所作为的一方大员,确是有过某些扶植民营工商业的举措,但是整个清政府能不能承担起领导中国经济走向近代化的历史任务呢?落后国家的政府要能起到领导本国经济现代化的作用,自然应该是一个廉洁高效的政府。然而,清末时,统治集团的腐败现象已经相当严重——有关这方面的事实可以举出许多,这里仅举出辜鸿铭所说的事实及其看法,便可见一斑。

《辛丑条约》订立的第二年,战败的屈辱还像满天的阴霾笼罩在中国大地,45000万两赔款的沉重担子还压在老百姓的肩头,清廷却恢复了一派歌舞升平的气象。张之洞仍照"惯例"举行慈禧太后万寿庆典。"各衙

---

① 张之洞:《吁请修备储才折》,苑书义等主编《张之洞全集》第2册,第997~998页。

署悬灯结彩，铺张扬厉，费资巨万，邀各国领事，大开筵宴，并招致军界学界奏西乐，唱新编《爱国歌》。"参加陪宴的辜鸿铭对在座的梁鼎芬说："满街都是唱《爱国歌》，未闻唱《爱民歌》者。"梁说："君胡不试编之？"辜当即随口念出所编的《爱民歌》："天子万年，百姓花钱；万寿无疆，百姓遭殃。"在座客人，无不哗然。①

在清朝官员中，张之洞素以清廉闻名，就他个人来说，并没有贪污的劣迹。"亟力为国图富强，及其身殁后，债累累不能偿，一家八十余口，几无以为生。"② 然而在国贫民穷的时候，动用官款，大肆铺张来显示朝廷的"德政"，表示对慈禧的忠诚，这不过是清政府腐败的另一种表现形式，清廉的张之洞也不能违背这一"惯例"。连跟随张之洞多年的辜鸿铭都对此表示愤慨，辜氏还就清末官与商的问题发表过下面一番议论："余谓财固不可不理，然今日中国之所谓理财，非理财也，乃争财也。驯至言理财数十年，其得财者，惟洋场之买办与劝业会之阔绅。昔孔子曰：君君，臣臣，父父，子子。余谓今日中国欲得理财之道，则须添一句曰：官官，商商。盖今日中国，大半官而劣则商，商而劣则官，此天下之民所以几成饿殍也。"③ 虽然辜氏的这番话与清流的议论一样，有激愤之情而不无偏颇，但清政府的腐败确是一个十分严重的问题。1903年清政府为"振兴实业"专门成立了商部，在商部主持下，颁布了奖励保护工商业的法规，采取了一些振兴实业的举措，对清末工商业的发展起过推动作用。但另一方面，在"振兴实业"的旗号下，清朝官员为个人或集团的利益不择手段地搜刮钱财，贪污腐败，也相当惊人。清末执掌国政的庆亲王奕劻，卖官鬻爵，公然纳贿，声名狼藉，不齿于清议；其长子载振更是有名的花花公子，却能依靠其父的权势出任商部尚书。

一方面，清政府作出了扶植工商业的姿态，多少促进了近代工商业的发展，随之带来了新兴社会力量的增长。另一方面，亲贵的专权和官员的腐败，又导致清政府的效能更加低下，这又引发了新兴社会力量和广大人民群众的强烈不满。新的社会力量与旧的政府功能无法契合，终于成为了清政府垮台的一个重要因素。

---

① 辜鸿铭：《张文襄幕府纪闻·爱国歌》，黄兴涛译《辜鸿铭文集》上册，第428页。
② 辜鸿铭：《张文襄幕府纪闻·廉吏不可为》，黄兴涛译《辜鸿铭文集》上册，第427页。
③ 辜鸿铭：《张文襄幕府纪闻·官官商商》，黄兴涛译《辜鸿铭文集》上册，第428页。

在现代化过程中，传统因素的瓦解和现代因素的生成的速度往往不能同步，由此带来社会整合的一系列危机，从而需要有一个高效能而强有力的政府来承担推动现代化的重任。政府要成为现代化的推动者，政府又必须首先推动自身的现代化。依靠一个效能低下、腐败严重的政府来实现国家的现代化无异于缘木求鱼。正是由于清政府没有及时地推动自身的近代化，所以，直到它垮台时，在国家的近代化过程中也没有发挥日本明治政府那样的积极作用。

梁启超的"政体进化"论

梁启超在清末反对革命共和，在民初又反对帝制维护共和。对梁氏的这一政治态度，学术界多强调其"多变"的政治性格，而对其一以贯之的政治理念似乎关注不够。从表面上看来，梁氏的政治立场前后有很大的转变，实际上则有其前后"不变"的一面：即其关于国体与政体的关系的认知，始终阐明了政治制度与民主宪政演进的一个规律：国体固然可以采取"革命"的方式而迅速发生变更，但政体却必须通过"进化"的过程才能逐步完善，可称之"政体进化"论。[①]

一、国体与政体

按西方政治学的理论，国体指国家之代表象征，有君主与非君主（总统或委员长制）之分；政体是政治系统（即国家权力的组织系统）及其运作程序，有民主、独裁和集权之分。

戊戌时期梁启超虽然主张政治改革，但尚未关注国体与政体的关系。戊戌之后，梁氏最初对国体和政体认知，尚未将两者明确区分，且更多关注的是政体问题。1899年4月发表《各国宪法异同论》，第一章即讨论"政体"，认为世界各国"政体"不外分为"君主国"与"共和国"两大类。（按：此处所说者应是"国体"），其中"君主国"又分为"专制君主"与"立宪君主"二小类；因"共和国"皆有议院，故通称之为"立宪政体"。在梁氏看来，最理想的立宪政体是英国的"立宪君主国政体"。英国立宪政体不仅是宪政之始祖，而且最有实际成效。虽然近世以来欧洲各国相继变专制为立宪，但都发生了社会动荡，付出了较大的代价，而其成效皆不如英国。"英国之宪政则不然，自近古以来，非如各国之有大骚动，故能次第进步，继长增高。又各国之宪政，多由学问议论而成，英国

[①] 蒋广学先生已经关注到了这一问题，参见蒋广学《梁启超：以"政体进化"为特色的中国宪政主义活动家》，载《江苏行政学院学报》2005年第2期。

之宪政，则由实际上而进，故常视他国为优焉。"而"立宪之国"最主要的特征，即理论上"行政、立法、司法三权鼎立，不相侵轶，以防政府之专恣，以保人民之自由"。自法国孟德斯鸠"外察英国政治之情形，内参以学治之公理"提出三权分立学说以来，"今日凡立宪之国必分三大权，行政则政府大臣辅佐君主而掌之，立法权则君主与国会同掌之，司法权则法院承君主之命而掌之"。①

同年6月发表的《论中国与欧洲国体异同》则明确提到"国体"，认为"中国与欧洲之国体，自春秋以前（欧洲史学所称上世史时期），大略相同。自春秋以后，截然相异"。最相异之处主要有二，一是欧洲为"列国并争"，中国为"合邦统一"；二是欧洲有"阶级之民"（按：指封建等级制），而中国"无阶级之民"，两者相较则"合邦统一者为优"，"无阶级者为优"。两者最相异之处则是"欧洲自希腊罗马以来，即有民选代议之政体，而我中国绝无闻焉。此又其最异之点而绝奇之事也"②。

1901年6月梁启超在《清议报》第81册发表《立宪法议》，文中虽然没有使用"国体"一词，但大体对"国体"和"政体"作了区分。他认为"世界之国"不外分为"君主之国"和"民主之国"二种；"世界之政"亦分为"有宪法之政（亦名立宪之政）"和"无宪法之政（亦名专制之政）"二种。其对政体所下定义是："采一定之政治以治国民谓之政体。"世界之政体有三种：即君主专制政体（如俄罗斯）、君主立宪政体（欧洲其他国家）、民主立宪政体（如美国、法国）。三种政体中，民主立宪政体，"其施政之方略，变易太数，选举总统时，竞争太烈，于国家幸福未尝不间有阻力"；君主专制政体则"朝廷之视民为草芥，而其防之如盗贼，民之畏朝廷如狱吏，而其嫉之如仇雠，故其民极苦，而其君与大臣亦极危也"。而"君主立宪者，政体之最良者也，地球各国既行之而有效，而按之中国历古之风俗，与今日之时势，又采之而无弊者也"。梁氏特别强调了立宪政体的两大要素——宪法与民权的重要性，实行宪政的首要举措是制定宪法并奉行宪法至上的原则。他指出："立万世不易之宪典，而一国之人，无论为君主为官吏为人民，皆共守之者也，为国家一切法度之根源，此后无论出何令，更何法，百变而不许离其宗旨也。"进一步强调

---

① 梁启超：《各国宪法异同论》，《饮冰室合集·文集之四》，第71～73页。
② 梁启超：《论中国与欧洲国体异同》，《饮冰室合集·文集之四》，第63、66～67页。

了立宪政体与专制政体的根本区别在权力是否受到制约和限制,"立宪政体,亦为有限权之政体;专制政体,亦名为无限权之政体。有限权云者,君有君之权,权有限;官有官之权,权有限;民有民之权,权有限"。提倡民权正是为了制约限制君权和官权,"是故欲君权之有限也,不可不用民权;欲官权之有限也,更不可不用民权。宪法与民权,二者不可相离,此实不易之理,而万国所经验而得之也"。民权也是宪法得以实施的重要保证,"故苟无民权,则虽有至良极美之宪法,亦不过一纸空文,毫无补济"。总之,"立宪政体者,永绝乱萌之政体也"①。

  1910年2—4月梁启超在《国风报》上连载《宪政浅说》一文,进一步论证了国体与政体的区别及其关系。他指出:"国体之区别,以最高机关所在为标准,前人大率分为君主国体、贵族国体、民主国体之三种。但今者贵族国体,殆已绝迹于世界,所存者惟君主、民主两种而已。"君主国"戴一世袭之君主以为元首",不论有无国会,君主皆为"最高机关";民主国以"人民选举一大统领以为元首",有选举权之国民为"最高机关"。若概括梁氏上述论说,可以说君主国的实质为"主权在君",民主国的实质则为"主权在民"。至于"政体之区别,以直接机关之单复为标准,其仅有一直接机关,而行使国权绝无制限者,谓之专制政体。其有两直接机关,而行使国权互相制限者,谓之立宪政体"。虽然"专制政体则君主国行之最多",但"民主国亦非无专制者,若仅有一国会而立法、行政、司法之大权皆自出焉,则其国会虽由人民选举而成者,亦谓之专制",如欧洲古代斯巴达和罗马之元老院;或者"虽有行政首长与国会两者并立,而国会毫无权力徒为行政首长之奴隶者,则亦谓之专制",如罗马之恺撒和屋大维执政时代、英国克林威尔和法国拿破仑第一为执政官时代以及法国拿破仑第三为大统领时代等等。"故立宪与专制之异,不在乎国体之为君主、民主,而在乎国权行使之有无限制。"权力制衡的形式则"两直接机关对峙而各行其权是也"。就现世之君主立宪国而论,其宪政要素有三:一是民选议会,二是大臣副署(即责任内阁),三是司法独立。"举此三条件,规定于宪法中,而不许妄动,谓之立宪。"宪政之精神则体现为三权分立,"谓立法权由国会行之,行政权由国务大臣行之,司法权由独立审判厅行之也"。"三权之体,皆管于君主,此专制国与立宪国之所

---

  ① 梁启超:《立宪法议》,《饮冰室合集·文集之五》,第1~4页。

同也。三权之用，其在专制之君主，则率其所欲，径遂而直行之。其在立宪国之君主，则分寄之于此三机关者，以一定之节制而行之。此则其所以异也，此亦言乎君主国也。若在民主立宪国，则此三权之体，管于国民；而其用之分寄，亦与此同。"①

梁启超关于国体和政体的论说中，始终关注的是在中国实现立宪政体，并强调这是一个循序渐进的过程。早在1901年发表的《立宪法议》中就主张自下诏宣布立宪之日起，以20年为实行宪政之期，最快也须10～15年。他说："立宪政体者，必民智稍开而后能行之，日本维新在明治初元，而宪法实施在二十年后，此其证也。中国最速亦须十年或十五年，始可以语于此。"②

二、君主立宪与共和立宪

1903年前后是梁启超宪政思想发展的一个重要关节点。学术界一般认为梁氏在此期间有一个由君主立宪转向共和立宪最终回归君主立宪的思想轨迹。梁氏在1903年前确实一度表现出向往革命的激进思想倾向。1902年5月致信康有为说，"今日民族主义最发达之时代，非有此精神，决不能立国"，"而所以唤起民族精神者，势不得不攻满洲。日本以讨幕为最适宜主义，中国以讨满为最适宜之主义"。指出清廷已经"百事腐败已久"，"虽召吾党归用之，而亦决不能行其志也"。③ 极力提倡"破坏主义"，并将"破坏"分为"有血之破坏"和"无血之破坏"，认为如"无血之破坏"不能达到改造社会之目的，则不得不采取"有血之破坏"；而首先要破坏的就是专制政体，"必取数千年横暴混浊之政体，破碎而齑粉之"。④ 1902年下半年发表了《拟讨专制政体檄文》一文，痛斥道："专制政体者，我辈之公敌也，大仇也"；"专制政体之在今日，有百害于我而无一利"。⑤

梁启超对美国的共和政体亦曾一度向往。1899年致函康有为说："国

---

① 梁启超：《宪政浅说》，《饮冰室合集·文集之二十三》，第37～40页。
② 梁启超：《立宪法议》，《饮冰室合集·文集之五》，第5页。
③ 丁文江、赵丰田编：《梁启超年谱长编》，第286页。
④ 梁启超：《新民说·论进步》，《饮冰室合集·专集之四》，第64～65页。
⑤ 李华兴、吴嘉勋编：《梁启超选集》，上海人民出版社1984年版，第380页。

事败坏至此，非庶政公开，改造共和政体，不能挽救危局。"① 1900 年 4 月 28 日，又从檀香山致函孙中山，谈及与兴中会合作，称"夫倒满洲以兴民政，公义也；而借勤王以兴民政，则今日之时势，最相宜者也"②，主张事成之后推举光绪帝为总统。1901 年在《二十世纪太平洋歌》中称："誓将适彼世界共和政体之祖国，问政求学观其光。"③ 在 1902 年 9 月发表的《新民说·说合群》中还曾痛斥了"顽固者流"④反对共和的谬论。后来在《清代学术概论》中亦追述自己在此期间，"既日倡革命排满共和之论，而其师康有为深不谓然，屡责备之，继以婉劝，两年间函札数万言"⑤。

虽然此时梁启超"日倡革命排满共和之论"，但有两点值得注意。其一，梁氏此时鼓吹的"革命"含义，不仅包括激进的革命也包括渐进的改革。1902 年 12 月他在《新民丛报》第 22 号发表《释革》一文，对"革命"含义作了现代意义的阐释。指出传统话语中的"革命"不过是以武力推翻前朝的改朝换代，"指王朝易姓而言"。而现代意义的"革命"，则包含了 reform 和 revolution 之义，前者如 1832 年的英国国会改革运动，后者如 1789 年的法国大革命；前者日文译为改革或革新，后者译为革命（梁氏主张译为"变革"）。他主张中国仿效欧美、日本实行"大变革"，"国民如欲自存，必自力倡大变革实行变革始"，"中国之当大变革者岂惟政治，然政治上尚不得变不得革，又遑论其余哉"！⑥ 由此看来，梁启超所主张的"变革"，不仅仅指"讨满"革命，更重要的是要在政治上变革专制政体，甚至包括整个社会的"大变革"。

其二，梁启超虽然一度向往共和政体，但仅是作为取代专制政体的选项之一。在他看来，"不论那一人政体、寡人政体、多人政体、立宪共和，但能除专制的魔王，何妨试办"⑦。而梁氏此时心仪之政体依然是英国的君主立宪政体，其在 1901 年发表的《立宪法议》中有明确阐述。在此期

---

① 《康门十三太保与革命党》，冯自由《革命逸史》第 2 集，中华书局 1981 年版，第 29 页。下引该书同此版本，不再另注。
② 丁文江、赵丰田编：《梁启超年谱长编》，第 258 页。
③ 梁启超：《饮冰室合集·文集之四十五下》，第 17 页。
④ 梁启超：《新民说·论合群》，《饮冰室合集·专集之四》，第 80 页。
⑤ 朱维铮校注：《梁启超论清学史二种》，第 70 页。
⑥ 梁启超：《释革》，《饮冰室合集·文集之九》，第 40、44 页。
⑦ 梁启超：《新罗马传奇》，《饮冰室合集·专集之九十三》，第 8 页。

间,黄遵宪与梁启超曾书函往来,"讨论民权、自由、革命、自立和将来政体各问题,颇为详尽"。据黄遵宪致梁启超长函称:"公言中国政体,征之前此之历史,考之今日之程度,必以英吉利为师,是我辈所见略同也。风会所趋,时势所激,其鼓荡推移之力,再历十数年、百余年,或且胥天下而变民主,或且合天下而戴一共主,皆未可知,然而中国之进步必先以民族主义,继以立宪政体,可断言也。"① 正因一直心仪于英国的君主立宪政体,其从共和革命回归君宪改革便顺理成章。

1903年3月至11月,梁启超在美国考察了半年之后,从激进的革命倾向又回归于渐进的改革路径。是年10月4日在《新民丛报》发表《政治学大家伯伦知理之学说》一文,表示服膺伯氏之国家学说,"而归宿于以君主立宪为最良,谓其能集合政治上种种之势力,种种之主义,而调和之"。而实行共和政体"必其人民于共和诸德,具足圆满,不惜牺牲其力其财,以应国家之用。且已藉普及之学制,常受完备之教育",否则将演变为所谓的"暴民政治"。② 又引用德国政治学家波伦哈克《国家论》之说,"因于习惯而得共和政体者常安,因于革命而得共和政体者常危",盖因经历激烈革命之后,"社会阶级之争夺,遂相互迭起而靡有穷",于是强权政治出现,君权思想复活,结果是"民主专制政体,应运生焉"。③ 表示"呜呼!共和,共和,吾爱汝也,然不如其爱祖国;吾爱汝也,然不如其爱自由。吾祖国吾自由其终不能由他途以回复也"。宣称与共和政体"吾与汝长别矣!""吾自美国来,而梦俄罗斯者也"④。

在《新大陆游记》中他引用英人布利斯所著《美国政治论》的观点,比较英美两国政体之优劣,认为:"英国党派之胜败,于选举议员时决之;美国党派之胜败,于选举大统领时决之。英国但求党员在议院中占多数耳,既占多数则其党魁自得为大宰相而莫与争。故所争者非在宰相其人也。美国反是,胜败之机,专在一著,夫安得不于此兢兢也。夫美国争总统之弊,岂直此而已。其他种种黑暗情状,不可枚举。吾游美国而深叹共和政体实不如君主立宪者之流弊少而运用灵也。若夫中美、南美诸国,每

---

① 丁文江、赵丰田:《梁启超年谱长编》,第301页。
② 梁启超:《政治学大家伯伦知理之学说》,《饮冰室合集·文集之十三》,第77页。
③ 梁启超:《政治学大家伯伦知理之学说》,《饮冰室合集·文集之十三》,第83、84页。
④ 梁启超:《政治学大家伯伦知理之学说》,《饮冰室合集·文集之十三》,第86页。

当选举时，必杀人流血以相从事者，更自郐无讥矣。"①

梁启超这一"思想转变"还受两个因素的影响：其一，对旅美华人社会的认知。他考察了旧金山等地华人社会组织和社会生活，认为中国人有四大缺陷："一曰有族民资格而无市民资格"，"二曰有村落思想而无国家思想"，"三曰只能受专制而不能享自由"，"四曰无高尚之目的"。② 他认识到美国共和政体是在各州地方自治制度基础上经过长期发展而最后确立的，不是一般国家能够在短时间内可以仿效成功的。既然生活在共和制度下的旅美华人的素质尚且如此，那么，长期生活在专制制度下的国人，更远远达不到共和国民的水准。其二，对世界局势变化的观察。19世纪末20世纪初，随着资本主义向帝国主义的过渡，18世纪流行于西方的自由主义和个人主义已经衰微，他说："质而言之，则个人主义变为统一主义，由自由主义而变为专制主义也。"③ 认为在这种国际环境下，中国只有建立一个强有力的政府，才能有效地抵御外来的侵略。

正是这些考察和认知，使梁启超对能否在中国实施共和制度产生了怀疑。而这种怀疑，实际上也表明他在思考这样问题：美国的共和制是否适合中国的国情？实现民主政治是否只能选择革命的道路？他在与革命党人的思想论战中，对上述问题做出了回答。

梁启超与革命派思想论战的主题，虽然是要不要在中国实行革命、建立共和，但实际上是关于中国政治民主化的模式和进程的问题。在梁氏看来，"立宪有两种：一曰君主立宪，二曰共和立宪。苟得其一，皆可命曰政治革命"。所以，他反对的是"民间以武力而颠覆异族的中央政府"的"种族革命"，而不是"革专制而成立宪"的"政治革命"。在他看来，无论君主立宪还是共和立宪都是"政治革命"；如不能实现立宪，则无论政府的基础发生何种变动，仍是"君主专制"，或变为"共和专制"，皆不能称之为"政治革命"。④ 如何实现"革专制而成立宪"？梁启超强调了以下三点：

其一，要选择适合本国国情的政体。即"毋惟优是求，而惟适是

---

① 梁启超：《新大陆游记节录》，《饮冰室合集·专集之二十二》，第64～65页。
② 梁启超：《新大陆游记节录》，《饮冰室合集·专集之二十二》，第121～124页。
③ 梁启超：《新大陆游记节录》，《饮冰室合集·专集之二十二》，第17页。
④ 梁启超：《申论种族革命与政治革命之得失》，《饮冰室合集·文集之十九》，第4页。

求"①。不能抽象地评论一国政体是先进还是落后，必须联系本国的"人""地""时"三者的具体情况，根据是否适合本国国情来确定。他指出："夫所谓良也恶也，本属抽象的观念，非具体的观念。语政体之良恶，而离夫'人'与'地'与'时'三者，而漫然曰，孰为良，孰为恶，此梦呓之言也。故达尔文言'优胜劣败'，而斯宾塞易以'适者生存'，诚以主观的良恶无定形，而必丽之于客观的适不适以为断也。"②

其二，人民要坚持不懈地向政府要求立宪。立宪能否实现虽然存在统治者愿不愿意的问题，但关键还在于人民是否要求的问题。他一再强调指出："立宪之几，恒不在君主而在人民。但使其人民有立宪之智识，有立宪之能力，而发表其立宪之志愿，则无论为如何之君主，而遂必归于立宪。""故谓立宪之原因，则君主之肯与不肯，固占一部分，然其肯与不肯，乃在人民之求与不求。故人民之求立宪，实能立宪之最高原因也。"③"吾之言立宪，非犹流俗人之言立宪也。流俗人之言立宪，则欲其动机发自君主而国民为受动者；吾之言立宪，则欲其动机发自国民而君主为受动者。""质而言之，则要求必能达政治革命之目的，且非要求万不能达政治革命之目的。是要求者，实政治革命惟一之手段也。而政治革命既为救国之惟一手段，以积叠的论理说推之，则可迳（径）曰：政治上正当之要求，实救国之唯一手段也，然则中国之能救与否，惟视人民之能为要求肯为要求与否以为断。"④ 这表明梁氏主张的立宪之路，不是寄托于统治者自上而下的"恩赐"，而是在于人民自下而上的主动"要求"。

其三，通过开明专制过渡到立宪政治。1906年1—3月梁启超在《新民丛报》上连载《开明专制论》，认为当时中国不仅不具备实行共和立宪的条件，连君主立宪也不能立即实行，因实行议会政治须有两个必备条件：一是议员"有批判政治得失之常识"，二是"有发达完备之政党"。但两者在中国目前都不具备，"今日之中国，无三人以上之团体，无能支一年之党派"⑤。长期生活在专制政体下的民众"既乏自治之习惯，又不

---

① 梁启超：《开明专制论》，《饮冰室合集·文集之十七》，第34页。
② 梁启超：《开明专制论》，《饮冰室合集·文集之十七》，第60页。
③ 梁启超：《开明专制论》，《饮冰室合集·文集之十七》，第27、28页。
④ 梁启超：《开明专制论》，《饮冰室合集·文集之十七》，第36~37、42页。
⑤ 梁启超：《开明专制论》，《饮冰室合集·文集之十七》，第65、67页。

识团体之公益"①，还不具备实行议会政治的能力，所以只有通过"开明专制"过渡到立宪政治。他认为"专制"有"野蛮专制"，即以"专制之主体的利益为标准"。如法王路易十四以"朕即国家"，即是"野蛮专制"的典型；而"开明专制"则是以"专制之客体的利益为标准"，普皇腓力特列以国王为"国家公仆之首长"，即是"开明专制"的代表。②梁氏以"专制之客体"即人民的利益为标准，可见其重心在"开明"而不在"专制"。他根据孟德斯鸠"三权鼎立"学说，阐明了反对专制的基本精神，"所反抗者，不徒君主专制而已，凡一切专制，皆反抗之，故不惟不许一人总揽大权，并不许一机关总揽大权，立宪大义，实自兹出"。③并声明实行开明专制，只是作为"立宪之过渡""立宪之预备"④。这又表明其追求的最终政治目标是实现宪政。

三、国体革命与政体进化

中华民国建立后，梁启超顺应时代潮流，拥护民主共和。虽然梁氏曾反对以革命手段推翻清王朝，但当革命共和成为既成事实之后，他仍然给予高度评价："辛亥革命之役，易数千年之帝制以共和，其造端之宏大，非一姓兴亡所能拟也。"⑤同时也指出，虽然通过革命可以使国体"由数千年之专制，一蹴以跻于共和"⑥，但在有长期专制传统的中国，要建立和完善立宪政体，则必须经历漫长的历史过程。他说："夫破坏者，为建设而破坏，非为破坏而破坏也。故破坏不过其手段，而建设乃其目的。有手段而无目的，不可也；以手段为目的，更不可也。今破坏之事则告终矣，而建设之业，前途遐哉邈焉。"⑦此时梁启超的宪政思想有三点值得注意：

其一，"不争国体而争政体"。1912年10月22日，梁启超发表《鄙人对于言论界之过去及将来》的演说，指出"去秋武汉起义，不数月而国

---

① 梁启超：《开明专制论》，《饮冰室合集·文集之十七》，第50页。
② 梁启超：《开明专制论》，《饮冰室合集·文集之十七》，第22～23页。
③ 梁启超：《开明专制论》，《饮冰室合集·文集之十七》，第42～43页。
④ 梁启超：《开明专制论》，《饮冰室合集·文集之十七》，第39页。
⑤ 梁启超：《罪言》，《饮冰室合集·文集之二十九》，第89页。
⑥ 梁启超：《宪法之三大精神》，《饮冰室合集·文集之二十九》，第93页。
⑦ 梁启超：《中国立国大方针》，《饮冰室合集·文集之二十八》，第39页。

体不变，成功之速殆为中外古今所未有"。反复强调"质言之，则对于国体主维持现状，对于政体则悬一理想以求必达也"。"即以近年所主张，对于国体主维持现状，对于政体则悬一理想以求必达，此志固可皎然与天下共见。""立宪派人不争国体而争政体，其对于国体主维持现状，吾既屡言之。故于国体则承认现在之事实，于政体则求贯彻将来之理想。""故在今日，拥护共和国体，实行立宪政体，此自理论上必然之结果。"①

针对民初人们对共和失望的社会心态，梁启超于1913年1月在《庸言》上发表《宪法之三大精神》一文，再次阐述国体与政体的关系说："政象之能否止于至善，其枢机则恒在政体而不在国体。无论在何种国体之下，皆可以从事于政体之选择，国体为简单的具象，政体则为复杂的抽象，故国体只有两极端，凡国必丽于其一，政体其参伍错综，千差万别，各国虽相效，而终不能尽从同也。"故"善谋国者，外揆时势，内审国情，而求建设一与己国现时最适之政体"②。表明了他的一贯主张，即在既定的国体之下，根据本国的国情，以渐进的改革方式，建立和完善立宪政体，以最终实现民主政治。

其二，要有健全发达的政党。在梁启超看来，中国的民主宪政能否实现，在于有健全发达之政党，"故政党内阁者，民权之极轨也"。他所期盼的理想政党政治，就是像英美等国那样形成两大政党竞争制衡的政治格局，在他看来，如果政党林立，则将分散政治资源，不利于实现议会民主制，因而极力主张在中国建立两党政治。指出"完全之政党内阁，非先有健全之两大政党，则不能成立"。"欲行完全政党政治，必以国中两大政党对峙为前提，英美之政，所以独秀于世界者，凡以此耳。"而政党政治则又以"健全之国民"为后援，"我国政界前途之希望，惟视政党内阁之能否成立。然政党内阁，其最健之后援，实在国民，非有健全之国民，安得有健全之政党？非有健全之政党，安得有健全政党内阁？然则为国家计，为政党计，舍训练国民何以哉？"训练国民的途径则是"输进国民政治常识"，"引起国民政治兴味"，"激厉人民政治道德"。③

---

① 梁启超：《鄙人对于言论界之过去及将来》，《饮冰室合集·文集之二十九》，第1、3、4、5页。

② 梁启超：《宪法之三大精神》，《饮冰室合集·文集之二十九》，第94页。

③ 梁启超：《中国立国大方针》，《饮冰室合集·文集之二十八》，第66、68、73、74～75页。

1912年10月22日，梁启超在民主党举行的欢迎会上又指出："今日中国已确定为最神圣、最高尚之共和国体，而共和国政治之运用，全赖政党。"并提出真正之政党应有的六个"模范之标准"，即具有"公共之目的""奋斗之决心""整肃之号令""公正之手段""牺牲之精神"和"优容之气量"。他认为各国政党政治，"皆有两派：一急进，一渐进"，中国近十来年，也本有此两派，如果两派一心为国，各自发达，则将推动中国不断进步。①

其三，建立"强有力之中央政府"。梁启超认为民国建立标志着"种族革命"之目的已经达到，今后则将致力于完成"政治革命"，"势必须借政治之力，将国家打成一丸，以竞于外，将使全国民如一军队之军士，如一学校之学生，夫然后国家之形成，而国际上乃占一位置"。② 为此，必须建立强有力的中央政府。所谓"强有力之中央政府"，表现在两方面：一是对于地方而言，地方之权由中央政府赋予并受中央政府监督；二是对于立法机构而言，政府行政由立法机构确认，而与立法机构融为一体。"故建设强有力之中央政府，实今日时势最大之要求。"而建立政党内阁则是"求得强有力政府之一手段"。③ 在他看来，中国作为一个面临列强环伺、社会经济落的后国家，需要维系国家的稳定和发展，故中央政府不能采取自由放任主义，必须实行"保育政策"（国家干预），正是从这一愿望出发，在民国初年一直致力于实现政党政治和建立强有力政府的政治目标。

正是基于"不争国体而争政体"的理念，梁启超在民初有一个从"拥袁"到"反袁"的所谓"转变"，论者亦多批评其"拥袁"的"落伍"而赞赏其"反袁"的"进步"。在对待袁世凯的态度上，梁氏确实表现出"变"的一面，但在对待宪政的态度上，却又始终表现出了"不变"的一面，即无论是"拥袁"还是"反袁"，在他看来都不过是一种手段，其真正的目的，是要努力推动中国宪政的进程。

当袁世凯信誓旦旦地宣布拥护共和之时，梁启超自然希望通过这位强势人物实行"开明专制"，逐步将中国引上宪政的道路。用他的话说，

---

① 梁启超：《莅民主党欢迎会演说辞》，《饮冰室合集·文集之二十九》，第14～21页。
② 梁启超：《中国立国大方针》，《饮冰室合集·文集之二十八》，第50页。
③ 梁启超：《中国立国大方针》，《饮冰室合集·文集之二十八》，第51、62、76页。

"想带着袁世凯上政治轨道,替国家做些建设事业"①。其实,当年孙中山也有类似的看法,曾说:"故欲治民国,非具新思想、旧经练旧手段者不可,而袁总统适足当之。故余之荐项城,并不谬误。"② 这种状况,既有立宪党人和革命党人的一厢情愿,也因现实的政治实力对比使然。

正因为梁氏的最终目标是在中国实现宪政,拥护袁世凯不过是达到这一目标的一个手段,所以当袁世凯背弃共和复辟帝制之时,毅然发动武装讨袁、举起护国旗帜便成了他的必然选择。

1915年9月3日,梁启超在《京报》发表的《异哉所谓国体问题者》一文中,区分了"革命家"和"政治家"的不同角色地位,强调在共和国体建立之后,"革命家"应实现向"政治家"的角色转换,努力推动政体的改进。他指出:"常在现行国体基础之上,而谋政体政象之改进,此即政治家唯一之天职也。苟于此范围外越雷池一步,则为革命家之所为,非堂堂正正之政治家所当有事也。""夫国体本无绝对之美,而惟以已成之事实为其成立存在之根原。""以为若在当时现行国体之下,而国民合群策合群力以图政治之改革,则希望之遂,或尚有其期。旧国体一经破坏,而新国体未为人民所安习,则当骤然蜕变之,数年间其危险苦痛将不可思议,不幸则亡国恒干斯,即幸而不亡,而缘此沮政治改革之进行,则国家所蒙损失,已何由可赎。"③

从一贯坚持的"不争国体而争政体"的原则出发,梁启超坚持国体乃"天下重器",认为随意变更国体,只会给国家带来无穷祸害。他驳斥了筹安会鼓吹的"与其共和而专制,孰若君主而立宪"的谬论,强调立宪与否是政体问题,不是国体问题,两者不可混淆。如果在君主制下可以实施宪政,那么在共和制下同样可以实施宪政,而无须变更国体。④ 明确指出:"夫变更政体则进化的现象也,而变革国体则革命的现象也;进化之轨道恒继之以进化,而革命之轨道恒继之以革命。此征诸学理有然,征诸各国前事亦什九皆然也。是故凡谋国者必惮言革命,而鄙人则无论何时皆反对

---

① 梁启超:《护国之役回顾谈》,《饮冰室合集·文集之三十九》,第88页。
② 孙中山:《在上海国民党欢迎会的演说》,《孙中山全集》第2卷,中华书局1982年版,第485页。
③ 梁启超:《异哉所谓国体问题者》,《饮冰室合集·专集之三十三》,第86、87页。
④ 梁启超:《异哉所谓国体问题者》,《饮冰室合集·专集之三十三》,第88~89页。

革命。今日反对公等之君主革命论与前此反对公等之共和革命论同斯职志也。"① 他还对《京报》记者就国体与政体问题发表谈话，再次强调其始终反对国体革命而主张政体进化的立场："故一面常欲促进理想的政体，一面常欲尊重现在的国体。此无他故焉，盖以政体之变迁，其现象常为进化的，而国体之变更其现象常为革命的，谓革命可以求国利民福，吾未之前闻。是故吾自始未尝反对共和，吾自始未尝反对君主，虽然吾无论何时皆反对革命，谓国家之大不幸莫过于革命也。"②

梁启超主张的政体进化主要体现为两大目标，即"政治之公开"和"政治之统一"。他指出，近世以来，各国立宪政体"其特色虽多，而其大则不出二者：一曰政治之公开，二曰政治之统一"③。所谓"政治之公开"，指除外交之外，一切行政、立法、财政，皆经人民公议，议决之后，公布于众，然后执行，以实现国民参与政治。所以"政治公开之原则，实由各国先民积多少年之经验，认此为改良政治之不二法门"。所谓"政治之统一"，关键是解决中央与地方之关系。他认为在帝制时代，"统治大权虽在君主，而实际中央与地方之关系，至今无正当明确之解决"④，因而"仅有统一之名，而无统一之实"。民国建立后，因出现"省自为政，县自为政"乱象，连统一之名也几乎不复存在。⑤ 所以，他一再强调了中央政府对地方政府有任命和监督之权。

在梁启超看来，中国之所以尚不能实现宪政，有诸多原因，"或缘夫地方之情势，或缘夫当轴之心理，或缘夫人民之习惯与能力。然此诸原因者，非缘因行共和而始发生，即不能因非共和而遂消灭"。为此，他又指出在中国实现宪政需要进行两方面的努力，一方面坚持依法治国，"但求视新约法为神圣，字字求其实行，而无或思遁于法外"。一方面鼓励国民参政，"设法多予人民以接近政治之机会，而毋或壅其智识，阏其能力，挫其兴味，坏其节操，行之数年，效必立见"⑥。

总之，在梁启超看来，对于饱受内忧外患、国弱民穷的中国来说，需

---

① 梁启超：《异哉所谓国体问题者》，《饮冰室合集·专集之三十三》，第97页。
② 丁文江、赵丰田：《梁启超年谱长编》，第722页。
③ 梁启超：《莅共和党欢迎会说辞》，《饮冰室合集·文集之二十九》，第9页。
④ 梁启超：《莅共和党欢迎会说辞》，《饮冰室合集·文集之二十九》，第10页。
⑤ 梁启超：《莅共和党欢迎会说辞》，《饮冰室合集·文集之二十九》，第10~11页。
⑥ 梁启超：《异哉所谓国体问题者》，《饮冰室合集·专集之三十三》，第90、91页。

要的是政体逐步完善而最终实现民主,而不是因国体的不断变更而随时引发动乱。因而表示无论何时皆反对变更国体,在清末反对革命共和,在民初反对复辟帝制都是出于同样的政治理念。梁氏的这一政治理念,对今日中国推进政治改革,实现民主宪政,似不乏历史启示而有深入研究的价值。

孙中山与中国城市近代化

在孙中山的中国近代化理论构架中，城市近代化占有重要的地位。他关于中国城市近代化的战略构想，为中国城市的发展、以城市为中心带动中国社会经济的腾飞作出了前瞻性的规划，显示出历史的远见。总结研究这一宝贵的思想遗产，对于理解孙中山关于中国近代化的理论与实践，探索当代中国及发展中国家现代化的道路都是极富启迪意义的。

一、城市近代化的世界潮流

自欧美工业革命以来，城市的迅猛发展成为了世界性的历史潮流，城市的近代化成为了世界近代化的主流。传统的乡村转变为近代化的城市，最根本的变化是商品经济代替自然经济，近代工业代替传统农业，近代生产方式代替传统的生产方式。城市的近代化必然以工业革命为起点，以工业化为主要的动力。

19世纪到20世纪初是欧美国家城市迅速发展的时代。英国是世界上第一个实现工业化也是第一个实现城市化的国家。19世纪后期，德、法、美等国家相继完成了工业革命。城市的数量和规模都得到了空前的发展。欧美国家的城市化水平空间提高。近代工业与城市的发展，使欧美国家的整个国民经济由农业国转变为工业国。以工业化和城市化为主要标志的世界近代化潮流对于落后的中国来说，不能不起着强烈的示范效应。

中国城市发展水平在古代曾经居世界领先地位。近代以来则进入不平衡的低度发展时期。随着对外贸易、近代工商业与交通运输业的发展，沿海沿江的一些大城市如上海、天津、武汉、广州得到了较快的发展，并出现了一批新兴的工矿业城市和交通枢纽城市，如无锡、南通、青岛、唐山、哈尔滨、鞍山、抚顺、石家庄等。沿海沿江的大城市集中了近代工商业、金融业的绝大部分。以近代工业为例，到1927年为止，中国本国资本历年兴办的民用工业企业共有2909家，资本额共55150.5万元。其中上海、武汉、天津、无锡、北京、广州、奉天、重庆8大城市，便集中了企业数的39.5%和资本额的51%，而上海一地则集中了企业数的20.8%和资本额的25.9%。① 中国的近代化实际上主要是城市的近代化。但中国工业化和城市化的整体水平仍然十分低下，特别是中西部内陆地区的城乡的发展慢缓甚至停滞，新式工业在国民经济中所占比例很小。1920年中国新式产业和传统产业的总产值共计为1653827万元，其中新式产业的产值为129609万元，仅占7.84%；传统产业的产值为1524218万元，占92.16%。② 1843年到1893年的50年间，中国的城市化率仅由5.1%提高到6.0%，其中城市化率最高的长江下游地区不过从7.4%提高到10.6%，而最低的云贵地区则仅从4.0%提高到4.5%。③ 20世纪以来中国沿海地区的城市发展有所加快。1919年江苏的城市化率达19%，浙江达14.4%，比同期印度的7.6%为高，但比英国（70%）和日本（30.2%）仍然低得多。④ 整个中国与欧美资本主义国家的工业化和城市化水平相比，整整落后一二百年。

目睹工业革命给欧美国家带来的巨大变化与中国社会经济落后，孙中山深感工业化乃是中国近代化的必由之路。他认为中国社会经济的落后的重要原因，在于没有经历欧美那样的工业革命阶段。"中国今尚用手工为生产，未入工业革命之第一步。"⑤ 武昌起义后不久，他曾预言："此后社会当以工商实业为竞点，为新中国开一新局面。"⑥ 中华民国成立后，他一再呼吁对外开放，振兴实业，认为中国"能开发其生产力则富，不能开发生产力则贫"。乐观地预计中国将出现一个"产业勃兴"的时代。⑦ 将大力发展机器工业，"以营其巨大之农业，以出其丰富之矿产，以建其无

---

① 参见杜恂诚《民族资本主义与旧中国政府》，上海社会科学院出版社1991年版，第254页。
② 参见许涤新、吴承明主编《中国资本主义发展史》第2卷，人民出版社1990年版，第1051页。
③ 参见（美）施坚雅主编《中华帝国晚期的城市》，叶兴庭等译，中华书局2000年版，第264页。
④ 参见竺可桢《论江浙人口之密度》，载《东方杂志》第23卷第1期，第110页。
⑤ 孙中山：《建国方略》，《孙中山全集》第6卷，中华书局1985年版，第250页。下引该书同此版本，不再另注。
⑥ 孙中山：《致民国军政府电》，《孙中山全集》第1卷，中华书局1981年版，第547页。下引该书同此版本，不再另注。
⑦ 孙中山：《在南京同盟会会员饯别会的演说》，《孙中山全集》第2卷，中华书局1982年版，第322页。

数之工厂,以扩张其运输,以发展其公用事业"①。孙中山借鉴欧美近代化的历史经验,结合中国的国情,构想中国近代化的蓝图。据上海孙中山故居所提供的藏书目录,孙中山曾阅读研究了大量欧美各国工业革命、工业发展史的著作,特别是关于交通、港口、铁路、城镇规划和管理方面的著作。②他于1917—1919年间写成《建国方略》,系统地提出中国近代化的理论构架。其中的《实业计划》集中体现了孙中山关于中国城市近代化的战略构想。其主旨,可以说是通过实现工业化和城市化来推动整个中国的近代化。

二、以海港城市带动内地发展

孙中山的中国近代化蓝图,以突出的地位提出了建设世界三大海港城市的战略构想。在《实业计划》的第一、第二、第三计划中,对三大海港作了详尽规划,拟在中国近代城市发展最快的环渤海湾、长江三角洲和珠江三角洲地区,凭借沿海地区得天独厚的自然地理条件以及天津、上海、广州等大城市既有的优势,建立北方、东方和南方三大世界性港口,使之成为带动广大内地社会经济发展的龙头。

北方大港:孙中山鉴于天津作为北方最大的商贸中心城市,因无深水港且冬季封港数月,难以具备成为世界性大港的条件,主张在大沽口、秦皇岛两地之中途青河、滦河两口之间建立一深水不冻大港,形成一海港都市,经40年的发展即可以达到美国纽约和费城的规模和功能。③

东方大港:孙中山提出了两个方案:一是在杭州湾北岸乍浦建立新的世界性港口,二是通过改良上海使之具备世界性港口城市的功能。前者的建设需要一较长的过程,故称之为计划港;而后者利用上海城市既有的条件,可在短期内取得成效,故作为具体实施的方案。在孙中山看来,上海

---

① 孙中山:《建国方略》,《孙中山全集》第6卷,第250~251页。
② 例如城市规划和管理方面的著作就有美国学者豪(F. C. Howe)的《现代城市及其问题》,英国学者格迪斯(P. Geddes)的《发展中的城市》以及凯斯特(F. Koester)的《现代城市规划和保养》,努莱因(J. Nolen)的《小城市的重新规划》,朱利安(J. Jullan)的《城市规划入门》,昂温(R. Unwln)的《城镇规划的实践》,舒尔特莱夫(F. Shurtleff)的《实现城市规划》,图尔曼(H. A. Toulmln)的《城市管理者》,普莱(J. S. Pray)的《城市规划》等等,这些著作全部出版于1912—1916年。见姜义华《孙中山〈实业计划〉战略构想析评》,《近代中国》第1辑,上海社会科学院出版社1991年版,第257~259页。
③ 参见孙中山《建国方略》,《孙中山全集》第6卷,第254~256页。

虽然已经成为了当时中国最大的城市，但仍有水上交通不畅、城市人口激增、浦东未得开发等诸多缺陷。"无以适合于将来为世界商港之需用与要求"。为此，一方面提出杭州湾另建新的世界大港，作为长远计划方案；另一方面又考虑上海在中国经济发展中之"特殊地位"，提出了改造上海的宏大计划。包括整治长江，黄浦江改道、扩大浦西地域、建设浦东新区等重大举措。经改造扩建的上海则可以赶上杭州湾的计划大港，而成为经济功能发达、对外资有吸引力的"世界商港"①。

南方大港：孙中山提出改良广州为一世界港的方案。他认为广州是中国南部也是亚洲地区的商业中心，是中国南方内河水运之中轴也是海洋交通之枢纽。"以世界港论，广州实居于最利便之地位"②。广州的城市地域应包括黄浦、佛山在内。城市有功能分区，以车卖炮台③及沙面水路为界，以东至黄浦为商业区，建设现代设施的码头和仓库。以西至佛山为工业区，修筑运河与花地及佛山的水道相连，使工厂得有廉价运输的便利。扩建后的广州将成为"世界商港"和"中国南方制造中心"。同时在市区兴建新市街及住宅区，吸引本地及华侨商人前来定居，使城市房地产大大增值。开发城市附近的煤矿资源，建立电力煤气工业，为城市提供丰富而廉价的能源，进而产生"经济上之奇效"④。

孙中山主张在最适宜的地点建立新的世界性港口城市，是汲取了欧美城市发展中的历史经验。在他的城市规划中，多次举伦敦、纽约、费城等城市为例。孙中山认为，新兴的港口城市应坚持"抵抗最少"之原则，选择适宜之处，进行合理的规划设计，避免旧城改造的诸多问题；尤其是在征用城市土地方面，能够排除阻力，节省大量资金。他说："以'抵抗最少'之原则言，吾之计划，乃在未开辟地规划城市、发展实业皆有绝对自由，一切公共营造及交通计划均可以最新利之方法建设之。即此一层，已为我等之商港将来必须发展至大如纽约者之最重要之要素矣。"⑤ 从西欧

---

① 孙中山：《建国方略》，《孙中山全集》第6卷，第267～274页。
② 孙中山：《建国方略》，《孙中山全集》第6卷，第303页。
③ 原文如此（见孙中山《建国方略》，《孙中山全集》第6卷，第308页）。按：似应为"车歪炮台"，即大黄滘口炮台，位于珠江河面的沙洲岛上，始建于清嘉庆二十二年（1817）。该炮台扼守珠江要道，为清代广州的护城炮台。船舶近该岛必须转舵（车歪）方能驶入主航道，故俗称岛上炮台为"车歪炮台"。
④ 孙中山：《建国方略》，《孙中山全集》第6卷，第308、310页。
⑤ 孙中山：《建国方略》，《孙中山全集》第6卷，第268页。

近代历史来看，工业化带来了城市的迅速发展，也带来了一系列的城市问题，如环境污染、设施落后、交通混乱、住房拥挤等等，从而经历了一个改造旧城的过程。旧城改造遇到了城市近代化与保护城市传统文化风貌的矛盾，也遇到了因城市地价高涨而耗费大量资金的问题。美国因无中世纪的基础，城市扩建中少有改造旧城的问题。美国首都华盛顿便是经精心规划设计，在一片空地上建立起来的。美国最大的城市纽约是17世纪由荷兰殖民者建立的，大规模的城市建设规划则是在华盛顿城建成之后。但在城市地价日益昂贵的情况下，只得尽量缩小街坊，增加道路长度，减少公共用地，形成所谓的"方格形城市"，给城市交通与建筑布局带来诸多不便。孙中山正是汲取了欧美城市规划建设中的历史经验教训，主张在新开发区建立新的港口城市，以避免欧美城市近代化所遇到的难题。

孙中山提出在沿海建立三大港口城市的最终目标，是以此为龙头来带动中国广大内地特别是中国西部地区的发展。沿海世界性港口城市的综合功能和对外开放为内地的发展提供了强大的引力，内地的广阔市场和丰富资源又为沿海城市的发达提供了持续的推力。发达的近代化交通则加强了两者的联系。故孙中山十分重视发展铁路作为连接沿海城市与内地的纽带，提出了建设西北、西南、中央、东南、东北以及高原铁路系统的宏大计划。通过遍及全国、四通八达的铁路网，将全国城乡联结起来，形成一个全国性的城镇网络，带动广大内陆地区社会经济的发展。

在孙中山看来，中国东西部地区因人口密度、自然资源存在较大差异，形成社会经济发展的不平衡。然而正是这种不平衡，在铁路修通后将成为东西部实现交流互补、共同发展的前提。他认为，若人口密度相近的两个地区，除特种物产需要彼方供给外，皆自给自足，则"彼此需要供给不大，贸迁交易，不能得巨利"。若人口密度相差较大，"彼此经济情况，大相径庭"，则人口较少的新开发地区除向人口众多的地区提供剩余粮食与工业原料外，"一切货物，皆赖他方之繁盛区域供给，以故两方贸易必臻鼎盛"。东部地区因人口稠密，存在众多的"无业之游民"。若迁移东部民众开发西部地区的丰富资源，既带动了西部地区的发展，又解决了东部地区剩余劳力的问题。故在人口稠密的东部沿海与人口稀少的西部地区之间修筑铁路，"其利尤大"。铁路一端联接"吾人计划之港"，一端联接"大逾中国本部之富饶未开之地"，将促进东西部地区经济的发展，形成良性的经济互动关系。① 在论及西南铁路系统时又说,铁路修筑将加强广州与西南地区的联系,"非特为发展广州所必要,抑于西南各省全部之繁荣为最有用者也"。西南各省"种种丰富之矿产可以开发,而城镇亦可于沿途建之"。而"开发广州以为世界大港,亦全赖此铁路系统,如使缺此纵横联属西南广袤之一部之铁路网,则广州亦不能有如吾人所预期之发达矣"。② 可见,孙中山关于沿海城市带动内地发展的战略构想,是旨在以沿海港口城市为龙头,以发达的交通为纽带,以广阔的内地城乡为依托,发挥沿海与内地的各自优势,实现共同发展的目标。

三、重视特大城市的地位和作用

孙中山的城市近代化战略构想中,特别突出了特大城市的重要地位和作用。他一再强调计划建设的北方大港、东方大港以及上海、广州、武汉都应该成为像纽约、伦敦这样的世界性大都市。北方大港建成后,"使与纽约等大"。广州城市规模当时约100万人口,南方大港建成后,"人口将超过一切都市"。城市的经济效益"亦比例而与之俱增"。武汉三镇城市人口现已逾百万,扩建后城市人口"则二三倍之,决非难事","确为世界最大都市中之一"。故武汉城市的发展,"将来立计划,必须定一规模,略如纽约、伦敦之大"③。孙中山对迅速成长的特大城市持积极肯定的态度,在他看来,城市的经济效益与城市的规模成正比例关系。只有规模巨大的城市,才能成为世界性的城市,表明他重视发挥特大城市的综合功能和聚集效应。

从近代世界城市发展的历史来看,大城市超前发展已成为世界城市化的一个普遍现象。美国特大城市成长尤其引人注目。从1850年到1900年,纽约由69.6万人增加到343.7万人,费城由12.1万人增加到129.6万人,波士顿由13.7万人增加到156.1万人,芝加哥由3万人增加到169万人。④ 对世界与中国城市发展规律的研究表明,城市的规模与城市的经济效益的确呈现为正比例关系,这是由特大城市作为工业、贸易、金融、交通和信息等多功能中心,产生的城市聚集效应所决定的。如上海不仅集

---

① 孙中山:《建国方略》,《孙中山全集》第6卷,第262~263页。
② 孙中山:《建国方略》,《孙中山全集》第6卷,第319页。
③ 孙中山:《建国方略》,《孙中山全集》第6卷,第255、310、294~295页。
④ 参见姚士谋《美国城市发展的初步考察》,载《世界地理集刊》第2集。

中了中国外贸、工业、航运、金融的相当部分,而且其经济效益一直高于其他城市。

孙中山主张以特大城市来带动区域社会经济发展的依据之一,是特大城市较其他城市具有更广阔的腹地。所规划的三大世界港口城市都依托于地域广袤、人口众多、资源丰富、市场巨大的区域,而特大城市的辐射力和吸引力则可以带动区域社会经济的发展。如规划的北方大港拥有河北、山西两省和黄河流域广大地区,人口之众约一万万。东方大港则依托于广阔的长江流域。"控有倍于美国之二万万人口之一地区","因其所挟之卓越之地位,此港实有种种与纽约媲美之可能",可称之为"东方纽约"。依据之二,是特大城市有其他城市不能比拟的经济优势。北方大港"地居中国最大产盐区之中央","仅此一项实业,已足支持此港而有余"。此外附近有中国最大之机器开采煤矿——开滦煤矿。则北方大港将因畅销开滦之煤而发达,开滦煤矿亦因仰资此港出口而兴盛。武汉三镇"汉阳已有中国最大之铁厂,而汉口亦有多数新式工业,武昌则有大纱厂,而此外,汉口更为中国中部、西部之贸易中心,又为中国茶之大市场"。广州地区农业发达,特产丰饶,近代以前即"以东亚实业中心著名者几百年矣。其人民之工作手艺,至今在世界上仍有多处不能与匹"。这些经济优势成为了特大城市迅速成长并带动区域发展的有利条件。①

孙中山重视特大城市的地位和作用,还着眼于以特大城市为中心,带动其他城镇的发展,形成布局、等级和结构都比较合理的城市体系。关于沿海城市体系和长江流域城市体系的规划便体现了这一构想。

沿海城市体系:规划建设三世界大港后,孙中山进而在沿海地区规划建立4个二等港(营口、海州、福州、钦州),9个三等港(葫芦岛、黄河港、芝罘、宁波、温州、厦门、汕头、电白、海口)及15个渔业港(辽宁的安东、海洋岛,河北的秦皇岛,山东的龙口、石岛湾,江苏的新洋港、吕四港,浙江的长涂岛、石浦,福建的福宁、湄州港,广东的汕尾、西江口以及雷州半岛的海安、海南岛的榆林港)。这31个海港东起安东,南至钦州,分布在中国全海岸线上,平均每百英里有一港。特别是4个二等港,在沿海地区起着上承三大海港,下连广大腹地的作用。孙中山

---

① 孙中山:《建国方略》,《孙中山全集》第6卷,第255、271、294、303页。

予以高度重视，提出了建设的方案。①

长江流域城市体系：长江素有黄金水道之称，长江流域拥有人口最密集、物产最富饶的半个中国。长江流域城市的发展，对于整个中国经济的腾飞具有极为重要的战略意义。孙中山提出了整治长江、改良现存水路及运河的计划，在这一巨大工程进行的同时，长江流域城市将迅速得到发展。便利的长江水路运输、廉价的两岸劳力将为城市工商业的发展提供最有利的条件。他预测，"将来沿江两岸，转瞬之间变成两相连之市镇，东起海边，西达汉口"，形成沿江的城镇网络。故在长江的开发中，应先选择"最适宜数点"，"以为获利的都市发展"。为此，孙中山选定了镇江、南京、浦口、芜湖、安庆、鄱阳港以及武汉等城市作为重点发展的城市。提出的发展规划主要有三个方面的构想：其一，扩大城市建成区，实行城市功能分区，为城市发展预留余地。所规划的"新镇江之都市计划"，拟将原镇江对面江北沿岸之地"由国家收用，以再建一都市"，其规模将"超越江南之市"。新建成区"街道须令宽阔，以适应现代之要求"。临江街道及附近辟为工商业区，此区之后面，即规划为城市住宅区，使镇江成为一座重要的商贸中心。南京位于长江下游最富饶地区之中心，其优越的自然地理条件，"在世界中之大都市诚难觅如此佳境"，可在米了洲附近建立大型船坞，"以容航洋巨舶"；泊船坞与南京城间之旷地，可"新设一工商业总汇之区，大于下关数倍"。在芜湖，沿计划修筑之运河方向，"规划广阔之街道，其近江处者留以供商业之需，其沿运河者则留为制造厂用地"。在安庆，规划将城前面及西边之江流填筑，作为新的城市建成区用地。其二，连接长江两岸交通，加强城市的有机联系。在镇江的江面修建大桥、江下开凿隧道以接连两岸交通。南京与浦口之间江底开隧道以铁路连接两地，使上海与北京间能直通火车。在武汉，拟于京汉铁路于长江边的第一转弯处，"穿一隧道过江底，以联络两岸。更于汉水口以桥或隧道，联络武昌、汉口、汉阳三城为一市"。其三，建立新兴城市，带动区域经济的发展。孙中山规划在长江与鄱阳湖之间，建立鄱阳港，"此港应为新地上所建之新市"。新城市的街市位于长江右岸、鄱阳湖左侧和庐山山麓之间的三角地带。将景德镇瓷器工业迁至此处，利用便利的运输条件，"采用最新大规模之设备"，制造最精美的瓷器，并"以各种制造业集中

---

① 参见孙中山《建国方略》，《孙中山全集》第6卷，第325~333页。

于一便利中心",使鄱阳港成为一"世界商业制造之大中心",进而带动江西经济的发展。①

孙中山还十分关注特大城市近代化过程中的经济效益与环境效益相统一的问题。他以广州城市的发展为例,主张将城市建设成经济发达、环境优美的"花园都市"。他指出:"广州附近景物,特为美丽动人,若以建一花园都市,加以悦目之林阃,真可谓理想之位置也"。他认为广州地势恰似南京而又胜过南京,因广州具有深水、高山与广大之平地,"此所以利便其为工商业中心,又以供给美景以娱居人也。珠江北岸美丽之陵谷,可以经营之以为理想的避寒地,而高岭之巅又可利用之以为避暑地也"②。将广州建设成一座兼具外贸、工业和旅游等综合功能的世界性大都市。

四、城市近代化与"平均地权"

孙中山的中国城市近代化宏伟计划的实现,是以"平均地权"的土地国有纲领的实施为前提的。在落后的中国迅速实现工业化、城市化,并希望在不长的时间内"驾乎欧美日本之上",无疑是一个巨大而艰难的系统工程。仅仅是大规模建设投资所需资本从何而来,成为困扰国人的巨大难题。而在上海这样的大都市中,新式工商业发展引起地价猛涨,导致新式工商业及城市扩建投资的成本不断增高的问题已十分严重。③ 若实施孙中山的宏大规划,再建设一批世界性的大都市以及众多的工商业中心城市,其面临的困难可想而知。

孙中山之所以对这一宏大规划的实现始终充满信心,一个重要的原因是他认为用"平均地权"的办法就可以顺利地解决上述难题。他将计划建设的世界大港和一些新建城市大多选择在未开发地区,也是基于如此考虑。在他看来,按照"平均地权"的办法将土地(特别是城市规划用地)收归国有,就能为城市的不断发展提供所需土地。城市土地因工商业发展所增加的价值为国家所有,则足以偿还城市大规模建设的巨额资金。他规

---

① 孙中山:《建国方略》,《孙中山全集》第6卷,第290~295页。
② 孙中山:《建国方略》,《孙中山全集》第6卷,第308页。
③ 上海开埠不久,租界地价迅速上涨。如1852—1862年10年间英租界外滩地价暴涨了200倍。至1925年,外滩头等地产每亩已高达25万~35万两,而租界外的田地每亩仅200~3000两。前者为后者的成百上千倍。参见张仲礼主编《近代上海城市研究》,上海人民出版社1990年版,第455~456页。

划北方大港时曾指出,该港的规划用地因属未开发之地,故"现在毫无价值可言"。若规划此廉价土地二三百平方英里,"以为建筑将来都市之用",那么40年后,都市的"发达程度即令不如纽约、仅等于美国费府,吾敢信地值所涨,已足偿所投建筑资金矣"。① 他在规划东方大港用地时又作了具体的预算:大港建于杭州湾,现每亩地价仅50～100元,若划定200平方英里土地(约合768000亩)作为开发用地,每亩价值100元,需资金7600万元,确为一笔巨款。"但政府可以先将地价照现时之额限定",仅先购第一期工程所用之地。"其余之地,则作为国有地未给价者留于原主手中,任其使用,但不许转卖。"国家可以根据城市建设发展的需要随时按核定的地价征用土地,并用"其所增之利益,还付地价"。当第一期工程完成,大港逐渐发达后,地价必然"急速腾贵",市区地价估计将上涨至每亩1000元到10万元。土地增值所获的经济效益再加上大港及市街所获之经济效益,使城市经济实力大增,"所挟卓越之地位,此港实有种种与纽约媲美之可能"②。

已有的研究大多指出,"平均地权"所要解决的主要问题是土地私有对城市工商业发展的阻碍,其局限则是忽视农民的土地问题。"平均地权"虽然主要着眼于城市的土地问题,但并不意味着孙中山忽视了农民的土地问题。生为"农家子"的孙中山对中国农民的疾苦不能说没有深刻的了解。学术界对孙中山的土地纲领已作了大量研究,此不赘述。不过,有一点可以指出,在孙中山有关土地问题的论述中,谈"平均地权"时,多是举城市的土地问题为例;谈"耕者有其田"时,又多是针对解决农民的土地问题。与其说这是从早年重视城市土地问题到晚年重视农民土地问题的转变,毋宁说是在解决城乡土地问题上侧重点的不同。孙中山所说的"耕者有其田",并非是没收地主土地,分配给农民所有,而是首先通过"平均地权"的方法来实现土地国有,然后再由国家采用"授田"或"租田"的方式将土地的使用权直接交给无地或少地的农民。故孙中山土地纲领中最核心的内容仍然是"平均地权",不论是解决城市的土地问题还是解决农民的土地问题,都是以"平均地权"的实施作为前提。直到1924年,孙中山在《中国国民党第一次全国代表大会宣言》中仍然指出,民生主义

---

① 孙中山:《建国方略》,《孙中山全集》第6卷,第256页。
② 孙中山:《建国方略》,《孙中山全集》第6卷,第270～271页。

"最要之原则不外二者：一曰平均地权；二曰节制资本"。"平均地权之要旨"仍然是"私人所有土地，由地主估价呈报政府，国家就价征税，并于必要时依报价收买之"。可见其"平均地权"之宗旨乃一以贯之。故与其说"耕者有其田"是"平均地权"的进一步发展，毋宁说是"平均地权"实施后的结果之一；另一个结果，按孙中山的预计，则将是新式工商业和城市的迅速发展，即工业化、城市化高潮的到来。

在中国近代化过程中，农民的土地问题无疑是一个重要的问题，不解决这一问题，就不能促进农村生产力的发展。同样道理，不解决城市的土地问题，不仅新式工商业和城市的发展会受到极大的阻碍，新式近代工商业发展所带来巨大社会财富也将为少数人所占有，而不能为国民所共享，城市近代化也将缺乏持久的发展动力。孙中山之所以更重视城市的土地问题，正是因为他顺应世界近代化之潮流，视城市为中国近代化的重心。按他的设想，"平均地权"实施的结果，城市进步给全社会带来的财富必然远远大于农村。落后的农村随着城市新式工商业的迅速发展，也将走上乡村工业化、城市化的道路。农村的土地问题也会在不久的将来转变成城市的土地问题。故孙中山的战略构想是立足于以城市的近代化来带动农村及整个中国社会经济的近代化。他希望随着新式工商业的发展，中国在不久的将来会出现数十个上海这样的大都市。世界城市化的规律表明，当城市化率低于10%时，享受城市文明的仅限于城市里的人。随着城市化率的提高，城市的辐射力逐渐加强，全社会享受城市文明的人数会呈加速增长。当城市化率达70%以上时，全社会的人都能享受到城市的文明。① 这说明走城市化的道路，以城市进步带动农村发展是世界现代化的历史趋势。可以说，孙中山不仅着眼于对旧社会的破坏，更着眼于对新社会的建设；不仅着眼于中国现实的问题，更着眼于中国未来的发展。1912年他阐释"平均地权"时曾这样说："要能预见未来，我们必须是有远见的人，而且现在就要做出决定，使地产价值的增殖额，成为创造这一价值增殖额的人民的财产，而不是成为那些侥幸成为土地私有者的个别资本家的财产。"② 故他的战略构想具有前瞻性的特点，虽有理想的成分，但却是顺

---

① 参见高佩义《世界城市化的一般规律与中国的城市化》，载《中国社会科学》1990年第5期。

② 孙中山：《中国革命的社会意义》，《孙中山全集》第2卷，中华书局1981年版，第326页。

应世界潮流、具有历史远见的。

　　城市作为工业化的基地，作为国家对外开放的重镇，作为国民经济起飞的"发展极"，在中国近代化的历史中已经显示其具有的地位和作用。在当代中国现代化的进程中，城市也正在发挥着越来越重要的中心作用。孙中山关于中国城市近代化的战略构想，亦将愈益显示出历史的和现实的价值。

第三编　人物研究与史实辨析

陈兰彬史实补正及辨析

有关中国首任驻美公使陈兰彬的既存研究，资料方面除陈氏本人的著述外，多据已经出版的文献选编和容闳《西学东渐记》，对其他新资料的发掘和利用似有所忽略；且受容闳记述的影响，对陈氏的所谓"保守顽固"多有批评。其实，仅以《申报》为例，其中便有值得发掘和利用的相关资料，而容闳的记述或因个人之见，难免亦有某些失实之处。兹试举有关陈氏的史实三则，稍加补正和辨析。

一、率首批幼童启程赴美

同治十一年四月十一日（1872年5月17日），总理衙门大臣奕訢根据曾国藩、李鸿章的奏请，奏派陈兰彬和容闳为出洋肄业局的正、副委员，率领首批幼童赴美留学。容闳先期赴美落实幼童留学事宜，陈兰彬则在上海准备幼童的启程赴美事宜。

幼童留美之举，引起了上海报界的关注，是年在上海创刊的《申报》①及时发表了评论和报道，然这些评论及报道在有关陈兰彬及留美幼童的研究中却少见被人引用。六月十一日《申报》（7月16日）以《上海西学局学生赴美国》为题公布了首批30名幼童的姓名、年龄和籍贯，可能这是最早向社会公布的幼童名单，唯名单中个别幼童的姓名用字及年龄与学者常引用的《徐愚斋自叙年谱》所载名单②略有出入；再与1924年温秉忠（第二批留美幼童之一）编《最先留美同学录》③核对，则《申报》公布的名单除陆永泉误为陆承泉，张康仁误为张康西外，其余都较《徐愚斋自叙年谱》更为准确。其有差异处比较如下：

---

① 该报于同治十一年三月二十三日（1872年4月30日）创刊。
② 中国史学会主编：《洋务运动》（八），第104～106页。
③ 温秉忠编：《最先留美同学录》，载《近代史资料》总46号，第13～14页。

《徐愚斋自叙年谱》	《申报》	《最先留美同学录》
钟俊成	钟进成	钟进成
陆永泉	陆承泉	陆永泉
谭耀勋　十一岁	谭耀勋　十三岁	谭耀勋　十三岁
蔡绍基　十四岁	蔡绍基　十三岁	蔡绍基　十三岁
张仁康	张康西	张康仁
陈钜溶	陈钜镛	陈钜镛

《申报》所刊该文还称"上海西学局于二马路之南积善里之北，系曾文正公奏准设局，其学生赴美国学习语文字及各艺，定于今年委员前往"。"以上入选先赴之三十人，其路费皆由局给，又以数千金为之制衣，其第二起往者拟明年即遴选再往，从此源源而往，中国之聪颖子弟可兼尽西人之长矣。"

这里涉及负责幼童留学事务驻上海机构的名称问题。据同治十一年正月十九日（1872年2月27日）曾国藩奏折，驻上海机构名为"幼童出洋肄业沪局"，其关防之文为"总理幼童出洋肄业沪局事宜关防"①。亦有简称为"上海出洋局"者。《申报》则称之"上海西学局"，这可能是沪局在民间的另一名称。

在幼童正式出发前一周，即是年七月初二日（8月5日），《申报》又发表《拟西学生赴美国肄业事宜议》一文②，称赞留学之举道："其用意至为深远，其立法至为精详，诚亘古以来所未有之盛举也！"同时也指出第一批留学幼童以14岁者为多，年龄略为偏大；计划留学15年，年限似显过长。建议今后多选派8～11岁的幼童，并将留学年限缩短为10年。对留学幼童赴美国后学习如何安排，经费如何节省也提出了建议，反映了时人对幼童留美一事的极大关注。因此文少有人引用，故全文照录如下：

> 上海西学局之设由节相曾文正公创议奏准，妥酌章程，其用意至为深远，其立法至为精详，诚亘古以来所未有之盛举也。兹先行出洋者计幼童三十名，前录已详其姓名、籍贯矣。今定于七月中旬将登轮

---

① 中国史学会主编：《洋务运动》（二），第158页。
② 见《申报》同治壬申（十一年）七月初二日（1872年8月5日），第1页。

舳前往，庶几童而习之，自当能竭尽西人之能事矣。特其章程中略有数端，尚宜酙酌者，请以愚瞽之见，为诸君子陈之：

一则幼童年岁尚宜再取其小也。查此次出洋之学生，以十四岁者为最多，至十岁、十一岁者绝无仅有焉。迨习学至十五年之久，则该生等年已三十矣。其中知识大开，功力必将小减，断不能如舞勺舞象之时，心专神全也。故议凡选幼童，必以八九岁起，至十一岁为止，但使华字既识有数千，不妨兼通其义理，居处既能知自便，可以无藉于提携，则虽年幼无知，实属精神完固，智虑专一，声音改变，字画描书，童而习之，最□为力，使教者有事半功倍之乐，学者亦无进锐退速之虞。若至十三四岁时，即转瞬已将弱冠，鲜有能用志不纷者矣。

一则肄业日期尚嫌其稍过于久也。查拟定章程，出洋学习者，必以十五年为期，期满而艺成者，方能作归计焉。夫历时十五年之久，小者壮，壮者老矣。天运已故，人事屡迁，而此诸生者，独亘绝重洋，羁留异地，久而不归，不将渐忘夫中土哉。今鄙意拟以十年为期，使出洋十龄内之幼童，尽此天真未凿之天，以尽得夫奥妙不传之秘。迨学成东归，则仅弱冠耳，既可留余有用之光阴，以佐怀柔之治，又不至习惯外洋之风俗，至忘父母之邦，此亦宜预为顾虑者。

至于已抵美国之后，吾不知其将租一大宅以为学堂，俾诸幼童环处于中而严为督课之乎？抑将散布诸幼童于西国学堂之中，俾之华童与洋童互相盘桓，互相琢磨乎？孟子有之曰："有楚大夫于此，欲其子之齐语也，则使齐人傅诸？使楚人傅诸？曰：使一齐人傅之。众楚人咻之，虽日挞而求其齐也，不可得也。引而置之庄岳之间数年，虽日挞而求其楚，亦不可得矣。"诚能于西国学堂中，每岁分拨幼童或五名或四名，附塾习业，则相处既有伴侣，为学时可无寡闻孤陋之讥；相从可共嬉游，得暇时又无习闻土音之失。从此精求深究，不将尽得其所长而又易于为力哉？

抑予又闻之，美国中繁富奢丽，凡住宅之赁费，饮食之厚资，中朝度支之糜耗于其中者颇钜，夫亦萧然繁费矣哉。以英京伦敦较之，则屋产之价既廉，食物之价亦小，历年较算，奢俭判然。盖居处饮食之间，一则凡物尽昂其值，一则凡物无不便宜，从俗从宜，必有能辨之者矣。留心经国者，何弗互相比较，而得其省俭繁费之故哉。谓予不信，请还叩之西人。

陈兰彬率领30名幼童，从上海港乘轮船，经日本，前往美国，随行的还有翻译曾来顺（恒忠）、中文教习叶源濬（绪东）、容增祥（元甫），另有仆役若干名。关于正式启程的日期，有关论著均记载为同治十一年七月初八日（1872年8月11日），实际上这一天可能仅是陈兰彬一行登上轮船、整装待发的时间，而轮船驶离上海港口的准确时间是在第二天的早晨。一月余后，八月十四日（9月16日）《申报》刊有《出洋官生到金山电信》的报道，记载了陈兰彬一行的具体行程，为其他资料所未言，报道全文如下（阳历时间为笔者所注）：

> 出洋肄业官生于七月初九日（8月12日）早，搭轮船由沪起程。十一日（14日）到长崎，十四日（17日）到大坂，十七日（20日）到横滨。沿途各埠款洽甚为周挚。后转过金山轮船，十九日（22日）下午十二点钟启行。兹于八月十二日（9月14日）早得接电报说，各生已于八月初十日（9月12日）七点钟安抵美国金山埠。一路风恬浪静，俱无晕吐，足见福星载道云云。计期十三日（15日）附搭火轮车，六天可抵牛雅格（按：纽约），从此陆路安稳。更可无虞矣。

这是根据陈兰彬一行拍回的电报而进行的及时报道，应该说较其他资料的记载更为可信。

二、容闳眼中的"保守顽固"形象

在容闳眼里，陈兰彬是一位观念落后、思想保守的官僚，他不仅强调幼童遵守中国传统礼教，尤其是举荐吴嘉善（子登）接任委员，压制幼童们的"西化"倾向，且被吴氏说动，奏请裁撤出洋肄业局，导致留学计划的中止。容闳《西学东渐记》记述说，陈兰彬举荐吴嘉善，"可知陈亦极顽固之旧学派，其心中殆早不以遣派留学为然矣"。陈兰彬为幼童随寄宿美国家庭祈祷，或游戏运动、改穿西装，常与幼童发生冲突，容闳居间调停，或为幼童辩护，陈氏怀疑容闳"偏袒学生，不无怏怏。虽未至形诸词色，而芥蒂之见，固所不免。盖陈之为人，当未至美国以前，足迹不出国门一步。故于揣度物情，评衡事理，其心中所依据为标准者，仍完全为中国人之见解。即其毕生所见所闻，亦以久处专制压力之下，习于服从性质，故绝无自由之精神与活泼之思想"。"平素对于留学事务所，感情极恶。即彼身所曾任之监督职务,亦久存厌恶之心。推彼意想,必以为其一己所受纯洁无瑕之中国教育,自经来美与外国教育接触,亦几为其所污染。盖陈对于外国教育之观念,实存一极端鄙夷之思也。"①

因《西学东渐记》在中外流传甚广,影响颇大,陈兰彬的"保守顽固"形象遂成"定论"。不过,海外研究留美幼童的专家高宗鲁先生早就指出,容闳对陈兰彬的批评,"已显示个人恩怨而意气用事",故所言不尽为实。据高先生的分析,容闳最敬佩者为曾国藩,称"文正一生之政绩、忠心、人格,皆远过于侪辈。殆如埃浮立司脱高峰(Mt. Everest,按:即珠穆朗玛峰),独耸于喜马拉耶峰之上"②。而曾国藩举荐陈兰彬担任出洋肄业局正委员且对之有甚高评价,"以曾相之识人,陈兰彬虽保守顽固,但绝非等闲之辈";"因为容闳之中英文《自传》在中外流传极广,而论及幼童赴美,似全系容闳一人之功,实系论史者忽视了陈兰彬,这位中国首任驻美公使之贡献!"③高先生所论不无见地,但基本上未引起国内研究者的注意,唯高先生仍以为陈兰彬"保守顽固",或可商榷。

曾国藩称赞陈兰彬道:"该员实心孤诣,智深勇沉,历练既久,敛抑才气,而精悍坚卓,不避险艰,具有任重志远之志。""将来肄业西洋各事,必能实力讲求,悉心规划。"④"挑选幼童出洋肄业,固属中华创始之举,抑亦古来未有之事。所有携带幼童委员,联络中外,事体重大,拟之古人出使绝域,虽时地不同,而以数万里之遥,需之二十年之久,非坚忍耐劳、志趣卓越者,不足以膺是选。查有奏调来江之四品衔刑部候补主事陈兰彬,夙抱伟志,以用世自命,挹其容貌则粥粥若无能,绝不矜才使气,与之讨论时事,皆能洞烛几微,盖有远略而具内心者。"⑤

容闳亦称曾国藩幕府中人才济济,"凡法律、算学、天文、机器等等

---

① 容闳:《西学东渐记》,岳麓书社1985版,第136～137页。下引该书均同此版本,不再另注。
② 容闳:《西学东渐记》,第128页。
③ 高宗鲁:《有关容闳的史料问题》,收入高宗鲁编译《中国留美幼童书信集》,台北传记文学1986年版。(下引该书同此版本,不再另注)有关论析容闳对陈氏之批评见该书第182～184页。
④ 《奏带陈兰彬至江南办理机器片》,《曾国藩全集》第12册,岳麓书社1994年版,第7133～7134页。
⑤ 《同治十一年正月十九日曾国藩等折》,中国史学会主编《洋务运动》第2册,上海人民出版社1961年版,第157页。下引该书同此版本,不再另注。

专门家，无不毕集，几于举全国人才之精华，汇集于此"①。曾国藩于众多人才中举荐陈兰彬担任此"中华创始之举"的重任，正是看中了陈兰彬的品行、志向、见识和才干。实际上，容闳虽然说陈兰彬"于世途之经验甚浅"，"胆怯而乏责任心"，但亦承认陈氏"其为人持躬谦抑，平易近人，品行亦端正无邪"。② 留美幼童留存的书信及回忆中，对吴嘉善多有指责，但绝少有对陈兰彬的批评。据第二批留美幼童之一的温秉忠1923年追述，幼童们刚到美国时，因身着长袍马褂，头结辫子，被美国人称为"中国的女孩子"而颇感尴尬，于是"向出洋肄业局委员呈准改穿美式服装"。③ 所谓"呈准"想亦包括得到了陈兰彬的同意。

当然，丁日昌、曾国藩之所以举荐陈兰彬出任正委员，还有两个因素的考量，一是减少来自守旧官僚对派遣幼童赴美的阻力。据容闳记述说："丁抚之荐陈，盖有深意，尝谓余：'君所主张，与中国旧学说显然反对。时政府又甚守旧，以个人身当其冲，恐不足以抵抗反动力，或竟事败于垂成。故欲利用陈之翰林资格，得旧学派人共事，可以稍杀阻力也。'予闻丁抚此议，极佩其思虑周密。"④ 二是加强对幼童传统礼教和中学的教育。曾国藩在举荐陈、容二人为正副委员的奏折中就强调说："由沪局委员查考中学、西学，分别教导，将来出洋后，肄习西学仍兼讲中学，课以孝经、小学、五经及国朝律例等书，随资高下，循序渐进。每遇房、虚、昴、星等日，正副二委员传集各童宣讲圣谕广训，示以尊君亲上之义，庶不至囿于异学。"⑤

陈兰彬所强调的亦是幼童在学好"外国工夫"的同时也要学好汉文和中国礼仪，留存下来的注有幼童唐绍仪名字的"留学局谕告"，则可以反映陈氏的这一考量。谕告说："但要思出洋本意，是令尔等学外国工夫，不是令尔等忘本国规矩。是以工夫要上等学习，规矩要不可变更。若尔等不上等学习，将来考试，岂能争先胜人？若任意将规矩变更，将来到家，如何处群和众？尔等既在外国学馆，功夫有洋师指授，不虑开悟无方。惟到局时候甚少，规矩日久生疏，深恐渐濡莫抛。是以谕示尔等，要将前后

---

① 容闳：《西学东渐记》，第110页。
② 容闳：《西学东渐记》，第126页。
③ 高宗鲁译注：《中国留美幼童书信集》，第78页。
④ 容闳：《西学东渐记》，第126页。
⑤ 中国史学会主编：《洋务运动》第2册，第157~158页。

思量，立定主义。究竟在外国日少，居中国日长。莫待彼时改变不来，后悔莫及也。至洋文汉文，更会融会贯通，方为有用。"①

若不以"后见之明"论事，而以"了解之同情"视之，清政府选派幼童赴美，自然是培养为己所用的人才，希望幼童学成归来为本国效力。幼童计划在美肄业近15年，若不"兼讲中学"，授以礼仪，确有被"西化"的可能；不仅清政府的初衷无法实现，即使学成归国，其个人恐亦难以适应国内环境。"究竟在外国日少，居中国日长"，"将来到家，如何处群和众？"这绝非无故担忧。② 加强幼童的汉文教育亦无可厚非。正如幼童温秉忠回忆说，出国前在上海预备学校内，学校监督"强迫大家读写中文"，"必需精念细读，强迫背诵古书"，甚至采取严格的体罚，"但多少年后，幼童们仍然怀念他"，"在幼童归国后，都能致用不误"③。至于"留学局谕告"所说的"洋文汉文，更会融会贯通，方为有用"一语亦可谓至理名言，凡下功夫学过外语者，当不难有所体会，何况至今的留美学生中，英文尚可而中文糟糕者亦不少见。

幼童在美国一方面确实受到了美国文化的较大影响，但另一方面中国传统文化的基因依然在他们身上留下深刻烙印。同治十三年十一月二日（1874年12月10日）《申报》以《出洋幼童在美国近状》为题报道了陈兰彬考察幼童的学习和生活情况④：

> 中国星使前经奉命往古巴查看华佣实在景况，闻曾路过美国到出洋幼童所肄业之处，据称各幼童学习西文优劣虽未能一致，而其中已有大进境者，不但语言能声入心通，即西文之不甚深奥者亦可解识矣。又曰各幼童分寓于美国人家内，而美人无不交口称赞，谓其有温顺谨勤之品格，以故皆爱之如己出。中国所遣去之华师，每照时收归

---

① 张海林：《王韬评传 附：容闳评传》，南京大学出版社1993年版，第430～431页。
② 以今日所见而言，笔者多位留学后定居美国的朋友，出国时曾携年幼儿女同往，十年学成之后，本人虽然愿意归国效力，也曾一度携儿女回国工作，唯因儿女语言、习惯和观念已经完全"美国化"，无法适应国内的环境，甚至日常生活和人际交往都大成问题，最后不得不再度重返美国。在晚清中美资讯交流更为困难的情况下，"美国化"的幼童归国后无法适应国内环境的后果可能会更为严重。
③ 高宗鲁译注：《中国留美幼童书信集》，第76页。
④ 从申报报道的时间来看，似为陈兰彬自美国回北京汇报调查古巴华工详情前夕对幼童的考察，陈氏到达北京的时间为同治十三年十一月。

总局考究，使俟半月以轮读华文也。又闻各童于半月轮读华文之后，发回至所分居各西人家无不忻然而去之，于以知美人相待之优，抑或总局内所授教者其督责固为较严欤。

光绪七年（1881），幼童奉诏回国之际，曾与幼童朝夕相处的美国教师、监护人和友人，由耶鲁大学波特校长执笔，致函总理衙门，对清政府召回留美幼童表示极大震惊和惋惜，对幼童在美国的表现给予了高度评价：

> 贵国派遣之青年学生，自抵美以来，人人能善用其光阴，以研究学术。以故于各种科学之进步，成绩极佳。即文字、品行、技术、以及平日与美人往来一切之交际，亦咸能令人满意无间言。论其道德，尤无一人无优美高尚。其礼貌之周至，持躬之谦抑，尤为外人所乐道。职是之故，贵国学生无论在校内肄业，或赴乡村游历，所至之处，咸受美人之欢迎，而引为良友。凡此诸生言行之尽善尽美，实不愧为大国国民之代表，足为贵国增荣誉也。盖诸生年虽幼稚，然已能知彼等在美国之一举一动，皆与祖国国家之名誉极有关系，故能谨言慎行，过于成人。学生既有此良好之行为，遂亦收良好之效果。美国少数无识之人，其平日对于贵国人之偏见，至此逐渐消灭。而美国国人对华之感情，已日趋于欢洽之地位。①

值得注意的是，令美国友人深受感动且尤为乐道、从而消除了对中国人的偏见的，恰恰不是幼童崇尚个性、自由、平等的"美国化"言行，而是幼童"温顺谨勤""礼貌之周至，持躬之谦抑""谨言慎行，过于成人"的"中国化"品格。在美国友人看来，幼童具有的这些品格"实不愧大国国民之代表"，或许这正是中国传统文化和礼仪熏陶之结果。而幼童的这些品格又恰与陈兰彬"为人持躬谦抑，平易近人，品行亦端正无邪"（容闳语），"容貌则粥粥若无能，绝不矜才使气，与之讨论时事，皆能洞烛几微，盖有远略而具内心者"（曾国藩语）十分相似，或许正是得益于陈兰彬的言传身教。看来，对陈兰彬重视幼童的汉文和中国礼仪的教育，

---

① 容闳：《西学东渐记》，第142～143页。

似不宜简单地视为思想"保守顽固",而应该回到当时的历史场景予以重新审视。

三、调查古巴华工被虐情形

同治五年(1866)总理衙门与英法驻华公使议定招募华工章程。同治十一年(1872)西班牙(当时称日斯巴尼亚)提出援引章程在广州等处招募华工至其殖民地古巴。总理衙门批准后,旋获悉古巴有虐待华工情形,遂照会西班牙驻华公使,要求其停止在华招工。西公使则极力否认有虐待华工之事,并以补偿该国在华招工的商人损失为由索赔银30万元。经英、法、美、俄、德五国驻华公使调停,双方同意派员前往古巴调查。总理衙门遂于同治十二年七月三十日(1873年9月21日)奏派陈兰彬与江汉海关税务司英国人马福臣、天津海关税务司法国人吴秉文前往古巴调查华工被虐待情形。①

容闳言及陈兰彬前往古巴调查华工一事时曾说:"予之与陈共事,无论外交方面,教育方面,意见咸相左。予今试略举一事,一八七三年政府派陈赴古巴调查华工情形,陈奉命不敢遽往,迟至三月后乃首途。且于未行之先,先遣他人为之试探。所遣者为叶绪东及一教员,并有美国律师及通译各一人。迨诸人调查既竣,事事完备,陈乃至古巴略一周旋,即返美呈报销差矣。凡冒炎暑任艰巨之事,皆叶绪东一人当之,陈兰彬特坐享其成耳。"② 揆诸史实,此恐亦属"个人恩怨而意气用事"之言。

陈兰彬一行赴古巴调查后,于同治十三年九月十一日(1874年10月20日)正式向总理衙门详细呈报了调查经过和结果:同治十二年十二月二十六日(1874年2月12日),吴秉文来到美国。同治十三年正月初三日(1874年2月19日)与陈兰彬一道启程,二十九日(3月17日)抵达古巴夏湾拿城(今译哈瓦那),二月初二日(3月19日)会见了古马当局的官员及各国领事。陈兰彬、吴秉文会同先期到达的马福成,从二月初三日(3月20日)至三月十七日(5月2日),巡视了华工集中的古巴各个

---

① 《奕䜣等奏派员查访华民在外洋做工受虐情形折》,陈翰笙主编《华工出国史料汇编》第1辑,中华书局1985年版,第547~549页。(下引该书同此版本,不再另注)参见(澳)颜清湟著《出国华国与清朝官员——晚清时期中国对海外华人的保护(1851—1911年)》,粟明鲜、贺跃夫译,中国友谊出版公司1990年版,第121~126页。

② 容闳:《西学东渐记》,第139页。

城镇，除沿途随时查访外，连日查看各处工所、卖人行、制糖厂和官方监狱，亲自讯问华工，详细了解被虐情况。"所见华工等大抵受苦之人，所闻大抵诉苦之语，司员及税司等皆共见共闻"，计共收集"口供"（证词）1176份和1665人签名的"口禀帖"（诉状）85份。所述华工被虐情况，令人惨不忍睹。陈兰彬等人呈报道①：

> 司员兰彬同税司福成、秉文等面加讯问，据各华工供禀，系由中国被拐骗来者居十之八，船上数月打伤、自尽、死亡已不止十分之一。迨装到夏湾拿发卖为奴，其买在人家铺店者无几，业经受虐。至卖入糖寮者，人数较众，尤为凌虐不堪，其工夫过重，其饮食过薄，其作工时刻过多，其被棍撞、鞭拷、锁闸等诸般荼毒又最甚，递年各处打死、伤死、缢死、刎死、服毒死、投水死、投糖锅死者累累不绝。现时折本、坏脚、瞎目、烂头、落牙、缺耳、皮开肉裂指请验伤者已复不少，凌虐实迹人所共见。况工满合同年限之后，工主多不给满工凭据，仍勒令再作数年或十数年，依然照常受虐，倘不肯允，即送工所锁押修路，并无工银，与官拿人犯一律，务使华工必由工所出雇与商人，立新合同，俟其满日复送工所，如此者至再至三，各华工不但不得回国，并不得自行觅工。且自咸丰十一年二月后来者概不发满工执照，人人可以拘拿，即旧有执照之华工，无论在途在室，巡役等随时搜验，常被将执照收毁，送入工所，受虐更属无穷。窃计自正月二十九日到古巴，至三月二十三日出港，所见华工等大抵受苦之人，所闻大抵诉苦之语，司员及税司等皆共见共闻。

陈兰彬一行调查结束后，于三月二十三日（5月8日）离开古巴，前往美国，将调查的具体内容、受虐华工证词、诉状节录以及所译西班牙国古巴华工章程等汇集成《古巴华工事务各节》二册、《古巴华工呈词节录》一册、《古巴华工口供汇录》一册②，共14万余字。随调查经过的呈

---

① 本段及下段见《陈委员（兰彬）马税司（福臣）、吴税司（秉文）致总理衙门呈送〈古巴华工事务各节〉申呈》，陈翰笙主编《华工出国史料汇编》第1辑，第579～581页。

② 见陈翰笙主编《华工出国史料汇编》第1辑，第581～759页。该书还收录有《古巴华工口供选补》，选自《古巴华工口供册》共9万多字（见该书第760～879页），为《古巴华工事务各节》所未录。

报一道递交总理衙门,为清政府拒绝西班牙政府的无理要求并救助古巴华工提供了有力证据。可见陈兰彬等人调查的态度之认真,收集的证据之详尽,绝非容闳所说的"乃至古巴略一周旋,即返美呈报销差矣"所能做到的。总理衙门亦奏称"有此详细供词以为依据,或可杜彼族之狡辩,而开华工一线之生机"①。

同治十三年(1874)十一月,陈兰彬回到北京,随同总理衙门大臣等,"与各国驻京使臣议论华工在洋情形,深资佐证"。经总理衙门"拟定章程各条大意,总须将现住古巴之华工,分别陆续送回,以后再往古巴之华工,与各国洋人住彼处者一律保护,不得再有凌虐情事"②。

光绪三年十月十三日(1877年11月17日),总理衙门与西班牙使臣伊巴里订立《古巴华工条款》十六款③(光绪四年十一月两国正式批准换约),其中第六款规定,清政府即派总领事驻古巴夏湾拿,此外所有西班牙准各国派驻领事官员之地方,中国亦可一律派员驻扎,"妥为保护在彼本国之民"。

光绪五年(1879年)九月④,陈兰彬奏请在古巴设立总领事,称:"窃臣等奉命出使日斯巴尼亚国,该国有古巴属岛,距其国都约二万三千里有奇。同治十三年春间,臣亲往查看,见有华工六万余人,在彼佣作苦工,嗣经总理各国事务衙门与该国商订优待华民条约第十六款,与去年冬互换在案。臣到日国应即遵照办理,设立领事等官前往驻扎以资保护。现查所带随员户部候补主事刘亮沅,练达持重,堪以派充总领事,理合恭折具陈。"⑤ 清政府遂派遣刘亮沅(湘浦)为驻古巴总领事,陈善言(蔼廷)为驻夏湾拿领事。于是,"古巴自中国设官以来,华人均享自主之利,非

---

① 《总署奏陈兰彬查访古巴华工事竣回京折》,陈翰笙主编《华工出国史料汇编》第1辑,第916页。
② 《总署奏陈兰彬需留京办理古巴华工交涉请勿派往云南片》,陈翰笙主编《华工出国史料汇编》第1辑,第914页。
③ 全文见陈翰笙主编《华工出国史料汇编》第1辑,第921~926页。
④ 据《清德宗实录》卷100记载,陈氏于光绪五年九月庚辰(1879年10月24日)"奏派设总领事等官驻扎日国古巴岛"(《清实录》第53册,中华书局1987影印本,第494页);《清季中外使领年表》(中华书局1985版,第87页)将刘亮沅出任驻古巴总领事的时间定为光绪五年七月,恐不确,因其出任时间不可能早于陈氏之奏请。
⑤ 张寿镛编:《清朝掌故汇编》,外编卷18"遣使",江苏广陵古籍刻印社1987影印本,第20页。

复仍前苛虐"①。陈兰彬调查古巴华工被虐情形及奏请设立总领事可谓功不可没。

古巴华工亦未能忘怀陈兰彬为其争取权益、伸张正义之举。光绪七年闰七月十一日（1881年9月4日）《申报》所刊《古巴领事德政》一文记述了自陈兰彬当年在古巴调查时，"亲往问供，拔之水火而登之衽席者不知凡几，此中人无不额手交庆"。调查之后，清政府开始关注古巴华工的生存状况，设领事以维护其权益。陈兰彬"知人善任"，所荐领事为争取华工权益，与古巴当局反复驳辩，订立章程，"尚属平允"，使"华佣之困，为之一苏"。此文亦未见有人引用，故照录如下：

> 陈荔秋都宪出使外洋，为驻扎美、秘、日三国钦使。古巴属于西班牙国，华人前往佣工者实繁，有徒为土人所虐待苛遇，役使如犬马，几至暗无天日。前日曾经都宪亲往问供，拔之水火而登之衽席者不知凡几，此中人无不额手交庆。今次特命刘湘浦主政为总领事、陈蔼廷司马为正领事，二君皆材干明察，器量深远，不惮烦琐，一切躬亲，革积弊，创良规，旅民深受其惠，于以服都宪之知人善任焉。
>
> 按古巴一岛，天气炎酷，瘴疫流行，百物腾贵，且人心不古，久已奴视华人。我国所设领事各官又属创局，公事烦难，摒挡殊非易易，所幸现在古总督不致太远于人情，所有苛虐华人旧例，一经驳辩，尚能次第蠲除。
>
> 查华人到此，率皆立约做工八年之后，应由工主给以满身凭单，然后可领行街纸，必有行街纸方能另觅雇主，来往自由。无如各工主多不给发凭单，以致满工之人竟有苦捱十数年未能暂脱火坑者。总领事等知其所挟，遂按例每人均给行街纸，不以工主之凭单为据，使其挟制之权不夺而自落。故去年请领者四万余人，约有六七成早经满工而未得出身者，今一旦得以来往自由，另谋生计，不啻黍谷回春。彼例凡未满工者，每月每人例得工银四元，若已满工者，每月可得三四十元、五六十元不等，固相去悬殊矣。又因是岛向有官工所之设，专以刻待工人者，浑如黑暗狱中不见天日久矣，星使荔宪曾于华佣口供

---

① 任青、马忠文整理：《张荫桓日记》（光绪十三年三月二日），上海书店出版社2004年版，第147页。张荫桓时任美、日（西）、秘三国使臣。

内详叙之。

刘、陈二君到后，力与古巴总督驳辩，几及周岁，始克成议。现将官工所一律裁撤，新定章程五款，尚属平允，华佣之困，为之一苏。今将总领事所出告示，刊登如左，以□大略：

大清国驻日国总领事府户部主政加三级刘为晓谕事。照得本岛官工所所拘禁华人各案，曾经本总领事先后行文古巴总督□□，拟照条约办理在案。兹于本月十六日接准古巴总督照复，开列议定各款并请本署颁发华文告示，通谕合岛华人知悉等因，前来本总领事准此。为此译录督署来文，示谕合岛华人知悉，即便一体遵照。尔等如有未领行街纸者，限于本年八月十一日，即外国九月十五号以前，当到署请领，以免违例受罚，各宜凛遵，毋违特示。今将督署来文译录如左：

古巴总督为照复事。本署接贵总领事三月二十号并八月十号来文，请将各处官工所拘禁之华人按照条约第十四款一律释放等因，业经本总督与本司及议政局妥为定议，现已悉照贵总领事所议办理，谨此照复，并请贵总领事颁发华文告示，通谕合岛华人知悉。兹将议定各款开列于后。①

…………

一千八百八十年八月二十一号复照，光绪六年七月十八日告示。

录循环日报

通过以上三则史实的补正及辨析，或许可以说明，陈兰彬研究不论从资料的发掘还是研究的深入都还有所作为。当然，更需要我们转换既有的"新旧不两立"的思维模式，不以"后见之明"苛求于前人，努力做到陈寅恪先生所言："与立说之古人，处于同一境界，而对于其持论所以不得不如是之苦心孤诣，表一种之同情，始能批评其学说之是非得失，而无隔阂肤廓之论。"②

---

① 即光绪六年七月十六日（1880 年 8 月 21 日）订立的《优待华人条约》五款，全文已收入陈翰笙主编《华工出国史料汇编》第 1 辑，第 962～963 页，此处从略。
② 陈寅恪：《冯友兰中国哲学史上册审查报告》，《金明馆丛稿二编》，第 279 页。

张树声督粤政绩

张树声（1824—1884）在淮系集团中的政治地位可以说仅次于李鸿章。自同治元年（1862）率部加入李鸿章淮军后，累官道员、按察使、布政使、漕运总督、江苏巡抚、贵州巡抚、广西巡抚。光绪五年（1879）十一月升任两广总督，次年四月初九抵广州，十二日接篆视事，光绪十年（1884）四月因病免职，其间于光绪八年（1882）三月至九年五月署理直督，在两广总督任上仅有三年，时间虽然不长，却有可圈可点之处。诚如彭玉麟、张之洞等所言："一时封疆旧臣，如树声之文武兼资，通达中外机要者，已不多有。"① 其督粤政绩迄今尚少专文研究，以下仅就其较重要的政绩史实初步梳理并略加评析。

一、整顿吏治

张树声在江苏巡抚和广西巡抚任上，就十分重视严明军政、整顿吏治。自督粤后亦首先着手整顿吏治，指出："设官任事，凡以抚民，为地择人，期于称职。从来地方困于不治，必由吏道杂而多端，心术回邪，才具只足以自利，识见暗汶，措置动于乖方，又或积习深中于因循，甚则能事专工于趋奉，成为风气，流毒民生。"上任四月以来，连日接见僚属，"留心察看，加意访查，于现任者则考其平素居官，于候补者则问其当过差事，就实迹以辨心性之邪正，采舆论以求好恶之大公"。并饬令各属官员"列考胪陈"。他认为"粤中吏治，废驰日久"，非痛加整顿不可，亦须宽严适当，"固不欲纤悉吹求，蹈至清之戒，亦不欲包荒姑息，博容众之名；总期拔莠植禾，为百姓多得贤父母，抑邪扶正，为国家造就良有司"②。先后参劾了一批贪鄙庸碌官员。如广东按察使张铣嗜吸鸦片，不

---

① 《彭玉麟等为张树声办理防务积劳病故请旨议恤事》，光绪十年九月十六日，录副奏折，中国第一历史档案馆藏，国家清史工程数字资源总库，档号03-5189-066。

② 张树声：《甄别贪省不职各员折》，何嗣焜编《张靖达公奏议》卷4，光绪二十五年刊，第21页。下引该书同此版本，不再另注。

理政务，"致诸务废驰，纲纪不张，狱讼日积，盗贼日繁"。高州镇总兵殷锡茂虽系"淮军出身，曾著战绩"，但"惟人材委琐，器识庸暗，于折冲固圉之略、率属驭下之道，茫然不知"。张树声即参劾二人，"均以原品休致"，奏请朝廷"简放精明强干晓畅兵刑之员"接任。①

光绪六年三月，署崖州协副将记名总兵李其昌、署崖州知州试用同知李宗光派员"前赴黎峒，索取陋规"，引起黎民起事反抗。李其昌、李宗光先是"隐匿不报"，继又"朦混饰禀"。张树声以二员"贪劣谬妄，任意欺诬，断难稍事姑容"，奏请将二员一并革职。② 广东盐运使何兆瀛因年老力衰，无力视事，"委用非人，鹾务日坏，子弟在署，约束不严"。张树声认为"盐务向为利薮，司其事者，无精覈之才，既易为人所欺饰，无洁清之守，又每自饱其私囊，大率非老迈贪得者所宜充位"，遂奏请将何兆瀛即行开缺，"另简廉明干练之员，俾获相助为理，力图整顿，庶粤盐得有转机"③。

同年九月，张树声又参劾了一批贪劣不职的地方官员。诸如署高廉道候补道齐世熙"操守平常，声名尤劣"。候补知府冒澄"性极巧滑"，与广东盐运使何兆瀛之子为姻亲，凡"运署委缺派差及各埠承商等事，无不干预，物议沸腾"。知府用试用同知童镕"钻营取巧，屡以干求得差，营私旷公，专声名极劣"。试用通判钱彝甫"办理厘务总局文案已经十年，把持局务，遇事招摇，声名甚劣"。试用知县署新会县知县刘维桢"卑鄙营私，于地方缉捕听断诸务，专事讳饰，罔恤民艰，以致积案累累，盗贼充斥"。署会同县知县候补知县段鸿章"操守平常，性情刚愎，纵容家丁子弟，招摇生事，考试时，声名尤劣"。前署海丰县知县试用知县李青培"操守平常，前在海丰县任内，遇有劫案，竟敢营私肥己，民怨滋深"。署澄海县事候补知县谌命禄"性情贪鄙，声名狼藉，听断专徇势力，尤多冤案"。署香山县事准补徐闻县知县许肇元"性情诡诈，巧于钻营，境内盗劫械斗之风甚炽，治理无方，尤属罔恤民瘼"。署翁源县事准补始兴县王寿仁"办事因循，毫无振作，前署河源县任内，巧立名目，借端肥己，尤

---

① 《张树声裕宽奏为臬司张铣琼州镇总兵殷锡茂庸弱废驰请旨一并原品休致事》，光绪六年七月初九日，录副奏折，档号03-5152-016。

② 《张树声裕宽奏为特参署崖州协副将李其昌崖州知州李宗元贪劣谬妄请旨一并革职严讯事》，光绪六年七月初九日，录副奏折，档号03-5152-014。

③ 张树声：《请将广东盐运使何兆瀛开缺片》，何嗣焜编《张靖达公奏议》卷4，第22页。

属乖谬"。阳山县祺潭司巡检诸安南"终日沉酣,捕务废驰"。前署连州学正候选训导李耀章"贪鄙无耻,声名恶劣,有玷师表"。候补盐知事卢权"居心卑鄙,行止不端"。候补盐知事张鸿佐"声名甚劣,内行有亏"。以上十四员均奏请"即行革职"。其贪鄙不职情节更严重者,诸如试用通判周书中"性情贪鄙,狡悍异常,办理洋药海防经费,物议沸腾,毫无忌惮"。候补同知张振铎"品行卑污,逾闲荡检",与前任臬司张铣之门阍"踪迹亲密,通同舞弊,众所共知"。潮阳县知县刘兆霖"交结刁绅,任用丁役,昏愦贪纵,鱼肉善良,民不堪命"。候补知县郭溶,前因"趋向不端,难膺民社"被前任督抚参劾革职,"开复后,仍不知悔悟,一味营私误公,不堪造就"。石城县知县奎成"貌似有才,心实贪狠,节经因案撤任,仍无悛改,遇事勒索,民怨沸腾"。正任阳山县典史黄凤诏"贪鄙狡诈,胆大妄为,且目不识丁,视管狱为儿戏"。试用巡检潘文焕"生性轻浮,出身微贱,同列羞与为伍"。以上七员均奏请"即行革职,永不叙用"。①

张树声督粤即整顿吏治的所作所为,也引起了舆论的关注。《申报》曾报道:"两广督宪张制军自莅任以来,汲汲然以察吏安民为急务。兹闻张制军严饬各州县,将衙署友人有无职役在署何事,开列清册呈缴,以昭核实。此所谓欲清其流先治其源也。"赞誉其"留意吏治,关心民瘼"②。又报道其莅任之初,"深恶躁进钻营自媒自炫之徒,早已张示于客座,谕以无论何处书函,何人说项,一概拒绝不受"。"某醛尹"自恃有官场背景,持某"大老"请托函前往督署投递,以谋求差缺。结果张树声"不特拒之,且显揭其名于示,以惩戒僚属,而又饬运司注册及令藩臬两司查照,记大过一次,停委三年"。该报评论道:"则是欲进而反退,求荣而反辱。自是以后,躁进者其亦可以知止矣。所贵乎大吏者,原在扼要以图惩一以为儆百之计,凡所以整肃官常,督饬僚属,胥在乎此?一人得行其计,则效尤者势必纷至沓来,彼某醛尹殆亦欲先为尝试,以观张公之从违而遽遭惩儆如此,闻风者又孰敢蹈其覆辙也哉!亟书数语,以见张制军之

---

① 《张树声裕宽呈查明贪劣不职各员出具考语清单》,光绪六年九月初十日,录副奏折附单,档号03-5153-014。
② 《整顿吏治》,载《申报》光绪六年六月二十九日(1880年8月4日)。

至公无私,并以告世之欲速躁进者。"①

在参劾贪鄙庸碌官员的同时,张树声对于地方社会及弘扬文化有所贡献的官绅则主张朝廷给予褒奖。认为"地方之治乱,上系乎政教,下系乎风俗。士大夫之所行所为,固风俗所视为向背也"。南海县进士朱次琦(九江)"讲明正学,身体力行"。咸丰初年任山西襄陵知县时即颇有政绩,病辞归乡,设堂讲学,"比闾族党,薰德善良,所居九江一乡,无拖欠钱粮者,尤通省所罕也"。番禺县举人陈澧"持躬谨严,识量闳远,通经学道,粹然儒者"。著书立说"皆能发明义理,笃实纯正,士人出其门下者,率知束身修行,成就最众"。赞誉两人"皆以经世之才,治经生之业","耆年硕德",奏请朝廷予以褒奖,以"重道劝学,益见盛朝鼓舞之宏;砥德励行,藉示岭表士民之鹄"。②

吏治良否,在乎人才。张树声认为,"治世之大务,莫亟于人材,吁俊之宏规,莫隆于科目","方今事故日殷,筹边筹海,皆数千年未有之变,其不能专恃数百年不变之法应之也,明矣"。于光绪九年十一月奏请朝廷改革科举,特开六科以选拔人才,"其有文武兼资,洞达时务,堪任将帅者一科;其经学湛深,文章尔雅,堪备著作者为一科;其有志节坚贞,论辩敏达,堪使绝域者为一科;其有讲求吏治,居心恺悌,堪膺抚字者为一科;其有操守廉洁,条理精密,堪治财赋者为一科;其有精通图算,深明机器,堪胜营造者为一科"。这六科旨在选拔军事、学术、外交、行政、财政、科技等不同领域内的人才。他指出:"今臣所议六科,要必以立品制行为本,其根柢浮薄,操行回邪者,概不得其与焉。夫于科目之中,寓乡举里选之意,循名责实,保举者不敢不慎,考核者不敢不严,既可以塞倖端而励真材,以鸿词故事为例,六科所举,当不及千人,所取当不过百人,而又集试于京师,无开科之繁费,因材任用,不为常例,无壅滞铨选之格碍,一举而数善备焉。从来有一代之事变,天必生一代之才以治之,上以诚求,下以实应,拔茅连茹,树人百年。"③ 在晚清面临数千年未有之变局、科举制已不能适应选拔经世人才的情势下,张树声提出以

---

① 《两阅粤督张制军通谕僚属告示书后》,载《申报》光绪六年九月二十七日(1880年10月30日)。
② 张树声:《保奖朱次琦陈澧片》,何嗣焜编《张靖达公奏议》卷5,第7~8页。
③ 《张树声奏为恭逢庆典请旨开殊科事》,光绪九年十一月二十八日,录副奏折,档号03-7186-089。

推荐和考试相结合的方式,及时选拔各方面经世应变的人才,这在清朝大员中还是不多见的。

二、筹备海防

张树声任两广总督仅两月,即认识到广东海防的重要性,认为"广东全省,东连闽峤,西控越南,濒海之地,迤长几三千里"。"将就海以言防,必扼要以设险,炮台、轮船其要也,足兵裕饷其本也。"虽然广东沿海及琼州、南澳等处原设有炮台160余座,但"军兴以来,大抵颓废"。他偕同广东巡抚裕宽对虎门等地沿海炮台进行了仔细考察,"统观各处炮台,守御之资不特难与泰西各国相较,即比之北洋之大沽、北塘,南洋之长江、吴淞,亦相去远甚"。大小轮船二十余艘,而能行本省外洋者仅有五艘,"只可为巡缉盗匪之用,若临阵御敌,恐未足与敌人兵轮角胜,更无论铁甲矣"。并进一步指出,"中国海防全局,自以天津为首要,江苏次之,闽粤又次之"。"中国沿海万余里,门户洞开,闭关无术,自朝廷之上以至宇内识时务之士,皆忧深虑远,谓轮船驾驶、机器制造之学,必须无籍于外人,始为自强之实际。粤东山海奥区,民物稠庶,通商日久,其人多便习海洋,晓畅泰西情事,工艺精巧,尤甲环区,料物之易致,船坞之得地,虽闽沪莫及焉。及是时造就人材,讲求船械,事半功倍,可以建富强之基,可以资南北洋之用。"请求朝廷"敕下户部,权衡广东出入之数,为本省稍留余力,俾臣等得所藉手,以求实事而修武备,不致自强之计,徒托空言"①。同时还致函出使大臣李凤苞在德国克虏伯厂定购洋炮、鱼雷艇及鱼雷,以装备沿海炮台和广东水师②。

张树声在署直督期间,获悉署粤督曾国荃奏陈预筹广东海防情形:虎门、黄埔等各要处"增筑炮台,购料并工,刻期修筑";虎门沙角、黄埔常州两要隘,"每处须屯重兵万人",省城以外,亦"团练万众"。光绪九年七月,当他回任粤督时,却见虎门、黄埔各要隘并无修筑炮台、训练将兵之举措。阅视虎门省河,"前次修竣各台,则驻弁勇操练稍驰矣",简核省城各局库,"前所购制枪械药弹,则有拨发而无续办,现存无几矣"。③

---

① 张树声:《筹办广东海防情形折》,何嗣焜编《张靖达公奏议》卷4,第3~8页。
② 张树声:《筹办粤省边防折》,何嗣焜编《张靖达公奏议》卷5,第31页。
③ 张树声:《察看粤东海防情形折》,何嗣焜编《张靖达公奏议》卷7,第1~2页。

鉴于形势危急，张树声命令挑募士兵千名，分营驻守虎门的威远、下横档两炮台，由提督王孝祺负责训练，并另挑募士兵五百名赶修上横档炮台，形成犄角之势；总兵邓安邦募兵千人，以增援各处炮台。① 复将从天津购回的枪炮分发各营，奏调江南旧部提督吴宏洛所率淮军五营派往长洲驻扎，修筑炮台，加强要隘防守。从国外订购的二十余门克虏伯大炮、数千技毛瑟精枪以及水雷、炸药等亦刻期运至。②

面对法国侵略越南，进而窥伺中国的危局，张树声指出关系大局者有二：一是"唇亡齿寒，为忧何极"。"越南屏藩南徼，二百年来朝贡无缺。法人明目张胆，夺地攻城，我既熟视而不能谁何，驯至劫制越王城下之盟，等于陨宗夷社。若中国仍隐忍不发，则保护之实不至，即属邦之义果虚。"二是助越抗法，"理直气壮"。他赞扬刘永福率黑旗军抗法"近与法战，屡挫其锋，忠义奋发，颇能矢敌忾同仇之志"。清兵暗助黑旗军却不敢声张，法人则扬言若有清军助越则必攻广东。张之洞认为"夫越为吾属，助越本理直气壮之事，惟我有讳莫如深之情，转授彼以藉口问罪之柄，岂非弃直就曲？"他进一步认为，因"中国水师尚无争雄海上之军，而越南危急存亡之际，实中国安危利害之机，又决无可以缓为后图之势"。主张"宜舍大洋而扼内港，置海军而用陆兵，调大小轮船以辅炮台，集整练兵勇以据要隘，彼果驶船入内，分兵登岸，则节节要击，用我之长，乘彼之短，致人而不致于人，彼非有必胜之道也"③。

张树声主张一方面通过外交途径，谴责法国"蔑视中国，先坏邦交"，若法国依然"悖理逞强"，遂与法断绝外交关系。另一方面谕令南北洋大臣及沿海督抚"敛兵口内，扼要严备，如有法国兵船入境，即行截击"。同时谕令云南、广西两省关外各军合力前进，督饬刘永福及越南各军，进图东京，规取南定"。请求朝廷"勿喜于小胜，勿怵于小挫，勿动摇于一二处之得失，沉舟破釜，期以一年，彼客我主，彼劳我逸，则法人敝"④。

同时，张树声也清醒地认识到广东海防薄弱，指出："中国海疆粤东最难守御，各省武备粤东最为空虚"。而"广州省城为全粤根本，虎门一

---

① 张树声：《酌添兵勇密筹布置片》，何嗣焜编《张靖达公奏议》卷7，第6页。
② 参见《彭玉麟等为张树声办理防务积劳病故请旨议恤事》，光绪十年九月十六日，录副奏折，档号03-5189-066。
③ 张树声：《察看粤东海防情形折》，何嗣焜编《张靖达公奏议》卷7，第2～3页。
④ 张树声：《察看粤东海防情形折》，何嗣焜编《张靖达公奏议》卷7，第3页。

路为粤省门户，必当首为严备"，"筹防总以专顾中路为先，以力守虎门海口以内为主"。遂调兵遣将，迅速布置，先后在廉州、琼州海面、潮州、汕头等口岸设防。虽因兵船不足、饷需困窘，"濒海之地，防不胜防"，他仍然表示："一有警报，臣即当亲赴虎门、常〔长〕洲之间，择要驻札，激厉将士，奖率绅团，相机调度。"①

光绪十年四月，张树声因病开缺后，仍然抱病前往黄浦军营，督率诸将筹备战守，亲自冒暑热，顶海风，登山涉水，考察防务，直至病重不起。临终前念念不忘海防，昏迷中所言"率皆部勒防务，或大呼开炮击贼，闻者悲之"②。张树声的举措为抗法战争中的广东防务奠定了一定基础，正如继任粤督张之洞所说："历来治粤者，习常蹈故，远虑蔑闻。自去年秋冬以后，彭玉麟、张树声经营防务，渐有规模。""张树声于泰西炮械，素能讲求，次第筹备，新造炮台，略仿西式，始改旧观。"③

三、查禁闱姓

晚清广东赌风盛行，赌博人数之多，赌具赌法之全，远近闻名。多种赌博方式中又以"闱姓"最为流行。所谓闱姓，就是一种利用科举考试来进行赌博的方式，道光末年创始于广东后，流行于两广。以猜中闱场考生中式的姓的多寡为输赢。由票局订出猜买条例，规定百余姓供猜买者选择。在乡试、岁考、科考之前，猜买者购得彩票。发榜之后，中姓最多者为头彩，依次分二彩、三彩。每值试年，票赌金额不下数千万元。以票赌金额的60%作为彩金，中彩率约为3%，其余40%则归赌商与坐收赌税的官府。④因"闱姓"赌博利用科举考试进行，开彩依据是官方的"金榜"，被参赌者视为一种比较"高雅""公正"的赌博方式，加上不受名额、金额的限制，吸引不少中上层人士投买。其余赌博方式则具有赌注小赔率高的特点，也吸引了众多贫民参加。

---

① 张树声：《察看粤东海防情形折》，何嗣焜编《张靖达公奏议》卷7，第3~5页。
② 《彭玉麟等为张树声办理防务积劳病故请旨议恤事》，光绪十年九月十六日，录副奏折，档号03-5189-066。
③ 张之洞：《敬陈海防情形折》，光绪十年九月初三日，苑书义等编《张之洞全集》第1册，第250页。
④ 参见何汉威《清末广东的赌博与赌税》，《历史语言研究所集刊》第66本第2分册，台北"中研院"1995年版。

广州对外贸易在鸦片战争后逐渐为上海所取代，海关税收随之大减。日益频繁的外患内忧，有增无已的军饷筹措，使广东地方财政开支巨大，入不敷出。同治初年，两广总督毛鸿宾、广东巡抚郭嵩焘，为了解决财政危机，不得不一度对"闱姓"赌博弛禁，以罚款抽饷为名开辟财源。由于"闱姓"赌博依附于科举，所以每当省内科考期间，谣言蜂起，舞弊丛生，从而引起清流的抨击。同治十三年（1874）正月，御史邓承修奏请禁止抽收"闱姓"赌款，指出参与赌博者罄其所有，希图获利，结果"倾家破产，歇业潜逃，服毒投缳，卖妻鬻子"，导致"以国家抡才之典，为市侩赌博之资，阻寒士登进之阶，启官绅贪污之渐"①。清廷再度谕令厉行禁赌，广东巡抚张兆栋采取了严禁政策。于是，赌商相率转移到澳门继续开设，向澳门当局缴纳赌税，并以澳门为据点，派人遣入广东投买，使广东赌风依然盛行。光绪六年正月，御史钟孟鸿奏称，"奸民巧于避禁，利反尽归奸民"，"为今之计，惟有散澳门屯聚之局，夺奸民专利之权，而后可以息赌风而除隐患"②。其言下之意则应弛禁。清廷谕令张树声等"察看情形，应如何严杜漏卮之处，设法妥筹"③。

张树声经多方查访，痛陈"闱姓"的危害："广东赌风甲天下，名目繁多，至于不可胜纪，惟闱姓一项，其取义也巧，其被诱也广，无开场聚赌之名，而为害独烈焉。"了解到赌商倚葡人为护符，借洋轮传递赌票，官方缉搜十分困难。权衡利害之后，仍然坚持严禁立场。指出："闱姓之在澳门，小民即趋之鹜，犹憣然知为犯法之事也。若招回省城认缴罚款，公然聚赌，孰敢谁何？必至赌日盛而民日贫，倾家荡产之后，亡等之欲方滋，无形之患何极。"主张严查投买之人，"虽未必即能禁止净尽，而少一人投买，即留一分物力，积久不懈，赌风必可渐衰，赌风既衰，盗风亦可渐息"④。并针对闱姓移往澳门，造成利权外溢，进而主张弛禁的说法，指出所谓的闱姓罚款，六年以来，官府所得者不过四十六万三千余两，"而文武衙门、地方绅董所婪索分肥者，闻不啻数倍之。国家岁入数万金，

---

① 邓承修：《请饬禁抽收赌款疏》，《语冰阁奏议》卷1，民国七年邓氏铅印本，第1页。
② 《福建道监察御史钟孟鸿奏为广东闱姓赌风最炽流弊甚巨请饬设法塞除事》，光绪六年正月二十六日，录副奏折，档号03－5510－046。
③ 中国第一历史档案馆编：《光绪宣统两朝上谕档》第6册，广西师范大学出版社1996年版，第29页。
④ 张树声：《严禁投买闱姓折》，何嗣焜编《张靖达公奏议》卷4，第8～9页。

受纵赌之名,而实则竭亿兆之脂膏,以饱贪饕之橐"。"且中国利权为外人所侵,亟应收回者亦多矣,岂特闱姓一事哉?"① 因而坚持实行严禁的政策。

张树声深知历来严禁"闱姓"之所以困难,除赌商"影射代收,四处诱赌,踪迹逾秘,不可究诘"外,更因赌商与地方兵役、豪绅相互勾结,有恃无恐,"大率勾通文武衙门之兵役,倚恃绅衿豪富之主持;兵役之弊犹可彻查,绅豪之权盖难骤革",以省城之西关及附近佛山镇尤其严重。官方派人查办私收闱姓时,绅豪"始则鼓众阻挠,当场获犯,不令带案"。官方饬令将赌犯解交审判,证据确凿;豪绅则"相率造言挟制,一唱百和,或谓兵勇抢夺银物,或谓官长严刑逼供,作为论说,传刻香港洋报,乌有子虚,澜翻波诡,其意必欲包庇赌匪,以挠国家之法而后已"。张树声复严行参劾勾结豪绅之贪劣失职官员,官场风气虽稍有敛肃,但亦感到对盘根错节的豪绅权势难以裁抑。关键在于"绅士品流不齐,习气尤重,中外显官,多有亲故,即在乡里,各有党援,辄思遇事把持,挟官渔利,稍加裁抑,即肆意腾谤,以逞其私,固不独闱姓一事为然,特闱姓尤为利薮,故奔走尤甚"。面对查禁"闱姓"的重重困难,不无沉痛地指出:"明知狂澜久倒,不易挽回,特念粤东本富庶之区,数十年来赌日盛而民日贫,民日贫而盗日多,庇赌分肥,以成俗吏,军政、士习、民生皆深中其病。"奏请将"闱姓赌匪"加重罪名,严查彻办,督饬地方官员,除重惩庇护赌商的差役兵丁外,对暗中包庇的绅衿势豪,亦将执法从严,予以打击,"期以挽颓风而张纲纪"。②

张树声虽然采取了严厉的禁赌措施,取得一定成效,但毕竟赌习成风,积重难返。当光绪九年(1883)七月回任粤督时,面对省内日益弥漫的赌风,最终束手无策。翌年,因病请求开缺时不得不承认,粤省"赌风、盗风、斗风之盛,甲于天下焉。赌之名目其多至不可胜纪,花会、白鸽等票,比户有之,虽经部议,加以重罪名,而嗜赌成为风俗,几以禁令为违众拂民之事"③。

中法战争发生后,粤省财政支出急增,朝野请求弛禁"闱姓"的议论

---

① 张树声:《密陈禁买闱姓片》,何嗣焜编《张达靖公奏议》卷4,第10页。
② 张树声:《查办闱姓加重罪名委曲情形片》,何嗣焜编《张靖达公奏议》卷4,第33~34页。
③ 张树声:《恭谢天恩沥陈粤事大略情形折》,何嗣焜编《张靖达公奏议》卷8,第26页。

再起，继任粤督张之洞为解决粤省防务经费，权衡利弊，于光绪十一年四月奏陈弛禁"闱姓"理由：若继续严禁，一方面迫使赌商移馆澳门、香港，坐收其利；另一方面禁赌罚款，被地方不法官绅侵吞，"厉禁愈严，索规愈暴"。若采取弛禁，则"军饷多一来源，民间少一搜括"。为防止舞弊，严章明示，凡关涉学政、考官及各衙门人等，不准投买。并责成赌商稽查，如投买之人与中标之人可疑者，即行举报追查，将所得之彩金充公，该商隐匿不报，则不准开设。① 同时严禁其他赌博方式如"白鸽票""花会""山票""田票"等，以此来换取对"闱姓"弛禁的政策。

四、建实学馆

早在同治三年（1864），两广总督毛鸿宾仿京师同文馆例，建成广州同文馆，初仅设英文馆（光绪五年增设法文和德文），聘美国人谭顺为西文教习，翰林院编修吴嘉善为中文教习，招收广州驻防八旗子弟16名及汉人世家子弟4名，民人入馆附学者定额10名。"如在馆三年，学习有成，即派充各衙门翻译官，准其一体乡试。"② 瑞麟督粤时发现部分入馆学生"不过希图月间膏火"，"始终奋勉学成有用者，实难得人"。于同治十年奏请"学生专用旗人，毋庸再招汉民"。学生毕业后原拟派充各衙门翻译，实际情况则是"有名无实，并无差使"。入馆学生仍希图应试科举，反倒轻视西学，"虽仍在馆肄业，然皆专意汉文，冀图乡试文理平通，以为期满保举府经、县丞、防御地步，志安小就，不思愤强，致将西文荒忽，未能精深，殊失设立同文馆之意"③。

刘坤一督粤时，于光绪二年批评广州同文馆"专用旗人子弟，一味训课时文，虽仍聘一英员教习，略存其名而民。似此毫无实际，纵添设一二馆，徒縻经费，为外人所笑"④。于是，将其署理粤海关监督期间按例所

---

① 张之洞：《筹议闱姓利害暂请弛禁折》，苑书义等编《张之洞全集》第1册，第296～301页。
② 《同治三年六月初十日两广总督毛鸿宾折》，朱有瓛主编《中国近代学制史料》第1辑上册，第258～259页。
③ 《同治十年十月二十一日日文渊阁大学士两广总督瑞麟等折》，中国史学会主编《洋务运动》（二），第117～118页。
④ 刘坤一：《致黎召民》，中国科学院历史研究所第三所主编《刘坤一遗集》第4册，中华书局1959年版，第1812页。下引该书同此版本，不再另注。

得的正杂各款20万两，捐出15万两，存商生息，"以所得利息开办西学馆"①。

据黎兆棠致张树声函透露，刘坤一之所以捐银设西学馆，实"锐意欲移船政于粤东"。在黎氏看来，此举"正是胜算"。因"粤东工匠价廉而工敏，仿效西法尤易上手。惟洋人制造确有精理，不从学堂出者只能步其后尘，不能独出奇异，则西学馆之设，自不可少。英国之强始于煤铁，则煤铁亦制造之所需也。有西学而后有人才，有煤铁而后有材用。粤东如能开设西学，煤铁足用，委以工匠之灵敏，举办数年，海防将大有起色"②。

不过，刘坤一的捐款被晋、豫、陕三省借拨办赈，直至光绪六年四月，清政府正筹划购造铁甲等舰，需才甚亟，又见三省灾情缓解，遂谕令张树声等将此款催还，或另筹别项，"设立西学馆，讲究机轮驾驶及一切西学与洋务交涉事宜"③。陕、豫两省将款归还，共计10万两。张树声将此款提出8万两，发交人承领生息，作为开馆后按月支销经费，所余2万两，及广东私收闱姓银票罚款54700两，收存藩库作为建馆费用。④ 其奏陈筹设西学馆事宜称："学以致用为贵，本无中西之殊。欧洲界在海西，地气晚辟，其人秉性坚毅，不空谈道德性命之学，格物致知，尺寸皆本心得，由格物而制器，由制器而的练兵，无事不学，无人不学，角胜争长，率臻绝诣。"中国虽然仿效西法，开厂设局，然"步其后尘，不能齐驱竞捷，得其形似，不能开径自行，则以西学入门，层累曲折，皆有至理，不从学堂出者，大抵皮毛袭之，枝节为之，能知其所当然，不能人所以然也"。又以受经费所限"不能如闽中大开船厂，亦不能如天津之并设多堂，拟先专习驾驶一途，俟开办略皆就绪，或更筹有接济，再当逐渐推广，兼及制造"。选定黄埔长洲作为馆址，利用此地原设的船坞和轮机，"此时可为考证学业之资，异日即可为设厂造船之本"。饬令善后局、海防局官员会同机器局人员进行筹建，择日兴工。又与船政大臣黎兆棠制定西学章程。⑤

---

① 刘坤一：《复黎召民》，中国科学院历史研究所主编《刘坤一遗集》第4册，第1825页。
② 《黎兆棠函》，《张树声往来函牍》，中国史学会主编《洋务运动》（二），第130页。
③ 张树声：《筹议设立西学馆事宜折》，何嗣焜编《张靖达公奏议》卷5，第12页。
④ 张树声：《建造实学馆工竣延派总办酌定章程片》，何嗣焜编《张靖达公奏议》卷5，第24页。
⑤ 张树声：《筹议设立西学馆事宜折》，何嗣焜编《张靖达公奏议》卷5，第12～13页。

西学馆自光绪六年十二月动工兴建，次年十二月完竣。全馆"计前后楼房四进，左右住房二十二间，更楼、厨房、茶房、浴房、厕所俱备"，"其规模程式，兼用中西"。同时仿照天津水师学堂和福州船政学堂章程，参酌粤省情形，核定学馆章程，选派教习，购置图书、器具，招选学生，刻期开馆。任用翰林院编修廖廷相总办馆务，正式定馆名为"实学馆"。在张树声看来，"泰西之学，覃精锐思，独辟户牖，然究其本恉，不过相求以实际，而不相骛于虚文。格物致知，中国求诸理，西人求诸事；考工利用，中国委诸匠，西人出诸儒。求诸理者形而上，而坐论易涉空言，委诸匠者得其粗，而士夫罕明制作。故今日之西学，当使人人晓然于斯世需用之事，皆儒者当勉之学，不以学步生鄙夷不屑之意，不使庸流居通晓洋务之名，则人材之兴，庶有日也"①。

"实学馆"章程规定，学馆"为储备水师将材计，专习驾驶、制造"。"其制造之精者，除造船外，并可习开矿、制造、枪炮、水雷等学，其次则拨为管轮。此外习语言文字，各随其材识，专习文义，以备出使参赞翻译之选。"学馆设正副监督各一员，拟聘洋教习二员，一教驾驶，一教制造。洋文教习三员，分教各班学生，中文教习一员，专教各班汉文和算学。学馆招收12～15岁少年入学，分班教习。初开馆时，学生只学外国语言文字和算学，先选派福州船政学堂学生为教习，分教二、三、四班学生，至学有进境，选入一班，始延西师接教。学制为五年，学生"五年内不许应文试，以免分心"②。

这一教学规划，接受了船政大臣黎兆棠的建议。黎氏致函张树声指出："西学馆之设，所以储将材，如广方言馆之专习诗赋策论固非，即专习算学亦未为得也。"而福州船政学堂所开设课程即有语言、数理、驾驶等学。"大抵管驾之材，学堂之教居其半，练船之教居其半，而学堂功课算学又居三分之一"，"以弟愚见，一班教习必须用洋人，其余二三四班帮教则以汉人通洋文者教之"③。在黎氏看来，"当今急务，以开学馆，培人材为最"。"粤匠工巧为西人所素许，使当时船厂设于粤东，十余年来造诣

---

① 张树声：《建造实学馆工竣延派总办酌定章程片》，何嗣焜编《张靖达公奏议》卷5，第23～24页。
② 朱有瓛主编：《中国近代学制史料》第1辑，上册，第479～480页。
③ 《黎兆棠函》，《张树声往来函牍》，中国史学会主编《洋务运动》（二），第131页。

当大有可观矣。"① 张树声复函表示赞同："驾驶之材，虽始于学堂，而必成于练船；且学堂功课又自分途，此学问之所以不可不知流别也。中国言西法，往往袭其皮毛，不求实用，诚不独诗赋策论为然矣。承示一班教习必用洋人，询扼要之论。"② "实学馆"于光绪八年（1882）正式开学，首届招生50名。③

光绪十年（1884）张之洞接任两广总督后，将"实学馆"改名"博学馆"，以培养急需的翻译和军事人才④，光绪十二年（1886）又在"博学馆"附设"海图馆"，组织师生测绘了广东全省海图、海口图和海防图⑤，开近代中国海图绘制之先河。次年，"博学馆"开始扩建成规模较大的水、陆师学堂，至光绪十五年（1889）水陆师学堂全部建成。1924年，孙中山创办的黄埔军校即利用了水陆师学堂的校址和校舍。

五、向往议院

光绪四年（1878）张树声入京觐见，就自强方案奏对道："自强之策，不外从前总署所陈海防六条，言言切要，而吃紧尤在持久一条。自洋人入中国数十年矣，人人皆知言自强，逾时辄视为泛务；及至事变复来，仍旧张皇失措。从前臣闻曾国藩论洋务云：'仇不可忘，志不可懈，衅端不可轻开'，正与总署六条之意相合。总祈朝廷坚志定力主持于上，各省疆吏戮力同心合作于下，乃能持久不懈，有备无虞。论中国声明文物，高出万国之上，自强之道，除练兵、造船、简器数端外，原不必一一效法西人。然中国礼仪政教奉行日久，事事皆成具文；西人富国强兵，精益求精，事事必求实际，此外国所以日强中国所以日弱也。"他进一步认为"以中国之大，人民之众，果能惩虚务实，力矫因循粉饰之弊，一切用人、行政、察吏、治军，不任法而任人，不在科条烦设而在实力奉行，则内治则足自强，而总署所陈六条复久不懈，行见怀德畏威，四夷宾服矣。"⑥

---

① 《黎兆棠函》，《张树声往来函牍》，中国史学会主编《洋务运动》（二），第133页。
② 张树声：《复船政大臣黎》，《张树声往来函牍》，中国史学会主编《洋务运动》（二），第134页。
③ 参见陈学恂主编《中国近代教育大事记》，上海教育出版社1981年版，第38页。
④ 张之洞：《创办水陆师学堂折》，苑书义等编《张之洞全集》第1册，第575页。
⑤ 张之洞：《进呈粤海图说折》，苑书义等编《张之洞全集》第1册，第728页。
⑥ 张树声：《戊寅年召对恭纪》，《张靖达公杂著》，中国史学会主编《洋务运动》（三），第609页。

除了强调"练兵制器"外，则主张在固有的政教体制内"惩虚务实"，与此前冯桂芬、薛福成等人的思想主张亦比较接近。

光绪十年（1884），曾参与创办经营洋务企业的郑观应在其《南游日记》中写道：

> 余平日历查西人立国之本，体用兼备。育才于书院，论政于议院，君民一体，上下同心，此其体；练兵、制器械、铁路、电线等事，此其用。中国遗其体效其用，所以事多扞格，难臻富强。①

无独有偶，张树声病逝前夕在口授的《遗折》②中，也提出了同样的观点。他说：

> 近岁以来，士大夫渐明外交，言洋务，筹海防，中外同声矣。夫西人立国，自有本末，虽礼乐教化，远逊中华，然驯致富强，具有体用。育才于学堂，论政于议院，君民一体，上下一心，务实而戒虚，谋定而后动，此其体也；轮船、大炮、洋枪、水雷、铁路、电线，此其用也。中国遗其体而求其用，无论竭蹶步趋，常不相及，就令铁舰成行，铁路四达，果足恃欤？

张树声已经明确指出"西人立国，自有本末"，"驯致富强，具有体用"。即西洋的政治制度才是其"体"或"本"，而先进武器和近代工业不过是其"用"或"末"。"中国遗其体而求其用"，即使"铁舰成行，铁路四达"，却并不能御外侮而自强。这一主张显然已经突破了其原有的自强思想。张树声和郑观应关于"西人立国之本"的议论，不仅内容相同，而且许多用语都完全一样。郑观应日记写于是年闰五月十九日，而张树声逝世于同年九月初八，此间两人有所交往。故戚其章先生认为张树声的体用思想，可能来自于郑观应的看法。③ 不过，张树声《遗折》中还有一段话却是郑观应当时的著作中所没有的："断自宸衷，通筹全局，取琴瑟不

---

① 夏东元编：《郑观应集》上册，第967页。
② 《张靖达公奏议》卷8，第32～34页。
③ 参见戚其章《从"中本西末"到"中体西用"》，载《中国社会科学》1985年第1期。

调甚者而改弦更张之。圣人万物为师，采西人之体，以行其用。中外臣工，同心图治，勿以游移而误事，勿以浮议而隳功，尽穷变通久之宜，以奠国家灵长之业。则微臣虽死之日，犹生之年矣。"他请求朝廷改弦更张，"采西人之体，以行其用"，发愤图治，以真正实现自强。既采西人之体，又行西人之用，其意已近乎于"西体西用"了。

论者常以为清朝的封疆大吏不大可能产生改变专制制度的思想，而强调"洋务派"和"早期维新派"的思想分野。其实，张树声这样的官员有改变专制制度的想法并不足为怪，在中外历史上，许多具有新思想的人，其"出身"又常常来自旧的阶层，也许身为封疆大吏，反倒对旧制度的弊端有更深的洞悉和体验。张树声的见解虽然接近于郑观应的看法，但不管怎样说，这段议论既然从张树声口中讲出，至少表明其赞同这一观点。以遗言的方式说出，更是表明了不是一时之念，而是经过认真考虑的真实想法。"鸟之将死，其鸣也哀，人之将死，其言也善。"作为一位封疆大吏上奏朝廷遗折中的议论，比之留在日记中的思想，从社会传播效应来讲，也将更有力度，更有影响。难怪郑观应将张树声的这段议论写入《盛世危言·自序》以支持自己的立论，并赞之曰："诚中的之论也。"①

张树声与"早期维新派"还有一相同认知，即主张效法"西艺""西政"之时，大多坚持中国之"教"优越于西洋之"教"，正如陈炽所言"泰西所长者政，中国之所长者教"②。张树声从光绪四年入京召对时称"中国声明文物，高出万国之上"到《遗折》中认为西人"礼乐教化，远逊中华"，都表现出一以贯之的认知。

其实，所谓张树声的体用观受郑观应之影响，目前仅是推测，有待资料佐证。但却有资料表明，张树声思想是受其幕僚何嗣焜的影响。何嗣焜（1843—1901），字梅生，江苏武进县人，生员出身，同治初年从淮军转战于苏常之间，任训导教谕。光绪五年经张树声奏保知县，光绪八年以直隶州补用，光绪十五年以知府补用，是一位熟悉西学，究心时务的维新士人。盛宣怀对何氏有如此评述："该员少有志节，更历兵乱，年未三十，即弃举子业，专致力于经世有用之学，推本经术，旁通史要，于历代理乱得失之故，东西各国政教异同之理，一一究心，发为文章，通达渊雅，而

---

① 夏东元编：《郑观应集》上册，第234页。
② 陈炽：《庸书·审机》，赵树贵、曾丽雅编《陈炽集》，第139页。

尤长于章奏,故张树声巡抚江苏时,访知其贤,以礼延至幕中,前后十余年,海内贤树声者,无不贤该员。"① 盛氏于光绪二十四年(1898)四月奏荐何氏总理南洋公学,称其"学术湛深,不求闻达,臣与纵论西学为用,必有中学为体"②。张謇亦谓何氏"博涉群书,益究心于当世之务"③。又据刘声木《苌楚斋三笔》卷一《张树声靖达公奏议》记载:"合肥张靖达公树声历官数省,当时在其幕中主持笔墨者,实惟□□何梅生孝廉嗣焜。张靖达公故后,其家中因当时奏稿多系孝廉所代拟,请其编刊《奏议》□卷,未成而卒,江阴缪筱珊太史荃孙踵成之。"④ 张树声对何嗣焜的确相当倚重,称何氏"学有本源,洞达时务","其操志之坚,制行之卓,有迥非常人所能及者";张树声"历任南北疆寄,凡军谋吏治,尚未遽及于颠复者,实赖该员匡助之"⑤。何嗣焜作为张树声的重要幕僚,对其显然有相当影响,《遗折》极有可能亦是何氏所代拟;张树声本人亦属"少负志节,读书好为深沉之思,尤究心经世之学"者⑥,二人似有相当共识而互为知己⑦。这似乎提示我们,对湘淮集团重要人物的思想和政绩的研究,都离不开深入考察其幕僚群体。

---

① 盛宣怀:《请将何嗣焜学行宣付史馆立传折》,光绪二十七年十月,《愚斋存稿》卷6,民国十九年武进盛氏思补楼刻本,第2页。
② 《大理寺少卿盛宣怀折》,国家档案局明清档案馆编《戊戌变法档案史料》,第250页。
③ 张謇:《存悔斋文稿序》,《张謇全集》第5卷上,第237页。
④ 刘声木:《苌楚斋随笔续笔三笔四笔五笔》上册,中华书局1998年版,第487页。
⑤ 《密保何嗣焜片》,何嗣焜编《张靖达公奏议》卷7,第29页。
⑥ 《彭玉麟等为张树声办理防务积劳病故请旨议恤事》,光绪十年九月十六日,录副奏折,档号03-5189-066。
⑦ 张树声卒后,何嗣焜谢绝了李鸿章、刘秉璋等封疆大吏的延聘,返回故里(盛宣怀:《请将何嗣焜学行宣付史馆立传折》),及张树声子张华奎署川东道时,何氏方应召前往,"当时相传,有不适异姓之谑"。(刘声木:《张树声靖达公奏议》)可见二人关系非同一般。

丘逢甲抗日保台的活动

甲午战争时期，丘逢甲领导的抗日保台活动在中国近代史上写下了可歌可泣篇章。"满清以台湾割之日本，逢甲首起抗日，其设议院，造民国，宣言民主独立，开东亚民主国之先河，壮烈远大，尤过绝往前。"① 这段重要史实，学界多有研究，然有关细节有待充实，以求史实更加清晰。回顾丘逢甲和台湾人民抗日保台的斗争史实，弘扬其维护祖国统一的民族精神，亦将更加激励我们为实现祖国统一和中华民族复兴而努力奋斗。

一、甲午战争期间的备战与抗争

丘逢甲（1864—1912）又名仓海，字仙根，号蛰仙。所著诗文常署南武山人或海东遗民。南宋末年丘氏先祖定居广东嘉应州镇平县（今蕉岭县），清乾隆年间曾祖迁居台湾彰化县。丘逢甲出生于台湾苗栗县。光绪十五年（1889）中进士，授工部主事。因无心仕途，告假省亲，回台湾主讲台中、台南各书院。

中日甲午战争爆发后，丘逢甲鉴于台湾孤悬海上，对日本侵占台湾的野心十分警惕，曾长叹道："天下自此多事矣！日人野心勃勃，久垂涎此地，彼讵能恝然置之乎？"② 于是首倡组织义军，召集乡民训练，防范日军进犯。他以大义鼓励乡民，涕泣而言："吾台湾孤悬海外，去朝廷远，不啻瓯脱；朝廷之爱吾台，曷若吾台之民之自爱？官兵又不尽足恃，脱一旦变生不测，朝廷遑复能顾吾台？惟吾台人自为战，家自为守耳；否则，祸至无日，祖宗庐墓之地，掷诸无何有之乡，吾侪其何以为家耶？"③ 逢甲斯语，一字一泪，闻者无不感奋，均愿效命疆场。

---

① 王宇高、王宇正：《丘逢甲传》，戚其章主编《中日战争》第12册，中华书局1996年版，第460页。下引该书均同此版本，不再另注。

② 江山渊：《丘逢甲传》，中国史学会主编《中日战争》（六），上海人民出版社1961年版，第398页。下引该书均同此版本，不再另注。

③ 江山渊：《丘逢甲传》，中国史学会主编《中日战争》（六），第398页。

1895年3月，丘逢甲正式组成义军，担任各路义军统领。他向署台湾巡抚唐景崧表示："此次将出，家父训以弟兄协心军事，上答君师，下保乡井。警报日迫，有能效力之处，均不敢辞也。"① 义军奉命"专防中路，兼任筹饷"，接着，因台北后路空虚，又赴北布防。中北两路义军共计10营，丘逢甲自带诚字3营、靖字1营、捷字1营，进士陈登元分统良字2营，分防南崁等处，兼顾台北后路；其兄丘先甲分带信字3营，布防新竹、苗栗一带。② 其三弟丘树甲任军务处帮理，在营相助。丘逢甲到南崁布防后，详细勘查了港口情势，认真进行了兵力布防。他于4月13日在致函唐景崧幕中要员俞明震函中，说明了勘查布防的具体情况："日日帕首短后衣，巡阅各防营。山径丘间，舍车徒步二三十里，所见益真。计港北山谷丛杂，自南崁街自山鼻、狮子山，布置已密。惟头前庄尚空虚，后壁厝一营亦单。近又于后壁之西北得一不可不防之所，曰大甑山。南见南崁港、许厝港各口，北见沪尾、八里坌各口，其山分支而下，到海有止二三里而近者，若敌潜据至此，不独扺南崁各防营之背，兼大小南湾、石头厝之背，由此直趋山顶，即可到新庄。其圭仑、太平顶诸营不能阻，极少须札一营。此港北情形也。港南则平坦无险可扼，应分哨扎，现一营驻扎亦尚单。昨奉帅谕，令将信字等营调回南崁，再加布置，当益周密耳。大小南湾、石头厝等处，现尚无营驻扎，信字等营即来，兵力亦未能及此。请帅处速派何营来防。许厝港亦应防，已陈达帅听矣。"③ 翌日，又在致台湾布政使顾肇熙函中写道："其港北山谷丛杂，每一山头为敌所据，即可用炮轰击各处；每一谷为敌潜入，即可趋太平顶，扺省垣之背，故处处均费布置。其港南则一片平地，无扼要之所。""所幸勇丁均同乡里，教以大义，其心尚为团结。又营中气习尚少，与百姓亦甚相安"。"将领多门下诸生，每与绅绎高论，尚能心领神会。惟逢甲望轻才绌，誓与士卒同甘苦，借结人心，故帕首短后衣，日周旋健儿间。"④

---

① 《上中丞》，丘琳辑《丘逢甲信稿》，戚其章主编《中日战争》第12册，第155页。
② 参见《复邓季垂》，丘琳辑《丘逢甲信稿》，戚其章主编《中日战争》第12册，第168页。
③ 《上同甫》，丘琳辑《丘逢甲信稿》，戚其章主编《中日战争》第12册，第168～169页。
④ 《致顾缉庭方伯》，丘琳辑《丘逢甲信稿》，戚其章主编《中日战争》第12册，第169页。

4月17日，即《马关条约》签订当日，丘逢甲上书唐景崧称："和局不成，台地必有大战，自在意中。但使诸将协心，能与防地共存亡，倭寇虽凶，未必即能全占台省。所虑军火不继，饷源不接耳。如议和者竟有割台之举，默察台地情形，必至内乱。此时无绳尺之可拘，倘有英雄者出，但使封疆大吏中有能隐助军火，即足集事，饷则竟不必问矣。"① 在丘逢甲看来，台北后路的义军虽然军火粮饷不济，但只要驻守台北战略要地的官兵能够协心齐力，定可坚持到底；议和若有割台之举，必然引起台民的激烈反抗，希望唐景崧能出面领导抗日保台而成为民族英雄，也希望得到反对割台的封疆大吏张之洞的军火接济。是日，唐景崧致电总理衙门，表示无法奉诏，陈述台湾绅民反对签订《马关条约》、决心抗日保台的意愿："洋行纷纷传电割辽，台已画押，倭并派某爵率兵轮即日来台。李鸿章希图了事，此约断不可从。""割台，臣不敢奉诏。且王灵已去，万民愤骇，势不可遏；奸民并乘此为乱。朝廷已弃之地，臣无可抚驭，无可约束；倭人到台，台民抗战，臣亦不能止。"②

4月18日，总理衙门将割台已成定局的情况正式电告唐景崧，令其出示劝令全台绅民，"勿得逞忿一时，致罹惨害"，"免滋事端，致碍大局"③。清政府漠视台湾广大民众权益，将台湾割让日本的行径，立即激起了全台绅民无比愤慨。"凶耗达于台，台人骤闻之，若夜午暴闻轰雷，惊骇无人色，奔走相告，聚哭于市中，夜以继日，哭声达于四野。"④ 丘逢甲更是怒不可遏，当众刺破手指，血书"拒倭守土"四字；并即于当天以"全台绅民"的名义上书，请唐景崧代奏，质问朝廷："和议割台，全台震骇。自闻警以来，台民慨输饷械，不顾身家，无负朝廷。列圣深仁厚泽二百余年，所以养人心士气，正为我皇上今日之用。何忍弃之？全台非澎湖之比，何至不能一战？臣等桑梓之地，义与存亡，愿与抚臣誓死守御。设战而不胜，请俟臣等死后再言割地，皇上亦可以上对祖宗，下对百姓。如倭酋来收台湾，台民惟有开仗，谨率全台绅民痛哭上陈。"⑤ 可谓义正词严，字字血泪！翌日，军机大臣翁同龢在其日记中记载："得台湾

---

① 《上中丞》，丘琳辑《丘逢甲信稿》，戚其章主编《中日战争》第12册，第162页。
② 《台湾唐维卿中丞电奏稿》，中国史学会主编《中日战争》（六），第384页。
③ 《宫中电报档》，戚其章主编《中日战争》第3册，中华书局1991年版，第70页。
④ 江山渊：《徐骧传》，戚其章主编《中日战争》第12册，第467页。
⑤ 《宫中电报档》，戚其章主编《中日战争》第3册，第74～75页。

门人俞应震、邱逢甲电,字字血泪,使我无面目立于人世矣。"①

4月19日,唐景崧接到总理衙门复电,大致谓:"割台系万不得已之举,台湾虽重,比之京师则台湾为轻。倘敌人乘胜直攻大沽,则京师危在旦夕。又台湾孤悬海外,终久不能据守。"又言:"交割台湾,限两月,余限二十日。百姓愿内渡者,听;两年内,不内渡者作为日本人,改衣冠。"此电传出后,台北绅民罢市抗议,拥入巡抚衙门,哭声震天。唐景崧鉴于台湾绅民强烈反对割台,电奏吁恳道:"台民不服闭市,绅民拥入署,哭声震天。二百年文物之邦,忽沦化外,迁徙谈何容易!其惨自不待言。土勇数十营,誓必与战,撤时断不肯缴军装。倭人登岸,民必歼之,崧势不能禁。"②

4月27日,丘逢甲再次呈递血书,请唐景崧代奏:"万民誓不服倭,割亦死,拒亦死,宁先死于乱民手,不愿死于倭人手,现闻各国阻缓换约,皇太后、皇上及众廷臣倘不乘此将割地一条删除,则是安心弃我台民。台民已矣,朝廷失人心,何以治天下!查公法第二百八十六章有云:'割地须问居民能顺从与否',又云:'民必顺从,方能视为易主'。"③

唐景崧以丘逢甲为首的绅民之请,先后电奏至二十余次之多,甚至一再质问朝廷:"祖宗缔造之艰,史册具在,传至二百余年,失自皇帝之手,天下后世谓皇上为何如君?他日更何以见祖宗于地下?臣为祖宗守土,惟有与台为存亡,不敢奉皇上割台之诏。""弃地已不可,弃台地百数十万之人民为异类,天下恐将从此解体,尚何恃以立国?且地有尽,敌欲无穷,他国若皆效尤,中国之地可胜割乎?"④清廷仍以和议已有成说,悉置不答。5月2日,清廷批准《马关条约》。

二、"自主保台"与"台湾民主国"的成立

面对台湾危局,丘逢甲等绅士连日会商固守之计,众皆认为"万国公法有民不服某国可自立民主之条,全台生民百数十万、地方二千余里,自

---

① 陈义杰整理:《翁同龢日记》第5册,中华书局1997年版,第2795页
② 《台湾唐维卿中丞电奏稿》,中国史学会主编《中日战争》(六),第385页。
③ 《台湾唐维卿中丞电奏稿》,中国史学会主编《中日战争》(六),第388页。
④ 思痛子:《台海民痛录》,戚其章主编《中日战争》(第12册),第107页。

立有余"①。前驻法参赞陈季同提出"民政自主,遥奉正朔,拒敌人"② 之策,这一主张得到丘逢甲赞同。5月15日,丘逢甲等以全台绅民的名义电总理衙门及各省大吏,表示了"自主保台"的决心。电文说:"台湾属倭,万民不服。迭请唐抚院代奏台民下情,而事难挽回,如赤子之失父母,悲惨曷极!伏查台湾为朝廷弃地,百姓无依,惟有死守,据为岛国,遥戴皇灵,为南洋屏蔽。惟须有人统率,众议坚留唐抚台,仍理台事;并请刘镇永福镇守台南。一面恳请各国,查照割地绅民不服公法,从公剖断,台湾应作何处置,再送唐抚入京,刘镇回任。台民此举,无非恋戴皇清,图固守以待转机。"③

清廷竟然不顾台湾绅民的吁请,于5月18日令李经方前往台湾,与日本使臣商办交割台湾事宜,表示"中国并无不愿交割之意"④。20日又下诏"署台湾巡抚布政使唐景崧著即开缺,来京陛见,其台省大小文武各员并着饬令陆续内渡"⑤。至此,台湾绅民终于完全绝望。丘逢甲悲愤万分地指出:"余早知有今日矣!虽然,台湾者,吾台人之所自有,何得任人之私相授受?清廷虽弃我,我岂可复自弃耶?"⑥

5月21日,丘逢甲等台湾绅士集议于台北筹防局,确定了自立民主之策。遂铸金印一颗,文曰:"民主国总统之印";制长方形"蓝地黄虎"旗,"虎首内向,尾高首下"⑦,以示面向大陆,臣服中朝。共议推唐景崧为总统。

25日,丘逢甲率绅士齐聚巡抚衙门,向唐景崧献国旗及总统印。唐景崧身着朝服,北面受任。"台湾民主国"正式宣告成立,改年号为"永清",寓永远隶属清朝之意。当天,唐景崧致电总理衙门:"台民闻割台后,冀有转机,未敢妄动,今已绝望,公议自立为民主之国。""伏思倭人不日到台,台民必拒;若炮台仍用龙旗开仗,恐为倭人借口,牵涉中国,不得已暂允视事,将旗发给各炮台暂换,印暂收存,专为交涉各国之用。

---

① 思痛子:《台海民痛录》,戚其章主编《中日战争》第12册,第107页。
② 陈衍:《陈季同传》,《闽侯县志》卷69,列传五下,页39。
③ 蔡尔康等编:《中东战纪本末》,中国史学会主编《中日战争》(一),第204页。
④ 《清德宗实录》卷366,光绪二十一年四月二十六日。
⑤ 电寄谕旨档(光绪二十一年四月二十六日),第一历史档案馆藏档,档号1-01-12-0309。
⑥ 江山渊:《丘逢甲传》,中国史学会主编《中日战争》(六),第399页。
⑦ 姚锡光:《东方兵事纪略》,中国史学会主编《中日战争》(一),第94页。

一面布告各国，并商结外援，嗣后台湾总统均由民举，遵奉正朔，遥作屏藩。俟事稍定，臣能脱身，即奔赴宫门，席槁请罪。"① 同时发布文告，晓谕全台："照得日本欺凌中国，大肆要求，此次马关议款，于赔偿兵费之外，复索台湾一岛。台民忠义，不肯俯首事仇，屡次恳求代奏免割，总统亦奏多次，而中国欲昭大信，未允改约，全台士民，不胜悲愤。当此无天可吁，无主可依，台民公议自立为民主之国。""惟是台湾疆土，荷大清经营缔造二百余年，今须自立为国，感念列圣旧恩，仍应恭奉正朔，遥作屏藩，气脉相通，无异中土，照常严备，不可稍涉疏虞。""从此台湾清内政，结外援，广利源，除陋习，铁路兵轮，次第筹办，富强可致，雄峙东南。"台民亦张贴布告称："查全台前后山二千余里，生灵千万，打牲防番，家有火器，敢战之士一呼百万，又有防军四万人，岂甘俯首事仇？今已无天可吁，无人肯援，台民惟有自主，推拥贤者，权摄台政，事平之后，当再请命中朝，作何办理。"表示誓死保卫台湾："惟台湾土地政令，非他人所能干预。设以干戈从事，台民惟集万众御之。愿人人战死而失台，决不愿拱手而让台！""此非台民无理倔强，实因未战而割全省，为中外千古未有之奇变。台民欲尽弃田里，则内渡后无家可归；欲隐忍偷生，实无颜以对天下。因此槌胸泣血，万众一心，誓同死守，倘中国豪杰及海外各国能哀怜之，慨然相助，此则全台百万生灵所痛哭待命者也。"②

唐景崧对外称"台湾民主国"总统，对内则仍称抚台。总统之下设立内务、外务和军务三个衙门，任命俞明震为内务大臣、陈季同为外务大臣、李秉瑞为军务大臣，诸大臣对内则称督办。其余地方民事，仍由府、厅、县照旧办理。此外，还设立了议院，推举台湾首富大仆寺卿林维源为议长。但林维源辞不就任，仅推举了数名议员。众人又推举台湾军务帮办刘永福为大将军、丘逢甲为台湾义军统领。

值得指出的是，为抗日保台而建立的政权之所以称之为"民主国"似与当时人对"民主"的认知有关。如前所述，在晚清士人的认知中，中国典籍《尚书·多方》中"民主"之本义固然是"民之主"，但这一"民之主"是由"天"为民求得或由"民"择而归之，则"民主"一词实隐含有"传贤不传子""民择主"之义；这一含义在时人的认知中有两个要

---

① 《台湾唐维卿中丞电奏稿》，中国史学会主编《中日战争》（六），第394页。
② 蔡尔康等编：《中东战纪本末》，中国史学会主编《中日战争》（一），第201～203页。

点,一是"官民自主",二是"公举首领"。1863年由总理衙门主持翻译的《万国公法》释"民主之国"曰:"若民主之国,则公举首领,官长均由自主,一循国法,他国亦不得行权势于其间也。"① 故"民主"多指由民"公举"的"总统"。以唐景崧及台民名义发布的文告亦反复强调了"公议自立为民主之国","台民惟有自主,推拥贤者,权摄台政",也是强调"官民自主"和"公举首领"。在筹建民主国时,陈季同又明确提出"民政自主,遥奉正朔";唐景崧致电总理衙门亦表示"遵奉正朔,遥作屏藩"。可见台湾民主国的成立,完全是台湾广大绅民在清政府弃台不顾的情况下,为了保卫台湾不被日本侵占而采取的保卫祖国领土完整的一种特殊举措,是为保台而建立的抗日救亡政权,并非是要脱离中国而"独立"。

三、抗日保台斗争及其影响

清政府割台时,台湾的守军约有100余营,4万余人,团练义军共约3万余人。饷银器械方面,除藩库存银40万两外,署两江总督张之洞奏拨100万两,士绅林维源捐助100万两,向民间借了20万两,其他富商巨室也捐助了一部分。库存炮药土药有4万多磅,各炮台储有一定火药。毛瑟枪弹有280多万发。② 但在台湾的防务上仍呈现出不利形势。唐景崧出于个人猜忌以及守军内部不和,将刘永福所率黑旗军调往台南,道员林朝栋所部10营调往台中,而以临时招募的广勇驻守台北,削弱了台北的防务。清廷更是谕令在台官员限期内渡,福建水师提督杨岐珍、台湾镇总兵万国本及统兵官廖得胜、余致廷等先后率部退回大陆,致使清军军营数大为减少。

当台湾官绅自主保台之际,日本也做侵占台湾的准备。5月10日,日本政府任命海军大将桦山资纪为台湾总督兼军务司令,率军占领台湾。6月1日,李经方乘德国商轮公义号抵达台湾海面,次日,日本政府所派台湾民政局长水野遵与李经方商定台湾交割文据,并由桦山资纪署名盖章。在此之前的5月29日,日军已经发动了对台湾的进攻。

攻占台湾的日本陆军有两支:一支由台湾总督桦山资纪亲自指挥的总

---

① (美)惠顿:《万国公法》,丁韪良译,上海书店2002年版,第37页。
② 参见孙克复、关捷《甲午中日陆战史》,黑龙江出版社1984年版,第351页。

督府直属部队，共6700余人；另一支由陆军中将北白川能久亲王指挥的近卫师团，共约14500余人。① 5月27日，两支日军搭乘运兵船在军舰护航下在琉球中城湾会合，桦山即命令近卫师团进攻台湾，选定在三貂角附近海湾登陆。

面对日军的进犯，唐景崧遣将以拒敌，令李文忠屯基隆，黄义德扼八堵，吴国华、包干臣坚守三貂岭。丘逢甲进言道："包干臣畏敌而贪功，黄义德性怯而多诈，皆不可用。"唐景崧不听。是时，唐已无力约束部将，"法纪堕，将士骄横不可抑。逢甲忧之，数以为言。景崧衔焉，自是于逢甲之言滋不听"②。

5月29日下午，日军近卫师团开始在三貂角附近的澳底登陆，驻守此地的清军仅有总兵曾照喜新募的两营，在日军的进攻下很快溃退。30日，日军占领通往基隆的险要之地三貂岭。奉命前来防守的吴国华率粤勇400余人与日军探骑相遇交火，击退敌人。果不出丘逢甲所料，当吴国华率兵追击日军时，随后赶至的包干臣竟然"夺斩获为己功"，与吴国华发生冲突，致使日军复至，三貂岭遂落入日军之手。当日军进攻基隆之际，扼守八堵的黄义德"以为基隆失，必及狮球岭，八堵不复可守，亟引兵还"，还向唐景崧谎称："日人购总统头六十万金，吾爱总统，故亟还。"丘逢甲"面斥其伪"；唐景崧则默然不语，"始自悔不早用逢甲言"。③

6月2日，日军一部向瑞芳镇进犯。督办全台营务处俞明震、记名提督张兆连和陈得胜、广东守备刘燕等率所部守军顽强抵抗。双方发生激战，陈得胜战死，俞明震、张兆连负伤，清军战死30余人，被俘30余人，瑞芳镇失陷。日军死伤19人。3日，日军主力分三路向基隆发起进攻，因力量悬殊，守军且战且退，至下午5时，日军攻占基隆港，同时又进攻扼基隆至台北的通道狮球岭。知县胡友胜率粤勇4营孤军苦战，至下午6时，狮球岭失守。

外围险要尽失，台北危在旦夕。在此危急关头，清廷于6月2日竟以"现在和约既定，而台民不服，据为岛国，自己无从过问"为由，谕令东南沿海各省督抚对向台湾运送兵勇军械之事"设法禁止，免滋口实"④。

---

① 参见戚其章《甲午战争史》，上海人民出版社2005年版，第446页。
② 王宇高、王宇正：《丘逢甲传》，戚其章主编《中日战争》第12册，第458页。
③ 王宇高、王宇正：《丘逢甲传》，戚其章主编《中日战争》第12册，第458页。
④ 《军机处电寄张之洞等谕旨》，中国史学会主编《中日战争》（四），第148页。

这给台湾官绅的保台活动带来十分不利的影响，驻守台北后路的总兵余清胜即以不敢违背清廷旨意为由率所部5营投敌。

6月4日，基隆、狮球岭失守后的溃兵涌入台北城，官民乱作一团。俞明震力劝唐景崧退守新竹，与林朝栋、刘永福两军会合，以图再举，唐未采纳。缉捕营官李文奎冲进抚署，要求唐景崧亲往八堵督战。唐见大势已去，急忙从抚署后门脱身，微服潜入沪尾德国洋行，两天后乘德国轮船内渡厦门。唐景崧逃走后，台北人心惶惶，溃兵抢掠藩库存银，城内火光四起，秩序大乱。丘逢甲闻唐景崧内渡，痛哭怒言："吾台其去矣！误我台民，一至此极！景崧之肉其足食乎！"① 他派出义军指望阻止溃兵的抢掠以维持局面，但终因力单不支而无力挽救，只得率义军撤退至台中，在新竹一带继续抗击南侵的日军，"血战二十余昼夜，率以饷绝弹尽，死伤过重不支。日人知台湾自主由公首倡，所部义军又抵抗最力，嫉之甚，出重赏严索"。更有少数败类，见台北沦陷，"不独不协助驱除异族，仅起为内应"。丘逢甲"知事不可为，欲率部据山死守，与台共存亡"。部将谢道隆劝道："台虽亡，能强祖国则可复土雪耻，不如内渡也。"丘逢甲不得不"布告各地自由抗战，不限部勒，痛哭辞故乡，奉父母内渡"②。7月25日晚，丘逢甲奉父母并带谢道隆等一行数十人，潜行至台中大雅乡枫村，次日晚从涂葛堀港乘妹夫张家源发商号提供的帆船离台内渡。③ 临行前写下了悲愤的《离台诗》六首，其中两首写道："宰相有权能割地，孤臣无力可回天。扁舟去作鸱夷子，回首河山意黯然。""卷土重来未可知，江山亦要伟人持。成名竖子知多少，海上谁来建义旗？"④ 表明他仍然对台湾回归祖国寄予无限期望。丘逢甲自台湾内渡后，"自署曰台湾遗民。每晨起，东南望，徘徊太息。及闻香山孙公革命之说，即喜曰：'死无恨矣。'"⑤

丘逢甲领导的抗日保台斗争虽然受到了挫折，但台湾人民的抗日斗争依然前仆后继，风起云涌，沉重打击了侵台日军。在这次侵台战争中，日

---

① 江山渊：《丘逢甲传》，中国史学会主编《中日战争》（六），第401页。
② 丘琮：《仓海先生丘公逢甲年谱》，戚其章主编《中日战争》第12册，第153页。
③ 参见赵春晨《爱国志士·诗人·教育家：丘逢甲》，广东人民出版社2006年版，第50页。
④ 丘逢甲：《岭云海日楼诗钞》，安徽人民出版社1984年版，第421页。
⑤ 王宇高、王宇正：《丘逢甲传》，戚其章主编《中日战争》第12册，第459页。

军付出了惨重的代价。侵台日军近49000余人，随军夫役26000多人，战死者4600余人，负伤者约27000人。[①] 日军近卫师团长、陆军中将北白川能久亲王及第二旅团长、陆军少将山根信成也在侵台战争中患重病而死。侵台日军死伤的人数比甲午中日战争中死伤的人数多了近一倍。日本虽然通过军事、政治、经济和文化的种种高压政策，在台湾建立起殖民统治，但台湾人民反抗殖民统治的斗争从来没有停息，从民众自发的武装起义到地方绅士领导的议会请愿运动，从青年学生的抗日活动到以工农大众为主体的民族解放运动，此起彼伏，连绵不断，用鲜血和生命在近代中国人民反帝斗争史上写下了可歌可泣的篇章，充分表现了台湾人民时刻都与祖国的命运连在一起、渴望回归祖国的爱国情怀。

[①] 参见中国社会科学院近代史研究所《日本侵华七十年》，中国社会科学出版社1992年版，第53页。

武昌起义后孙中山在美国和欧洲的活动

1911年10月10日武昌起义爆发时，孙中山正在美国宣传革命，筹集起义经费。接着他又转赴英国和法国，积极进行筹款和外交活动。表面上看，孙中山的这些活动似乎与武昌起义没有直接关联。但在孙中山看来，筹集充足的革命款项，争取各国的外交承认，正是革命能否取得成功的重要条件。后来的事实也证明，陷入严重的财政危机，没有得到各国外交承认，恰是南京临时政府致命的"软肋"。这表明孙中山的筹款和外交活动对于新生的民国来说至关重要。虽然由于列强维护其在华利益而最终属意于袁世凯，致使孙中山的筹款和外交活动没有取得多大实效，但孙中山在欧美的活动扩大了武昌起义在西方的影响，为中国新生的共和国的诞生作了舆论宣传工作。同时，西方舆论也大多认定孙中山将出任中国新生的共和国的总统，为孙中山回国后立即出任中华民国临时大总统创造了条件。以下着重论述1911年10月至12月孙中山在美国和欧洲的活动情况及西方舆论的反应。

一、在美国的筹款和宣传活动

武昌起义发生的第二天，即1911年10月11日晚，一直在北美宣传革命筹集经费的孙中山抵达美国科罗拉多州之丹佛城。10余天前，在途中接到黄兴自香港发来的电报，因密电码本装行李另行托运，无法及时译出。抵达丹佛后即取密电码本译出，其电称："居正从武昌到港，报告新军必动，速汇款应急。"12日，从报纸得知"武昌为革命党占领"的消息，十分激动，本想立即返回国内，"亲与革命之战，以快平生"，但考虑到自己的重任"不在疆场之上，而在樽俎之间"，决定多作外交方面努力。他分析了各国对华政策及对中国革命的态度，认为与中国关系最大的主要有六国：美、法当同情中国革命；德、俄则当反对中国革命；日本则民间同情，而其政府反对；英国则民间同情，而政府态度不明。"是故吾之外交关键，可以举足轻重为我成败存亡所系者，厥为英国，倘英国右我，则日本不能为患矣。"于是立即出发赴纽约，然后前往英国进行外交努力。途经圣路易城时，见报纸有报道："武昌革命军为奉孙逸仙命令而起者，拟建共和国体，其首任总统当属之孙逸仙。"① 可见海外舆论早已承认孙中山是辛亥革命的当然领袖。一路上为慎密起见，孙中山回避了一切记者的追访。

10月13日，孙中山经圣路易抵达芝加哥，为该地同盟会分会即将举行的预祝中华民国成立大会撰写布告，内称："武昌已于本月十九日（按：10月10日）光复，义声所播，国人莫不额手相庆，而虏运行将告终。本会谨择于二十四日（按：10月15日）开预祝中华民国成立大会，仰各界侨胞届期踊跃齐临庆祝，以壮声威，有厚望焉！"② 孙中山为了回避西方记者，藏身萧雨滋家中，没有出席庆祝大会，然后偕同盟会员朱卓文同行。至纽约时，闻广东党人正在谋求武装独立，即致电粤督张鸣岐，敦促其率部反正。③

此时，各国舆论界对孙中山最近的活动都表现出了极大的关注，西报记者纷纷进行追踪采访。就在孙中山到达芝加哥的当天，10月13日《纽约时报》刊载了10月12日汉口来电称："这是一个推翻帝制、建立共和的有计划的革命运动。如不发生意外，著名的流亡革命家、反清革命领袖孙中山可能被推选为民国总统。"④ 10月14日《纽约时报》又发表该报记者13日自芝加哥来电亦称："孙博士是大清国革命党的领袖，并且，如果武昌起义取得成功，他即将成为这个国家的总统。"⑤ 同时刊载了该报记者自伦敦的来电称："今天，《纽约时报》记者掌握了一项与一位引人注目的人物有关的证据。这项证据表明，清国叛乱并非偶然爆发，而是在过去三至四年中，在孙博士领导下，同一批最精明的清国进步人士组成革命团体，在他们精心策划和秘密组织下才取得今天的结果。这项证据具有权威性，并且非常肯定。"⑥

---

① 孙中山：《建国方略》，《孙中山全集》第6卷，第244～245页。
② 孙中山：《中国同盟会芝加古分会预祝中华民国成立大会布告》，《孙中山全集》第1卷，第543页。
③ 参见孙中山《致张鸣岐电》，《孙中山全集》第1卷，第544页。
④ 郑曦原：《帝国的回忆：〈纽约时报〉晚清观察记》，生活·读书·新知三联书店2001年版，第379页。下引该书均同此版本，不再另注。
⑤ 郑曦原：《帝国的回忆：〈纽约时报〉晚清观察记》，第397页。
⑥ 郑曦原：《帝国的回忆：〈纽约时报〉晚清观察记》，第386页。

10月15日的几则电讯也作了相关报道:"旧金山电云,旅美华侨已捐集美金洋二十万,以济革命军,孙逸仙现在美国召集大会议,定明日举行庆祝革命之成功。""东京电云,闻孙逸仙已由美国挟巨资,起程回国。""旧金山电云,中国革命党首领孙逸仙言,必须推翻目下之满洲政府以组成共和国,彼将有为将来共和总统之希望。孙已于西历十月十六号由丹佛尔起程赴太平洋南滨,并在该处募集捐款以助革命党,旧金山华侨已捐集三十万元。"① 这些报道对孙中山的筹款计划和活动行程似乎比较了解,特别是一致肯定孙中山将出任中国新生共和国的总统。但所谓"旅美华侨已捐集美金洋二十万""旧金山华侨已捐集三十万"的报道,则与实际情况略有出入。据冯自由统计,从成立筹饷局至广东光复为止,筹得饷款总数为美金144130.41元。② 所以在孙中山离开美国之前筹款不可能有二三十万之多。

英国《每日电讯报》对孙中山近日在美国的活动也进行了较详的报道:

> 正在美国旅行、筹集资金、谋求财政支持的孙逸仙博士,现在芝加哥。昨天,他致电旧金山和纽约,今晚召开群众大会,庆祝中国革命军的胜利。
>
> 中国人士在旧金山有它最坚固的美国基地,在纽约有七千华人,而在加利福尼亚有将近五万华人。芝加哥的华人不到一千。约有五十名受到美国民主精神熏陶的中国青年人已毕业于芝加哥大学,准备随孙逸仙博士回中国。
>
> 去年4月,当孙逸仙博士在本市逗留期间,他谈到,他一生的使命就是推翻满清王朝,并且预计革命会早日取得成功。他说,革命有三个目的:推翻满清政府;创立共和政体和按照美国政府一样的方针组织国家。③

---

① 袁庙祝鮀辑:《辛亥革命征信录》,中国史学会主编《辛亥革命》第5册,第199、201页。
② 参见冯自由《中国革命运动二十六年组织史》,商务印书馆1948年版,第238页。
③ 《孙逸仙在美国》,载《参考消息》1981年9月24日,转引自陈锡祺主编《孙中山年谱长编》上册,中华书局1991年版,第560页,下引该书均同此版本,不再另注。

芝加哥庆祝大会后,孙中山赴华盛顿。10月20日离华盛顿赴纽约。抵达纽约后,与随后赶来的黄芸苏等,议定了五项计划:"一、关于武昌革命之进行,由黄克强率领同志前进。二、关于广东反正之进行,由胡汉民、朱执行等相机而发。三、对华侨演说共和政治,以固民国之基础。四、对外宣扬中国革命,以博美国朝野上下之同情。五、谋借外款以为军事及建设之用途。"①

与此同时,孙中山也在通过争取各国驻北京代表来影响各国政府的对华政策。武昌起义后不久,各国驻北京代表收到革命党人从旧金山寄来的三份宣言文本。其中第一份宣言是以革命军都督的名义要求各国代表严守中立,并敦促各国与新建立的国民政府建立友好关系。第三份宣言是针对地方当局,要求它们竭尽全力支援革命党人。第二份宣言则是以孙中山的名义发表的,阐明了革命党人的对外政策。主要内容包括:(一)革命政府承认清政府所订条约确定的外债,不承认清政府违反上述条约规定、非国家急需的外债。(二)革命政府将采取一切措施保护外国领事、传教士及其他外国人士的生命和财产安全。(三)联邦共和政府建立后,中央政府将与各国签订新的贸易条约和建立友邦交。② 这是孙中山为了防止列强各国干涉中国革命所作的外交努力。

武昌起义后各省相继独立的局势,令孙中山既感到欣喜也不无忧虑。欣喜的是,革命迅速成功,共和即将建立,自己的夙愿和理想很快就会变成现实;忧虑的是,胜利来得如此迅速和容易,使国人对革命精神及共和价值缺少领会和认识,清王朝遗留的恶劣势力和腐败政俗依然潜伏而留有后患。据纽约同盟分会负责人李朝晋追述,同志们在孙中山所住的纽约夏令顿旅馆内,谈及革命迅速进展的消息时无不"洋洋得意",唯独孙中山"面露不愉快之色",众人感到疑惑,孙中山即对同志说:"这回革命一起,不旬日已有十三省次第响应独立。独立如斯,太过迅速、容易,未曾见有若何牺牲及流血,更不知前仆后继之人及共和之价值,而满清遗留下之恶劣军阀、贪污官僚及土豪地痞等之势力依然潜伏,今日不能将此等余毒铲除,正所谓养痈贻患,将来遗害民国之种种祸患未有穷期,所以正为

---

① 张蔼蕴:《辛亥前美洲华侨革命运动纪事》,《孙中山与辛亥革命史料专辑》,广东人民出版社1981年版,第85页。

② 参见(俄)C. 齐赫文斯基《孙中山的外交观点与实践(1905—1912)》,丁如筠译,《国外中国近代史研究》第4辑,中国社会科学出版社1983年版,第16~17页。

此忧虑者也。"① 孙中山的这些忧虑确为辛亥革命后的历史进程所证实。这表明，在胜利刚刚来临之际，孙中山就对中国的现状和前景都作了冷静而深刻的思考，表明他不仅是一位关注现实、力求实际的革命家，也是一位思想前瞻、富有远见的政治家。

在此期间，孙中山在接受法国《朝日新闻》驻美记者采访时，还谈到了民国的政制建构以及各方面的改革。他说："吾意拟于他日试行联邦之中国，另设中央之上、下议院，统筹全局。其余财政，决不令贪婪之吏执掌之。添设公立学校，并图城市之改革、谈军事之改革、人民等级之改革，为最大之结束。此次若幸有成，当暂立军政府，然不久即许行自治。至若妇女，亦必令享有应得之权利，则家族亦大可改良也。苟吾革命之旗，飘飏于北京城内，则吾族之新花重发矣。"② 表明孙中山不仅强调了建立共和制，还进一步考虑到了新生共和国将在财政、教育、城市、军事和社会等方面实行一系列改革。

二、在欧洲的外交活动及接受媒体采访

11月2日孙中山离纽约赴英国，于11日抵达伦敦，晚8时前访吴稚晖，恰遇吴与张继外出，遂留下一信，请吴留寓等候。信中还写道："近日中国之事，真是泱泱大国民之风，从此列强必当刮目相看，凡我同胞，自当喜而不寐也。今后之策，只有各省同德同心，协力于建设，则吾党所持民权、民生之目的，指日可达矣。"③

孙中山邀吴担任临时秘书，协助处理中文文书，并请薛仙舟协助处理英文文书。然后开展寻求贷款的活动，通过咸马里代约四国银行团主任会谈，磋商停止清廷与四国银行团订立的川汉路和币制的两宗借款，被告之此事由英外务大臣格雷（E. Grey）主持，于是委托马克沁机枪厂总理道生（T. Dawson）为代表，与格雷磋商，向英政府提出三项要求："一、止绝清廷一切借款；二、制止日本援助清廷；三、取消各处英属政府之放逐令，以便取道回国。"据孙中山自述，三项要求均得到英政府同意。其

---

① 李朝晋口述、李滋汉笔记：《孙中山三赴纽约》，《近代史资料》总第64号，中国社会科学出版社1987年版，第12页。下引该书同此版本，不再另注。
② 《驻美使馆书记生周本培报孙中山与法国记者谈话记录》，载《历史档案》1985年第1期，第41页。
③ 孙中山：《致吴稚晖函》，《孙中山全集》第1卷，第546页。

实英政府之所以同意停止贷款给清廷,不过是英国驻华公使为了迫使清廷移交政权给袁世凯而要求伦敦停止贷款给清廷。孙中山再与四国银行团主任商议革命政府借款之事,被告之待孙中山回国后成立新政府之后始能谈判,拟派某行长与孙中山一道回国,如新政府正式成立,即就近谈判借款之事。①

孙中山希望成立一盎鲁撒克逊联盟以联合英美,并经由美国国务卿诺克斯及参议员卢特(Root)等取得联系,请格雷与华盛顿联系。便委托道生在会见格雷时递送了一份由孙中山和咸马里签署的文件,这份文件提出:如英国同意可自英国借得一百万镑,并力言需要英国的友谊与支持援助。允诺给英美在华若干优先权利。但格雷并未接受这一要求,英国外务部官员甚至称孙中山为"理论性的与喜说大言的政治家"。因11月8日四国银行团已经决定停止对清廷的贷款,格雷让道生转告孙中山"英国将保持中立",并明确表示了英国政府支持袁世凯的态度,称"所有外国人及反满团体都可能给予袁以总统职位——假如他能驱除满清并赞成共和"。②

由于孙中山将对英外交视为"举足轻重为我成败存亡所系者",而英国政府明确表示支持袁世凯出任总统的态度,使孙中山对此不得不慎重考虑。实际上孙中山来伦敦前后,对谁来领导新建共和政府的态度确有一定变化。赴伦敦前夕,他在致咸马里电中表示,黎元洪"缺乏将才,无法久持",而"各地组织甚好,都希望我加以领导。如得财力支持,我绝对能控制局势。在我们到达之前,不可能组成强有力的政府"。③ 初到伦敦时对英国记者的谈话中也表示,"倘国人召彼前往组织中央政府,以总理一席属之,彼必乐为效力"。可见此时,孙中山对由他来组织和领导共和政府是十分重视且颇具信心。不过,他的态度很快就发生了一定变化,在伦敦和康德黎的谈话中表示:"余于共和政府之大统领不介意。惟维持中国前途之责任,余可担当。"④ 并于16日致电《民立报》转民国军政府,明确表达了自己的意见。他说:"总统自当推定黎君,闻黎有请推袁之说,合宜亦善。总之,随宜推定,但求早巩国基。"并表示对"满清时代权势利禄之争,吾人必久厌薄。此后社会当以工商实业为竞点,为新中国开一

---

① 参见孙中山《建国方略》,《孙中山全集》第6卷,第245~246页。
② 陈锡祺主编:《孙中山年谱长编》上册,第576页。
③ 孙中山:《致咸马里电》,《孙中山全集》第1卷,第544页。
④ 孙中山:《与康德黎的谈话》,《孙中山全集》第1卷,第559页。

新局面到。至于政权,皆以服务视之为要领"①。从充满信心领导共和政府到表示对总统一职"不介意"的态度变化,或许正是受了英国政府表态支持袁世凯的影响。

约在11月中旬,孙中山接受伦敦《滨海杂志》记者的采访,发表了长篇谈话,回顾自己的革命经历,揭露清朝专制腐败的统治,展望中国建立共和制的光明前景。他指出:

> 一个新的、开明而进步的政府必定要取代旧政府。当这一目标实现以后,中国将不仅能使自己摆脱困境,而且还有可能解救其他国家,维护其独立和领土完整。在中国人中间,有高度文化素养的大不乏人,我们相信,他们必能承担组织一个新政府的重任,为了把旧的中国君主政体改变为共和政体,思虑精到的计划早已制订出来了。
>
> 人民群众已经为迎接一个新型政权作好准备。他们希望改变政治和社会处境,以摆脱目前普遍存在的可悲的生活状况。国家正处于紧张状态,恰似一座干燥树木的丛林,只需要星星之火,就能使它燃烧起来。

最后,孙中山以庄重的声明表达了一位政治家的思想境界。他说:"不论我将成为全中国名义上的元首,还是与别人或那个袁世凯合作,对我都无关紧要。我已做成了我的工作,启蒙和进步的浪潮业已成为不可阻挡的。中国,由于它的人民性格勤劳和驯良,是世界最适宜建立共和政体的国家。在短期间内,它将跻身于世界上文明和爱好自由国家的行列。"②孙中山始终坚持"天下为公"的政治理想,希望效法美国在中国建立真正的民主共和国,他思虑的不是个人的地位和荣辱,而是国家民族的长远利益和前途。

11月21日,孙中山从伦敦抵达巴黎。23日访问了法国下议院,同阿尔费雷德·马塞等议员进行了"极为和洽"的会谈。孙中山提出"法国愿意承认中华民国与否一事,各议员均答以自当竭力为之"③。同日,又

---

① 孙中山:《致民国军政府电》,《孙中山全集》第1卷,第547页。
② 孙中山:《我的回忆》,《孙中山全集》第1卷,第556、557~558页。
③ 陈锡祺主编:《孙中山年谱长编》上册,第581页。

会晤了法国东方汇理银行经理西蒙，谈到四国银行团能否立即贷款给革命临时政府的问题，西蒙表示四国银行团及其政府将在革命临时政府和清政府之间保持中立，不可能贷款给革命临时政府，除非革命者建立起一个为全中国所接受并得到列强承认的合法政府。孙中山谈了他对中国国内当前局势的判断，认为："由全国各地革命势力的蓬勃发展及其响应的快速看来，可以显示这不是一种局部性的叛乱，而为一种事先经过长期准备且有完善组织，旨在建立一联邦式共和国的起义，成功是可以确定的。袁世凯的狡猾善变虽可能迟滞革命行动，但决无法阻止革命的胜利。"① 实际上法国政府当时的对华政策是倾向于支持袁世凯，希望通过袁氏这样的"强有力的政治家"来保证法国的在华利益的实现。② 孙中山希望法国给予贷款和外交支持的努力自然不会有什么实际结果。

在法国期间，孙中山还在接受《巴黎日报》《政治星期报》记者采访时，表示了四点意见：（一）中国国土较欧洲为大，"政治上万不宜中央集权，倘用北美联邦制度最为相宜"。（二）"新政府应将海关关税则重行编订，务使中国有益，不能徒使西商独受其利。"（三）"于满清政府从前与各国所立条约，新政府仍然承认。"（四）在开矿、筑路方面愿意利用外资，引进外国科技和工程人才。③

在欧洲期间（约11月中下旬），孙中山发表演说，再次表明了革命后建立共和政体的决心，他指出："袁世凯之君主立宪办法，决不为人民所允许。诚以君主立宪实一分别满汉之标记，汉族讵愿再留此标记乎？不特不愿再有此标记也，甚愿洗尽所有极秽恶之记念，再组织联邦共和政体尤为一定不易之理。彼将取欧美之民主以为模范，同时仍取数千年前旧有文化而融贯之。"并再次申明了共和政府将采取独立自主和对外开放的政策，以实现中国之富强。他指出："共和成立之后，当将中国内地全行开放，对于外人不加限制，任其到中国兴办实业；但于海关税则须有自行管理之权柄，盖此乃所以保其本国实业之发达，当视中国之利益为本位。总之，新政府之政策在令中国大富。"主张首先利用外资，"以振兴其工商业"；

---

① 孙中山：《与西蒙的谈话》，《孙中山全集》第1卷，第563~564页。
② 参见吴乾兑《1911年至1913年间法国外交与孙中山》，中国孙中山研究学会编《孙中山和他的时代——孙中山研究国际学术讨论会文集》上册，中华书局1989年版，第421页。
③ 孙中山：《与巴黎〈政治星期报〉记者的谈话》《与巴黎〈巴黎日报〉记者的谈话》，《孙中山全集》第1卷，第561~562页。

坚定地表明"中国共和政府定能致力平和,对于日俄亦当尊敬其已得之条约及权利。共和政府之精神,决无帝国派之野心,决不扩张军备,但欲保其独立及领土完全而已"①。

11月24日,孙中山离开巴黎,自马赛乘丹佛轮返国。行前派留法学生胡秉柯向法国外交部询问法国政府对革命的态度,法国方面表示:"法国人的安全问题是首要的问题,正是现在需要估计一下中国当局给予我国国民的保证。"② 在巴黎期间,还邀请各科毕业的中国留法学生国参加组织共和政府。③

三、归国被选举为中华民国临时大总统

继武昌起义后,各省相继宣布独立,脱离清朝统治;建立全国性的临时政府,以统一各省军政、争取各国外交承认,也迫切地提上了议事日程;各派政治力量开始围绕临时政府的筹建展开了博弈。

11月30日,宣布独立的11省23名代表在汉口英租界顺昌洋行举行第一次会议,于12月3日通过《中华民国临时政府组织大纲》,对临时大总统的产生、参议院和政府各部的组成作了初步规定。此时,传来江浙联军于12月2日攻克南京的消息,12月4日,汉口会议一致决议移会南京组织临时政府。陈其美、宋教仁等本担心武昌成为临时政府所在地将不利于同盟会,于是召开留沪各省代表会议,选举黄兴为"假定大元帅",负责组织临时政府;又举黎元洪为副元帅兼鄂都督,仍驻武昌。然而,黄兴却以"才力不胜"而坚辞不受,主张举黎元洪为大元帅,自己则愿意"领兵北伐,誓捣黄龙,以还我大好河山而后已"。并坚持认为"孙中山将次回国,可当此任"。会上有代表提出,孙中山"诚为数十年来热心革命之大伟人,然对外非常紧急,若无临时政府,一切交涉事宜,俱形棘手。况大元帅为一时权宜之计,将来中华底定,自当由全国公选总统,是故某以为黄大元帅于此时实不必多为推让"。黄兴方同意"暂时勉任"④。

12月12日,14省39名代表齐集南京。14日全体代表会议决议本月

---

① 孙中山:《在欧洲的演说》,《孙中山全集》第1卷,第560～561页。
② 张振鹍:《孙中山对外关系中的几件史料》,载《历史研究》1981年第4期。
③ 参见冯自由《留欧学界与同盟会》,载《革命逸史》第2集,第125页。
④ 《民立报》1911年12月6日,转引自毛注青《黄兴年谱长编》,中华书局1991年版,第243～244页。

16日选举临时大总统。此时,从武汉赶至南京的浙江代表陈毅转达了黎元洪的意见,袁世凯的代表唐绍仪已经到了武汉,黎元洪派代表与之会晤,"据唐代表称,袁内阁亦主张共和,但须由国民会议决议后,袁内阁据以告清廷,即可实行逊位"。于是,会议决定缓举临时大总统,承认上海所举的大元帅和副元帅,并在《中华民国临时政府组织大纲》中增加了一条:"大总统未举定以前,其职权由大元帅暂任之。"① 表明临时大总统一职暂时虚位以待;不过在革命派代表心目中,虚位以待的是孙中山;而对于立宪派和旧官僚的代表来说,更属意的却是袁世凯。

这样看来,不论是个人之愿还是众人之望,黄兴和黎元洪都不可能成为各方一致认同的组织临时政府的理想人选,于是,孙中山能否及时从欧洲返回国内,便都成为组建临时政府的重要前提条件。

虽然因欧美各国政府属意袁世凯而使孙中山的外交努力成效有限,但国内革命党人为了在舆论上占据制高点,仍对孙中山欧美之行给予了高度评价。1911年12月20日《民立报》发表马君武所撰社论《记孙文最近运动及其人之价值》,指出:"外人之敬重孙君,非为其为革命党领袖故也,以为有孙君之热忱、忍耐、博学、远谋、至诚、勇敢及爱国心而复可以为革命党首领。孙君今日之受欧美人崇拜,以视意大利之加利波的②,匈牙利之噶苏特③,有过之无不及。伦敦蜡人院所以陈列古今名人者,孙像在焉。此事稍阅西报知外事者,皆能道之,非予之夸词也。""呜呼!吾国人果欲终受专制之虐,百劫不返,甘心降伏于袁世凯则已耳。不然,吾愿国人崇拜英雄之心,勿让诸欧美人士也。"

孙中山途经槟城、新加坡,乘"地云夏"英邮船于12月21日上午9时抵达香港,粤军都督胡汉民偕廖仲恺等乘兵轮从广州前往迎接。孙中山打算立即偕胡汉民前往沪、宁,胡汉民则力劝孙中山暂留广东,整兵蓄势,然后挥师北伐,以定大局。胡汉民认为,清政府虽然人心尽去,但袁世凯还掌握北洋数镇兵力,其人"实叵测,持两端",袁氏势力不除,则革命政权仍面临严重威胁,认为"先生一至沪宁,众情所属,必被推戴,幕府当在南京,而兵无可用,何以直捣黄龙?且以选举克强之事观之,则

---

① 刘星楠:《辛亥各省代表会议日志》,《辛亥革命回忆录》第6集,文史资料出版社1981年版,第250页。下引该书同此版本,不再另注。
② 今译加里波第(1807—1882),意大利民族解放运动领袖。
③ 今译科苏特(1802—1894),匈牙利民族解放运动领袖。

命令正未易行，元首且同虚器，何如留粤，就粤中各军整理，可立得精兵数万，鼓行而前，始有胜算。尽北洋之力，两三月内，未能摧破东南，而吾辈已济，以实力廓清强敌，乃真成南北统一之局。沪、宁相较，事正相反，若鹜虚声，且贻后悔。"孙中山则坚持认为当务之急是建立统一的革命政府，而革命党人的优势在于"恃人心"而非"恃兵力"，如果不及时领导组建革命政府则将失去人心。他说："以形势论，沪、宁正在前方，不以身当其冲，而退就粤中，以修战备，此为避难就易，四方同志正引领属望，至此其谓我何？我恃人心，故恃兵力，既如所云，何故不善用所长，而用所短？""谓袁世凯不可信，诚然，但我因而利用之，使推翻二百六十余年贵族专制之满洲，则贤于用兵十万。纵其欲继满洲以为恶，则其基础已远不如，覆之自易，故今日可先成一圆满之段落。我若不至沪、宁，则此一切对内对外大计主持，决非他人所能任，子宜从我即行。"① 两人从上午争辩到晚上，孙中山最终说服了胡汉民，当晚一道乘"地湾夏"号赴上海。二人争论之中，孙中山看法显然更具有战略眼光，而胡汉民的建议从策略上考虑也有道理，如果孙中山适当考虑胡的意见，在北上的同时，让胡留在广东作军事准备以为后盾，则似为周全之策。

12月25日上午9时三刻，孙中山抵达上海。沪军都督府派"建威"兵轮往吴淞口迎接。孙中山在租界码头登岸后，受到革命党人和各界人士的热烈欢迎。当天《民立报》以《欢迎！欢迎！》为题发表的专栏言论说："先生归来，国基可定，新上海光复后一月，当以此日为最荣。"各报记者纷纷进行采访。《大陆报》主笔问："君带有巨款来沪供革命军乎？"孙大笑："何故问此？"主笔说："世人皆谓革命军之成败，须观军饷之充足与否，故问此。"孙答："革命不在金钱，而全在热心。吾此次回国，未带金钱，所带者精神而已。"② 12月26日，孙中山向《民立报》记者发表谈话时又指出："武昌举师以来，即由美旅欧，奔走于外交、财政二事。今归海上，得睹国内近况，从前种种困难虽幸破除，而来日大难尤甚于昔。今日非我同人持一真精神、真力量以与此困难战，则过去之辛苦将意归于无效。"③ 这话似乎表明，孙中山已经清醒地意识到"来日大难尤甚

---

① 《胡汉民自传》，丘权政、杜春和《辛亥革命史料选辑》上册，湖南人民出版社1981年版，第215~216页。
② 孙中山：《与上海〈大陆报〉主笔的谈话》，《孙中山全集》第1卷，第572页。
③ 孙中山：《与上海〈民立报〉记者的谈话》，《孙中山全集》第1卷，第571页。

于昔",在组建共和政府和巩固革命成果上,将面临更复杂的时局和更严峻的斗争。

孙中山一回国,同盟会代表及光复各省军政首脑纷纷通电表示欢迎,对孙中山领导组成统一的革命政府寄予厚望,选举孙中山为临时大总统的舆论呼声也最高。12月26日,在孙中山寓所召开了同盟会最高干部会议。会上,一致选举孙中山为临时大总统,"决定先期分别向各省代表示意,选举中山先生为临时大总统;并由马君武著文在《民立报》披露"①。

12月29日,各省代表会议在南京以无记名投票法选举临时大总统,参加选举17省代表,每省一票,差额选举。选举结果:孙中山得16票,当选为临时大总统。"众即起立欢呼:'中华共和国万岁'三声。是时音乐大作,在场代表及列席之军、学各界,互相祝贺,喜悦逾恒。"② 会后即由各省代表会正副议长汤尔和、王宠惠前往上海迎接孙中山来南京就职,并由代表会将选举结果电告孙中山及各省。

孙中山在上海得知当选消息,立即复电南京各省代表说:"光复中华,皆我军民之力,文子身归国,毫发无功。竟承选举,何以克当?惟念北方未靖,民国初基,宏济艰难,凡我国民皆具有责任。诸公不计功能,加文重大之服务,文敢不黾勉从国民之后,当刻日赴宁就职。"③ 消息传来,国内各界人士和团体以及海外华侨,纷纷发来贺电,各地军民举行集会庆祝和提灯游行。

1912年1月1日晚11时,在南京总统府举行了庄严而朴素的临时大总统受任典礼,孙中山宣誓就任中华民国第一任临时大总统,宣布中国也是亚洲第一个共和国的诞生。孙中山成为新生共和国的首任元首,是人民和历史的选择。

---

① 仇鳌:《辛亥革命前后杂忆》,《辛亥革命回忆录》第1集,第446页。
② 陈锡祺主编:《孙中山年谱长编》上册,第604页。
③ 孙中山:《复南京各省代表电》,《孙中山全集》第1卷,第575页。

第四编　多维视野与学术路径

"岭南学"的研究对象及其重点

随着岭南文化研究的拓展和深入,有学者提出了建立"岭南学"的构想,这对于提升岭南文化研究的学术性具有重要意义。"岭南学"作为一门学问,当然应该有特定的研究对象和研究方法。不过,就目前学界的讨论来看,其研究对象似乎过于宽泛。有学者提出:"以岭南地区的历史人文现象为主要研究对象,围绕着岭南地区所开展的涉及历史学、经济学、法学、社会学、伦理学、文学、语言学、建筑学、传统及现代工艺等人文与自然学科的基础性与综合性研究,均属'岭南学'的范畴。"① 这样界定的研究对象虽然限于"历史人文现象",但似存在将原分属于人文学科、社会科学甚至自然科学众多学科的研究对象"拼凑"起来的趋向,其研究主体似不够明晰,亦难以形成"岭南学"的特色和优势。

"岭南学"的提出大概是为了适应当前建设文化大省的迫切要求,亦与以地域命名之"学"成为目前学界关注之热点相关。为了说明"岭南学"的研究对象,有必要简略说明以地域命名之"学"的类型,就笔者所见,大体可分为三种类型:

第一类系指历史上某一地域内以儒学为主的学术文化。如西汉初的"鲁学""齐学";宋代的"关学""洛学""濂学""蜀学""闽学"等等。传统意义上的"岭学""粤学"大体亦属于此类。黄节1908年在《国粹学报》上发表的《岭学源流》一文中的"岭学",梁启超所谓"道咸以降,粤学乃骤盛"② 一语中的"粤学",即指岭南或广东地区以儒学为主的学术文化。

第二类系由当代学者提出、正方兴未艾的地域文化研究,如所谓"晋学""楚学"。这一类地域文化研究多以该地域内的历史文化为研究主体,如山西学者提出"晋学是以山西古代文化为研究客体的地域文化学科",

---

① 吴承学、翁筱曼:《"岭南学"刍议》,载《华南师范大学学报》2007年第5期。
② 梁启超:《近代学风之地理的分布》,《饮冰室合集·文集之四十一》,第78页。

或"主要是研究山西及其相关地区在历史上发生的一切人文现象的学问,其时空范围,包括自远古至近代以来的山西地区"。① 湖北学者提出楚学研究的对象,以周代的楚国历史文化为主体,包括楚文化的渊源和流变,以及与其并世共存的其他地域或国域的文化之比较研究。② 虽然一些学者提出"晋学""楚学"应包括近现代文化,但重点还是该区域内的古代文化,即使涉及近现代文化,也主要关注该地域古代文化在近现代的延续、传承和流变。

第三类系获得国内外学界公认并已经成为显学者,如"敦煌学"和"徽学"。"敦煌学"和"徽学"之所以成为一门"学",严格说来,主要不是因为敦煌和徽州具有独特的地域文化,而是该地域内有"新材料"和"新问题"的发现。正如最早为敦煌学命名的陈寅恪所说:"一时代之学术,必有其新材料与新问题。取用此材料,以研求问题,则为此时代学术之新潮流。"③ 敦煌学最初主要即指对敦煌文书的研究,以后随着敦煌石窟的保护与研究,敦煌汉简、吐鲁番文书、西域文书的大量出土,海内外所藏敦煌绢纸绘画等美术品的发表,敦煌学的研究对象逐步扩大到敦煌乃至吐鲁番和丝绸之路沿线出土或保存的所有文物和文献。④ 与敦煌学相类似,徽学之所以成为一门"学",也主要是因为自20世纪50年代大量徽州文书(总数估计不少于30万份)的发现,徽州还存留有大量明清典籍文献(约4000余种)、谱牒(约1500种),以及不少的明代民宅。故"徽学"是"以徽州文书、文献和地面物质文化遗存为基本依据,其研究对象应该包括两个层面:第一,是徽州区域的历史文化;第二,是明清时期的中国历史文化"。⑤

参照上述三种类型之"学",目前所希望建立的"岭南学",就研究基础和条件而论,似乎更接近第二类"学",即以岭南地区的历史文化作为研究对象。当然,上述三类划分仅是大体而言,实际上三者亦有重叠之

---

① 杨秋梅、张有智:《推动晋学研究 建设文化强省》,载《山西师大学报》2004年第3期。
② 参见黄尚明等《楚学国际研讨会综述》,载《华中师范大学学报》2004年第2期。
③ 陈室内恪:《陈垣燉煌劫余录序》,《金明馆丛稿二编》,第266页。
④ 参见荣新江《敦煌学:21世纪还是"学术新潮流"吗?》,载《中国民族》2005年第1期。
⑤ 朱万曙:《徽学的学术基础与研究对象》,载《探索与争鸣》2004年第11期。

处；或可视为"岭南学"形成的三个阶段，即传统的"岭学""粤学"为研究的历史起点，"岭南文化"则为研究的拓展方向，通过努力发现新材料和新问题，最终形成较为成熟的"岭南学"。至于"岭南文化"与"岭南学"关系，简而言之，前者是后者研究的主要对象，后者则是前者进一步提升其学术性的路径和归属。

岭南的地域范围包括广东、广西、海南和港澳，虽然按现在的行政区划分属于三省和两特别行政区，学界所研究的岭南文化大体是也主要是指广东文化，但从历史上看，还是属于相同的文化圈。岭南地区的历史文化从古至今，范围甚广，内容颇丰，如果研究对象没有重点而无所不包，或许难以形成为一门有特色的学问。故确定"岭南学"的研究重点至关重要。其研究重点当最能反映岭南历史文化的特色和优势。笔者对"岭南文化"或"岭南学"素少研究，仅从学界有关"岭南文化"的论著中，获得一点启示，初步认为"岭南学"研究重点大体可包括以下三个方面：

其一，岭南学术史研究。梁启超在《清代学术概论》中从学术史角度提出应着重研究"时代思潮"，认为国民"思想之进路"，因"环境之变迁"与"心理之感召"，而"同趋于一方向"，形成"时代思潮"；而"有思潮之时代，必文化昂进之时代也。其在我国，自秦以后，确能成为时代思潮者，则汉之经学、隋唐之佛学、宋及明之理学、清之考据学，四者而已"。依梁氏这一见解，"时代思潮"是学术发展和文化复兴的标志，岭南学术史当以岭南地区之"时代思潮"为主要研究内容，或许可以起到纲举目张的作用。这一研究既与传统的岭学有继承和联系，亦须在岭学的基础上进一步拓展和深化。以陈白沙为代表的明代心学，以阮元、陈澧为代表的清代经学，以康有为、梁启超为代表的近代新学，可以说都是具有全国影响的"时代思潮"，都是岭南学术文化"昂进之时代"。

其二，岭南民俗文化研究。西方人类学家和民俗学家有"大传统"（或上层文化、精英文化）与"小传统"（或下层文化、通俗文化）的文化理论。"小传统"往往是从"大传统"渗透下来，只不过经过"俗化"而已；而"大传统"也从"小传统"中汲取养料，其中不少重要的思想观念也往往起源于民间；自古提倡的"礼乐教化"与"移风易俗"正是"大传统"贯注到民间以改造"小传统"的过程。[1] 如果说，学术史研究

---

[1] 参见余英时《论士衡史》，上海文艺出版社1999年版，第88～92页。

的是"大传统",那么,民俗文化研究正是研究的"小传统",两者的互补,更能全面反映岭南历史文化的全貌。梁启超曾说广东"自秦汉以来,即号称一大都会,而其民族与他地绝异,言语异、风习异、性质异,故其人颇有独立之想,有进取之志;两面濒海,为五洲交通孔道,故稍习于外事,虽然,其私人资格与外人交涉者太多,其黠劣者,或不免媚外倚赖之性"①。岭南的民俗文化既保留了不少古代中原文化基因,又确有比较突出而独特的地域文化韵味。

其三,岭南中外文化交流研究。梁启超指出:"吾粤僻处岭南,与中原邈隔,故在数千年历史上观之,其影响于国家政局者不甚大。虽然,以世界的眼光观之,吾粤实为传播思想之一枢要也。"② 确如梁氏所言,以中国的眼光观察,岭南在中国古代文化中处于边缘地位;但以世界的眼光观察,中外文化交流则为岭南的文化优势,这种文化优势在近代尤为凸显,当为"岭南学"研究的重要内容,这方面学界已有不少成果问世,只是在"问题意识"和"研究路径"上还需要更具有"世界的眼光"。

岭南既开放又封闭的地理环境,还形成了值得关注的一种文化现象,即新旧文化的兼容并存。陈序经在1939年发表的《广东与中国》一文中曾指出:"广东是旧文化的保存所,又是新文化的策源地,因而粤人既是旧文化的守护者,又是新文化的先锋队。"③ 这一文化现象极具象征意义。自清末以来新旧文化势不两立的思维定势在国人中影响颇大,实际上新旧兼容并存恰恰是文化复兴的重要原则,正如对中西文化都有深刻理解的严复所说"惟新旧各无得以相强,则自由精义之所存也"④。岭南文化既有不少前瞻乃至超前的思想观念(如康有为的大同理想,孙中山关于中国革命道路和现代化构想中的前瞻意识),同时亦保留了大量传统乃至保守的民风民俗,这是值得深入研究的文化现象。

"岭南学"的研究重点既然如上所述,则研究范围大体仍属文史哲为主体的人文学科,其研究方法还是以人文学科的研究方法为主,当然,亦可适当借鉴和汲取其他社会科学、自然科学的理论和方法。

---

① 梁启超:《中国地理大势论》,《饮冰室合集·文集之十》,第90页。
② 梁启超:《莅广东同乡茶话会演说辞》,《饮冰室合集·文集之二十九》,第24页。
③ 《东方杂志》第36卷第2号。
④ 严复:《主客平议》,王栻主编《严复集》第1册,第119页。

近代中国社会变迁的互动研究

近年来，中国近代社会变迁的研究虽然已经取得了较大进展，但还可进一步扩大研究的视野和领域，从不同的角度和不同层面揭示复杂而多变的社会面相。特别是从互动研究的角度，如社会与思想的互动、变迁与持续的互动、城市与乡村的互动、沿海与内地的互动等等，来研究近代中国的社会变迁，或许能够开拓一些新的研究领域，提出一些新的研究课题。

一、社会与思想

社会与思想的互动，早已引起了学术界的重视。1995年华中师范大学召开的"社会转型与文化变迁"国际学术研讨会的主题即是讨论这一重大问题。虽然社会的存在决定思想文化，但后者反过来又影响和制约着社会。研究社会转型同时应考察思想文化的变迁，反之亦然。考察两者变迁的互动，可以开拓研究的视野和思路，发现和提出新的问题。①

社会变迁研究的一大困难是资料分散，收集不易。不过，若利用思想文化史的资料也能发掘出一些过去被忽略的层面和问题。一方面，历史上留下的社会史资料本身就包含或反映了人们的某些思想；另一方面，社会变迁也会在人们的思想中留下痕迹。通过研究思想文化来凸显社会变迁还是一个大有作为的领域。

陈旭麓先生曾提出从社会意识方面去研究中国近代社会史的洞见，他说："近代社会思想意识的变化，在语言构造方面的变化很突出。鸦片战争后出现了很多新词汇、新名词，古文为白话文所替代。可以写一篇《从新词汇看中国近代社会》的大论文。"② 近代中国的社会变迁，反映在思

---

① 关于社会与思想的互动，罗志田先生在其一系列论文中已有较多论述。参见罗志田《林纾的认同危机与民国的新旧之争》，载《历史研究》1995年5期；《思想观念与社会角色的错位：戊戌前后湖南新旧之争再思》，载《历史研究》1998年5期。

② 陈旭麓：《略论中国近代社会史研究》，熊月之、周武编《陈旭麓文集》第2卷《思辨留踪》上，华东师范大学出版社1997年版，第189页。下引该书同此版本，不再另注。

想文化方面，就是出现了不少新的词汇，或赋予原有的中国词汇新的含义。探讨这些新词汇的演变及含义，不仅可以揭示思想观念的演变，而且还可以说明社会的变迁。

近代思想文化史上的一些重要词汇，如"商战""学战""民主""民权""自强""洋务""中学""西学""新学""国民"等等，既是中西文化冲突融合的产物，也是近代社会变迁的表征。"商战"与新兴工商业群体的出现、"学战"与新型知识群体的兴起均有较密切的关系。对这新词汇，当时人有不同含义的理解，今人也有不同程度的误读。如前所述，晚清国人对"民主"与"民权"的含义即有不同理解，歧义较多。特别是对"民主"的认知，并不是democracy的本义，而多是依据《尚书·多方》本义及其引申之义，并在戊戌前后引起了士人的误解；后来的研究者对此未能细察，难免以今人的理解加之于古人，自然难以得出接近历史实际的结论。再如，海外学者多称"洋务运动"为"自强运动"（也许称"同光新政"更符合实际），其实，"自强"与"洋务"的含义在当时就有所不同，"自强"或许更侧重于内治，而"洋务"多涉及外交。而"同光新政"正是包括了内治外交两方面的内容。同光之际，不少清廷官员和有识之士，多强调自强之本在于内治。如光绪元年彭玉麟上奏称："购备船炮，广储军火，筹画饷需，似自强矣，而非自强之根本"，而"清吏治""严军政""端士习""苏民困"等内治才是"自强之根本"。[1] 郭嵩焘亦说："窃以为方今治国之要，其应行者多端，而莫切于急图内治以立富强之基。如此二者，可以立国千年而不敝。"[2] 郭氏又引曾国荃语："论自强二字之义，须看重'自'字，朝廷但一意自强，天下已焕然改观，非舍己而责之督抚也，督抚一意自强，一省已焕然改观，非舍己而求之将帅也。故曰：为仁由己。"并称赞曾氏所言"绝精"[3]。有关洋务（或自强）运动研究中，研究者更关注的是"洋务"，而对这一时期的"内治"却较少研究。虽然对洋务（或自强）运动本身有了较多的研究成果，但似乎对这两个关键词的演变及含义还缺乏系统考察，这直接影响到我们对洋务（或自强）运动的内容、作用、地位及影响的认识。

---

[1] 朱寿朋编、张静庐等点校：《光绪朝东华录》（一），中华书局1984版，第58~60页。
[2] 郭嵩焘：《伦敦致李伯相》，杨坚点校《郭嵩焘诗文集》，第191页。
[3] 郭嵩焘：《郭嵩焘日记》第4卷，第274页。

研究近代新词汇的内涵及演变，就不能仅仅局限于部分著名思想家，而是涉及许多不大知名的人物。利用的资料也不仅仅是思想史上有影响的著作，而需要大量查阅报刊、公私文献、笔记、书信、日记等等，也需要对出现这些词汇的社会作考察，什么地区出现最早或最多，使用这些词的是些什么人，是在什么社会语境中出现的，等等。特别应注意避免以我们今日对这些词的理解来误读古人，而是尽可能地体会时人的理解，从而分析这些词汇在当时社会中的含义，即陈寅恪先生所强调的"了解之同情"与"今典"。这可以说是思想文化史的一个较好的研究思路。陈旭麓先生《辨"夷"、"洋"》①、王尔敏先生《商战观念与重商思想》②，都是这方面研究的开拓性力作。

就思想文化史的研究来说，一种思想或思潮，是在什么历史条件下、什么社会环境中出现和演变，其具体的内涵与当时的社会变迁有何关系，都需通过对近代社会变迁的深入研究才能说得清楚。

这里我想举一个比较典型的例子来说明。严复1912年署北大校长时，曾在《与熊纯如书》中说："比者，欲将大学经、文两科合并为一，以为完全讲治旧学之区，用以保持吾国四五千载圣圣相传之纲纪彝伦道德文章于不坠，且又悟向所谓合一炉而冶之者，徒虚言耳，为之不已，其终且至于两亡。故今立斯科，窃欲尽从吾旧，而勿杂以新；且必为其真，而勿循其伪，则向者书院国子之陈规，又不可以不变，盖所祈响之难，莫有逾此者。"③

严氏的这段表白，历来被研究者视为其由激进到保守的转变一个显著标志，表明其完全回到"封建复古主义"或"中体西用"上去了④。其实，欲明白严氏此说的真意，必须研究当时的社会环境。因此信谈及北大教育，故至少应研究两个社会环境，一个是社会大环境即清末民初的教育大环境；二是当时北京大学的小环境。

从大环境看，晚清新式教育从戊戌以来便大力提倡"中西兼学，培养

---

① 收入熊月之、周武编《陈旭麓文集》第2卷《思辨留踪》上。
② 收入王尔敏《中国近代思想史论》，社会科学文献出版社2003年版。
③ 王栻主编：《严复集》第3册，第605页。
④ 余英时先生引这段话后便认为："可见这位中国唯一能直接了解西学的人在思想上竟已退回到'中学为体，西学为用'以前的阶段去。"见余英时《中国近代思想史上的胡适》，《现代危机与思想人物》，第133页。

通才",但实际情况则是中学与西学的教育质量都存在问题。拿中学来说,因原为科举而设的应试教育,所学内容支离破碎,违背了儒学"经世致用"的传统精神。故19世纪后期,社会上已经流行"中学无用论""中学将亡论"。曾任京师大学堂总教习的吴汝纶更是断言,除独留桐城派的《古文辞类纂》一书外,"中国浩如烟海之书,行当废去"①。至于学堂所讲习"西学"的成效也成问题。时人指出,同文馆及各地洋务学堂,"西学功课亦最浅陋,竟有在馆肄业五六年,学生问以西学,一无所知,并语言文字亦未通晓者"②。又据吴汝纶观察,19世纪末,晋省请一湖北英文教员,"司道子弟皆往从学",及后有英人来晋,请此君与谈,"乃一句不能对答"。直隶学堂所聘的英文教习,与英、美人交谈时,其英语"尚未通也"。1902年各省成立之大学堂,"其程度尚不及外国小学,名不副实,甚属无谓"③。可知清末新式学堂所谓"中西兼学"的教学质量是很成问题的。

这种状况至民初也未改观。胡适1918年1月在《新青年》发表的《归国杂感》中便感叹:"现今的人都说教育可以救种种弊病。但是依我的观察,中国的教育不但不能救亡,简直可以亡国。"按当时教育部的规定,课程必须完备,包括国文、英文、数理化、音体美均有。胡适家乡的小学堂本来经费很少,却每年花60元请一位中学生来教英文和音乐,花20元买一架风琴。对此,胡适感到"真是莫名其妙"。至于中学校的成绩,"更可怕了",一位省立法政学堂的本科生,竟问胡适:"听说东文和英文差不多的,这话可真吗?""原来日本也在海岛上吗?"④可见,关于清末民初学堂教育的质量和成效,必须通过深入的实证研究,才能比较清楚。新式学堂虽然提倡"中西兼学",其结果却是中西学都学不好。

在此情况下,严复在清末时才竭力主张学堂以学西学为主。"中国所本无者,西学也,则西学为当务之急明矣。"⑤ 吴汝纶也认为中西兼学将面临师资和经费的极大困难,主张以学西学为主,"人无兼材,中西势难

---

① 吴汝纶:《答严几道》,施培毅、徐寿凯校点《吴汝纶全集》第3册,第231页。
② 《大学堂总教习改用洋人》,载《国闻报》光绪二十四年六月二十五日。
③ 吴汝纶:《答孟绂臣》《与李季皋》《答方伦叔》,施培毅、徐寿凯校点《吴汝纶全集》第3册,第212、255、410页。
④ 胡适:《胡适文存》第1集,黄山书社1996年版,第453~454页。
⑤ 严复:《与〈外交报〉主人书》,王栻主编《严复集》第3册,562页。

并进，学堂自以西学为主"①。但后来严复发现，因经费和师资等问题，国内学堂的西学教育质量甚差，故晚年多主张学西学只有出国留学一途，因而不再强调国内学堂的西学教育。他曾举自己的子女教育为例说明，"以现实学校之难信，故宁在家延师先治中学，至十四五而后，放手专治西文，一切新学皆用西学，不假译本，而后相时度力，送其出洋，大抵八年而卒业，至于所治何科，所执何业，亦就少年性质所近而喜好者，无所专尚也"②。

再说北大小环境，当时北大教育经费十分紧张，完全靠借贷维持，先是财政部通令教员减薪，继之教育部又以经费困难、程度不高和办理不善为由，提出停办北大。因师资和经费问题，严复才不得不提出分科改良办法，教育以聘本国人才为主，以减少学校的开支。③ 按严复一贯的主张，大学堂阶段的西学比较专门，欲保持较高的水准，则须聘有学识的外籍教员。④ 但外籍教员不仅薪金较高，且真才实学者难觅，此时讲习西学，会受到极大限制；若中西学并重，更会因经费困难，师资缺乏而无法进行。其结果，必然是"终且至于两亡"。故不得不"将大学经、文两科合并为一，以为完全讲治旧学之区"，至少可以维持旧学的教学水准不下降。同时，讲治旧学除"勿杂以新"外，还应该"必为其真，而勿循其伪"，原有"书院国子之陈规，又不可以不变"。表明他虽然主张讲治旧学，但仍须坚持早年提倡的西学"黜伪而崇真"⑤的科学精神，主张改革传统教育的"陈规"。其晚年还曾说："鄙人行年将近古稀，窃尝究观哲理，以为耐久无弊，尚是孔子之书。四子五经，故是最富宝藏，惟须改用新式机器发掘淘炼而已。"⑥ 显然，他虽推崇旧学，但仍是主张用"新式机器"即西学的科学方法来"发掘淘炼"旧学的"宝藏"。因此不能简单地说晚年的严复已经回到了"中学为体，西学为用"以前阶段去了。

这就说明，不能脱离当时的社会状况，来孤立地分析一个人的思想言

---

① 吴汝纶：《与余寿平》，施培毅、徐寿凯校点《吴汝纶全集》第3册，第284页。
② 严复：《与熊纯如书》，王栻主编《严复集》第3册，626页。
③ 参见萧超然等编著《北京大学校史》，北京大学出版社1988年版，第37～39页。
④ 严复《与〈外交报〉主人书》明确指出："中学堂课西文西学，宜用中国人。高等泊专门诸学，宜用洋教习。"（见王栻主编《严复集》第3册，第563页。）
⑤ 严复：《论世变之亟》，王栻主编《严复集》第1册，第2页。
⑥ 严复：《与熊纯如书》，王栻主编《严复集》第3册，第668页。

论。研究中国思想文化史必须与社会史研究结合起来，注意研究思想家的社会经历、人生过程、所处的社会环境等等。

二、变迁与持续

一般说来比较明显的社会变迁（改革或革命时期），历史上会留下较多的记载。而基本不变或变化不明显的历史现象，则往往记载较少，甚至没有记载，而为时人和今人所忽略，其实后者的研究，对于认识社会的变迁同样重要。钱穆先生在《史学精神与史学方法》一文中曾指出，"凡属历史生命与文化生命，必然有它两种特征：一是变化，一是持续"，"我们的文化生命，则在持续中有变化，在变化中有持续"，"所以讲历史应该注意此两点：一在求其变，一在求其久。我们一定要在同时把握这两个精神，才能了解历史的真精神"。①

研究近代社会的变迁，至少有两点应加以注意：一是近代新出现的事物或现象，如近代企业、近代报刊、新兴社团、新的阶级、新的观念等等，这可说是历史的变迁。二是重复出现历史上曾经有过的社会现象，可说是历史的持续。前者往往被研究者所重视，而后者则常常被研究者所忽略。若不考察近代以前的历史便误以为后者也是一种新的变迁。

罗尔纲曾记述治学经历中所发生的一件事颇能说明问题。他曾于1936年发表《清代士大夫好利风气的由来》一文，其结论是：明代士大夫好名，清代士大夫好利。胡适见后写信批评罗："这种文章是做不得的。这个题目根本就不能成立。""名利之求，何代无之？""凡清议最激昂的时代，往往恰是政治最贪污的时代，我们不能说东林代表明代士大夫，魏忠贤门下的无数干儿子孙子就不代表士大夫了。""明代官绅之贪污，稍治史者多知之。贪士一旦中进士，则奸人猾吏纷纷来投靠，土地田宅皆可包庇抗税，'士大夫'恬然视为故常，不以为怪，务利固不自清代始也。"② 蒙文通也曾指出："看历史，应从先后不同的现象看其变化。有些人讲资本主义萌芽，所举明代现象常是明以前早已存在的现象，这不能说明历史的发展变化，只有说明历史没有发展……中国历史上的社会经济问题，只宜

---

① 钱穆：《中国历史精神》第13页，收入《钱宾四先生全集》第29册，台北联经出版事业公司1998年版。

② 罗尔纲：《师门五年记》，生活·读书·新知三联书店1995年版，第54～57页。

拉通来讲,才易看出变化,分在每段来讲,就不易比较了。"①

美国学者巴林顿·摩尔《民主和专制的社会起源》一书的研究取向,便与多数研究者注意考察现代社会新兴的阶级(资产阶级、无产阶级)的取向不同,而是采取了逆向考察的思路,更注意研究持续到现代社会的地主与农民,故这部书的副标题为"现代世界诞生时的贵族与农民"。他发现,传统社会向现代社会的转型时期,传统社会留下的大量阶级因子,会对现代社会的造型发生强烈的影响。②研究近代中国社会变迁同样应注意传统社会留下的诸多因子的影响,注意传统因子与近代新事物的关系。如传统行会与近代商会,传统绅士与近代知识分子,传统私塾与近代学堂,传统民间组织(如善堂)与近代法团的关系,近年来这方面的问题已经引起了研究者的关注,是值得注意的一个趋向。

看来,研究近代史的人不看古代史的书,视野是很有局限的,不研究古代与近代相关的问题,便难免割断历史,而将历史上早已有之的社会现象视为一种新的变迁。加之,较早时代留下的有关记载相对较少,而晚近时代的资料相对较多,这更容易给研究者造成某种社会现象在晚近是大大扩大和发展的印象。

现在似乎已经形成一种思维定势:"变"一定比"不变"好(受进化论影响,事物总是越变越好),其实,从历史上看,"不变"(持续)也不能说就是落后。正如费正清等西方学者所指出:"宋代以后中国文化与制度的迟滞,留给19世纪西方文化入侵之前的遗产是国家的积贫积弱,而此时的西方却取得了惊人的发展。中国这几世纪的相对迟滞如果不被认为是民族蒙羞的万恶之源,通常也会被看作是一场历史的悲剧。当然,人们也可以从完全不同的角度来看待这几个世纪。对生活在这一漫长时代中的几代人来说,他们所享受着的政治、社会和精神的高度稳定也可能优于同期欧洲思想和生活中永无休止的纷争。现代人均生活在这个急剧变革的不稳定的世界文明之中,这个文明即产生于西方不断变化的文化,他们可能也以羡慕钦佩的眼光注视13世纪到19世纪中国的和平和稳定。"③

---

① 蒙默编:《蒙文通学记》,生活·读书·新知三联书店1993年版,第19页。
② 参见(美)巴林顿·摩尔《民主和专制的社会起源》"译者前言",拓夫等译,华夏出版社1987年版。
③ (美)费正清、赖肖尔、克雷格《东亚文明:传统与变革》,黎鸣等译,天津人民出版社1992年版,第151~152页。

问题在于中国为什么会取得这样长久的稳定。通行的说法是中国封建社会长期停滞,特别是中国在近代以前,已经大大落后于西方国家。不过对此问题还可进一步研究。至少从社会生活来看,中国并非一定落后于欧洲。西方不少学者普遍认为,在明清时代中国人的生活水准很低,但曾作过第一手调查的欧洲人则有不同的看法。一位来华的苏格兰人罗伯特·福钦(Robert Fortunt)1847年的著作中便指出"仅用几个钱……中国人就能很体面地吃米饭、鱼、蔬菜和喝茶。我坚信中国是世界上存在贫穷和匮乏最少的地方"[①]。法国著名汉学家谢耐和的研究也表明,"十八世纪中国农业达到其发展的最高峰","与之比较,同一时期欧洲许多地区的农业却显得十分落后。就总体而言,雍正年间与乾隆年间上半叶,中国农民要比法国路易十五时代的农民吃得较好,而且也较富裕"[②]。由于中国近代社会生活史研究比较薄弱,有关中外的比较研究更是比较少见,所以我们对近代中国各阶层人士的生活状况实际上并不很清楚。

总之,研究近代社会基本未变或变化不明显的历史现象,也是很有意义的;就史学界的研究现状而言,这方面的研究,似应引起学者们的更多注意。

三、城市与乡村

社会可分为城市和乡村两部分。传统中国的重心在乡村,人们的归属在乡村,故曰"告老还乡""衣锦还乡""葬归乡里"等等。城市则多被人们视为暂居之地。城市社会具有异质性的特色,是移民组成的社会,社会结构和文化特质具多元性。乡村社会则同质性、宗族、地域色彩较浓。近代以来,随新式工商业、文化事业的发展,城市尤其是沿海沿江城市得到了较快发展,城市和乡村的分离加快,城乡差别扩大,特别是社会活动重心转向城市,城市形成了新的社会群体。所以从城市和乡村互动的角度来研究社会变迁是有很有意义的。近二三十年城市史、农村史已经日益受到史学界的重视,并产生了一批有影响的论著,应是一个十分可喜的现象。

---

① (美)王国斌《转变的中国——历史变迁与欧洲经验的局限》,李伯重、连玲玲译,江苏人民出版社1998年版,第26页。下引该书用此版本,不再另注。

② (法)谢耐和《中国社会文化史》,黄建华等译,湖南教育出版社1994年版,第434页。

绅士和绅商的研究近年来在中外史学界备受重视。陈旭麓先生早就注意到从城乡的角度来研究这一重要课题。他指出"绅商（由商而绅，由绅而商）和乡绅是官与民的中介，前者多在市，后者多在乡，前者与工商业结缘，后者与宗法、地租联姻，从他们身上可以捕捉到中国近代社会的脉络"①。这是一个很有启发的洞见。我想就陈先生提出的研究思路，作两点补充说明：

第一，"绅商"与"乡绅"的对应关系似还可推敲。据笔者考察，严格说来"绅商"一词的含义是分指"绅"与"商"。② 他们虽然可能主要在城市，但也可能在乡村，或流动于城乡之间。确切地说，与"乡绅"对应的当是"城绅"（或"邑绅""府绅""省绅"，分别指居住在县城、府城和省城的绅士）。晚清的历史文献中，已经明确出现了与"乡绅"相对应的"城绅"一词便是明证。如《湘报》41号《衡州府衡阳清泉县士绅公恳推广南学会与保卫局禀》称："乡绅时时勤为教习，城绅每届两月下乡巡操。"《湘报》45号《南学会问答》："团练在乡，保卫在省，省有省绅，乡有乡绅。"应该注意研究乡绅向城市转移而形成的城绅阶层，他们的社会构成、社会活动和社会作用对晚清城市社会的变迁具有较大的影响。周锡瑞先生早已指出："把改良派上流阶层的特征定为'城市'，在我看来，这是一个十分重要的问题"，"中国绅士的城市化，有着一个意义深远的社会过程。这个过程，是上流阶层逐渐疏远摆脱农村事务的结果。这种城市化的渊源，至少可以远溯到明朝，这个过程，可能一直持续到二十世纪的三十年代和四十年代"③。第二，注意城乡之间的相互渗透。城绅多与工商业结缘，乡绅多与宗法、地租联姻，但城绅有无与宗法、地租联姻呢？城绅与乡绅有无相互流动和转化呢？这些都需要深入研究。

显然，从城乡互动的角度来研究近代社会阶层、社会群体和社会组织的变动包括城乡观念的演变等等，都是有意义的。这就要求研究者收集资料时要多注意在城还是在乡的问题，即注意事物的地理空间分布。例如，从传统社会的局所、社学，到清末出现的劝工会、教育会、商会、工会、

---

① 陈旭麓：《浮想录》，《陈旭麓文集》第4卷，华东师范大学出版社1997年版，第156页。
② 参见谢放《"绅商"词义考析》，载《历史研究》2001年第2期。
③ （美）周锡瑞：《改良与革命——辛亥革命在两湖》，杨慎之译，中华书局1982年版，第77~78页。

农会等社会组织，其中有无一个从农村到城市的转移过程呢？这种转移的过程，对城市中这些具有近代法团性质的社会组织的产生发展有何作用和影响？这都是值得探讨的问题。

近代的新式教育的研究也有类似情况。学堂在城还是在乡，效果并不一样。中国传统是耕读为业，故私塾多在乡间（也有部分在城市的），省、府、县有书院（有的在城，有的在乡）。而新式学堂主要在城还是在乡呢？因当时人的城市观念不强，不少资料对此略而不详，但也有一些资料注意记载了学堂所在的城乡。如据《湖南教育公报》民国二年第一期记载，沅州十七区七十三团，原拟每区设两等小学一所，每小团设初等小学一所，大团设初等小学两所，因财政困难办不到，即使办到，又因"村落零星彼此距离太远，纵定校址于适中之地相距，亦多十余里"，学生上学不便，无私塾将使"读书识字者渐渐日少"，"故学校非林立棋布，私塾势难取消"。由此可见，当时新式学堂的影响主要在城镇，而广大的农村仍是私塾的天下。

如前所述，清末教育改革，虽然表面上轰轰烈烈，但恐怕创办新式学堂的有关报道和统计数字，其中有相当多的"水分"。地方官绅为了表示兴学的政绩，难免不夸大其词。在广大中小城镇，特别是农村，新式学堂实际上并不比传统的私塾占有优势。据光绪三十三年（1907）直隶提学司的调查，"各府州县官私两等小学虽已设立，而与私塾比较，尚不敌其十分之一。推厥由来，塾师之阻力甚大，听之不可，禁之未能，惟私塾改良一法，已为学界所公认"。"查直省各属创设小学堂已五六年于兹矣，其中设备合宜、教授得法者不过十之一二，而因陋就简，敷衍塞责者则十之八九。间有徒挂学堂牌额，并无学生，反不及私塾尚得按时上课。"① 严修（时任学部左侍郎）光绪三十四年（1908）五月十一日致保定中学堂监督张国溎书亦称："年来会垣扩增小学至一百余所，进步不为不速，而私塾对抗之力曾未减少。平心思之，学堂既未遍设，慰情良胜无也。诚令学堂规制完好，管理严密，久之则学生迁迁而来，捐资兴学者亦接踵而起矣。近日体察情形，私塾所以为社会欢迎者，非独有洋教之存见也。钟点多一也，学费少二也。办学堂者诚于此两端稍加之意，而略予变通，似亦招来

---

① 朱有瓛主编：《中国近代学制史料》第 2 辑上册，第 330～331 页。

之一法，未审高明以为何如？"①

从城乡互动的角度研究社会变迁，既可以扩大研究的视野和领域，也可以引进城市社会学和农村社会学的有关研究方法。例如研究城乡社会与文化的变迁，则不能不考虑"城市等级传播"的规律。一般说来，社会与文化的变迁，总是先在同等级的大城市首先发生，然后再传递到下一等级的中小城镇，最后才传递到农村。即城市的变迁不仅快于乡村，而且大城市的变迁也快于中小城市，中小城镇又快于农村。近代报刊史的研究，便可从城市等级传播的角度考察。以近代中国出现的中文报刊为例，据方汉奇先生《中国近代报刊史》的研究，1815年，英国传教士马礼逊在马六甲出版了以中国人为对象的第一个中文近代报刊《察世俗每月统纪传》，其中一部分曾带入广州。1828年澳门出现第一份中文报刊《依泾杂说》，1833年外国传教士在广州创办了大陆境内的第一份近代中文报刊《东西洋考每月统纪传》，1857年英国人创办上海第一份中文杂志《六合丛谈》。1861年英国人创办上海第一份中文报纸《上海新报》，1873年中国商人在汉口创办中文报纸《昭文新报》，1897年宋育仁创办重庆第一份近代中文报刊《渝报》。从上述几个重要城市最早创办的报刊情况来看，我们至少发现有两个特点：第一，创办地点由沿海大城市到内地大城市，创办人由外国人到中国人；第二，出现近代报刊与该城市的开埠密切相关。

沿海地区总体上讲，受西方影响的新事物、新思想的传播快于内地，但若从城乡的角度考察，也可能沿海的一些乡村反不如内地某些城市，生活在沿海地区乡村的士人，对新事物的接受可能还不如内地城市中的士人。对此问题似乎还注意不够。

四、沿海与内地

近代中国沿海地区的经济发展与社会变迁明显快于内地，这是不争的事实。美国学者柯文曾主张将中国划成沿海和内地"两大文化地带"，并认为沿海与内地的文化区别在16世纪初即进入一新阶段，鸦片战争后进一步扩大，"同时迅速发展的沿海商业中心的文化也日益具有自己的特色，这种特色，最少持续到20世纪中叶"。他进一步归纳了沿海地带的五个特色：第一，在物质和文化上都处于西方直接影响之下；第二，经济以商业

---

① 严修自订、高凌雯补、严仁曾增编：《严修年谱》，第212页。

为主轴;第三,社会的价值观念带中西上层商人的浓厚的资产阶级色彩;第四,在行政和司法上是一种混合体;第五,眼光面向世界,面向全球。同时又指出:"沿海—腹地的区分,在讨论外界(特别是西方)影响起首要作用的历史问题时,是有益的。但是由于它特别强调中国受外国影响的地区和未受外国影响地区之间的鸿沟,如果我们因此就认为它意味着有某种均匀的无差别的内地文化存在,就可能造成严重的误解。"①

从社会思想史的角度看,沿海地区的确是受西方影响较大较早的地区。早期的维新思想家大多是沿海地区的人,与此不无关系。不过,也不能忽视他们个人的经历,甚或可以说更主要的是与其个人早期经历相关,而这种个人经历往往也是因其从乡镇走向了受西方影响更深的上海、香港,甚至国外。以19世纪后期沿海地区比较有名的维新思想家王韬、马建忠、薛福成、郑观应等人为例,其早期经历与传统士人相比有三个特点:一是早年大多放弃了对科举功名的追求,或在科举场上屡屡失意。王韬18岁中秀才,后因家贫而放弃科举。马建忠少时即放弃科举,在上海学习外国语言、史地和自然科学知识。薛福成中秀才后,乡试则屡次落第。郑观应则连应童子试都未中,17岁便弃学到上海经商。二是大多有过出国留学或出国考察的经历;王韬在1867—1870年曾游历英法,马建忠1877年留学法国,薛福成1889年出使英、法、意、比四国,郑观应也曾经到过南洋。三是较早地参与兴办洋务事业。马建忠、薛福成和郑观应都参与了创办或协办过洋务企业,与李鸿章等办洋务的大吏交往较多。对于这种类型的知识分子来说,在西学的传播还不十分广泛的时候,他们放弃科举功名、留学出国和参与洋务等个人经历,往往成为他们较早接纳西学的重要原因。

虽然沿海地区总体上讲比内地更容易接受西学、新学的影响,但也不尽然。就以获取功名的传统士人而言,在接纳西学、新学方面,地处沿海的广州比起僻居内地的成都,似乎并没有显示出更多的地域优势。梁启超的思想素来趋新而多变,但据其自述,少年时"不知天地间于帖括外,更有所谓学也"②。1883年购得张之洞的《輶轩语》《书目答问》两书读之,

---

① (美)柯文:《在中国发现历史——中国中心观在美国的兴起》,第143~144页。
② 梁启超:《三十自述》,《饮冰室合集·文集之十一》,第16页。

"始知天地间有所谓学问者"①。张之洞的两部书则是光绪初年在成都创办四川尊经书院时写的。梁启超在广州学海堂求学时,所学皆经学、词章之类。1890年入京会试经上海,才第一次看到徐继畬《瀛环志略》,而该书也是《书目答问》开列的书目。可见梁启超虽在广东,但比起四川尊经书院的学子,并未先受其影响。看来,西学(或新学)在不同地区的传播和影响仍是需要深入探讨的课题,从区域比较研究的角度考察社会变迁也是亟待加强的。

近年盛行的中外近代社会史或经济史比较研究,大多将整个中国与之比较,似乎较少考虑中国沿海较发达地区与内地落后地区存在的较大差异。正如王国斌所指出:"由于通常从全国的角度来看问题,我们可能低估了中国经济发展的出现。中国广土众民,远远超过任何一个欧洲国家。中国的很多省份,都大于那些较小的欧洲国家。要进行有意义的比较,我们应当先看看中国各地区,然后再将其与欧洲国家作比较。如果这样做的话,中国最发达的地区在经济成长的许多方面,看上去可能与欧洲的若干地区差别不大。"② 若将沿海地区的苏、浙等省与英、法、德等国比较,或将内地较落后的省份与东欧、南欧相对落后的国家比较,也许更具有可比性,也更能发现新的问题。

不同地区经济发展水平也影响到社会阶级、社会群体的构成不同。1909年7月30日《民呼日报》所载《因粤汉路款问题责卖国误国之臣民》在论及"湘鄂粤三省之绅民"时,分别称之为"粤之绅民与资本家""鄂之绅民与旅汉之客商"和"湘之绅与湘之民",三省分别以"资本家""客商"和"民"称之,说明三省因社会经济发展的不平衡,形成了社会阶层的结构差异,可见当时人已经注意到了。

在地域上,除了沿海与内地、东部与西部,还应考虑北方和南方的差异。时人已经强调了这一点:"伟哉,人之论中国文明者,切切于南北派之辨,而曰北人崇实行,南人贵理想,北人尚气节,南人重辞华。"③"清流"有北南之分,"军阀"也有南北之分,并非偶然。中国的地域社会关

---

① 梁启超:《变法通议·论幼学》,《饮冰室合集·文集之一》,第55页。

② (美)王国斌著:《转变的中国——历史变迁与欧洲经验的局限》,李伯重、连玲玲译,第64页。

③ 陈黻宸:《地史原理》,原载《新世界学报》1902年4、5期,陈德溥编《陈黻宸集》上册,中华书局1995年版,第600页。

系常常是划分派系一个很重要的因素，有时很难以阶级立场或政治观念来区分。绍兴师爷便是典型的依靠地域关系而形成并对清代官场有重要影响的一个群体。这种地域差异所带来的社会文化差异，就是在同一个省甚至一个县内都存在。"大河左右，长江南北，民族性质亦有天然之剖分，即如我浙东浙西，地势既殊"，"浙西文弱，浙东强悍，一强一弱，固判然分途"。① 清末提倡地方自治时，国人多强调详细调查本地区的情况，以为推行新政之助，不无道理。因此，进一步开展沿海与内地、东部与西部、北方与南方互动的研究，对于深化中国近代社会变迁的研究都是十分有益的，使我们对复杂多变的近代中国社会有更具体而深刻的认识。

---

① 《处金衢严四府调查会之缘起》，载《萃新报》第 2 期，附录界一，光绪甲辰（1904）五月二十八日。

陈锡祺先生关于戊戌维新与辛亥革命研究的真知灼见

陈锡祺先生是新中国孙中山研究的开创者,他在孙中山与辛亥革命史研究领域有丰硕的成果和卓越的建树,这是学术界所熟知的。陈先生对戊戌变法及其与辛亥革命之关系的研究同样有不少精辟见解。重读陈先生30年前的大作《关于戊戌维新与辛亥革命》一文①,很受启发。陈先生的真知灼见,对于戊戌维新史和辛亥革命史的研究至今仍有重要的学术价值和指导意义。以下就陈先生的一些重要学术思想,揆诸史实并结合个人认知略加阐释。

一、从更长的历史时段来研究戊戌维新运动

20世纪80年代初,因康有为的重要史料内府抄本《杰士上书汇录》的发现,学术界围绕戊戌维新的历史地位和维新派的政治纲领曾展开热烈讨论。由于新发现的史料证明"百日维新"期间康有为上奏的《应诏统筹全局折》中并没有提出"兴民权,开国会,定宪法"的政治纲领,实行立宪的内容是在戊戌后出版的《戊戌奏稿》中加进去的。记得一位著名的史学前辈曾就此撰文指出,戊戌维新的历史光辉已经"黯然失色"。一些学者也指出,这是维新派在政治上的"倒退"行为,是资产阶级软弱性和妥协性的典型表现。但陈先生在分析这一问题时却提出了不同凡响的见解。他指出:

> 我们也要看到,改良派尽管已进行了几年的努力和斗争,但所具有的力量还是很有限的。他们主要依靠一个无实权的皇帝,而这个皇帝,作为最高的封建统治者,对于"兴民权"等主张不能不抱有很大

---

① 收入陈锡祺《孙中山与辛亥革命论集》,中山大学出版社1984年版,第238~255页。本文所引陈先生的见解均见此文。

的保留态度。而对来自各方强大的阻力，康有为等人暂不把开国会、立宪法作为首先付诸实现的主张，未始没有策略上的考虑。他们希望先以官制、教育等方面的变法打下基础，使改良派参与掌握政权，以后逐步实现开国会和君主立宪，就象日本明治维新成功后再过二十多年才正式实行君主立宪那样。"百日维新"的迅速失败，使改良派依靠皇帝实现自己主张的希望成为泡影，自然就谈不上进一步兴民权、开国会、定宪法了。但从各方面的资料看，康有为等人并没有放弃开国会、实行君主立宪的初衷。而且，平心而论，改良派认为当时中国并不具备马上开国会、定宪法的条件，也不是全无根据。因此我们承认一百零三天的"百日维新"是戊戌变法维新运动的高潮，但又不能仅从这一百零三天发布的诏令来评价这场运动。而且，对这一百零三天的活动也不能过于低估。

陈先生在这里提出了一个非常有价值的研究思路，即强调"我们承认一百零三天的'百日维新'是戊戌变法维新运动的高潮，但不能仅从这一百零三天发布的诏令来评价这场运动"，这就意味着不能仅仅局限于"百日维新"这一时段，而是应该在更长的历史时段内，以更广阔的学术视野来研究戊戌维新。这一思路不仅对戊戌维新，而且对所有的历史事件的研究都富有启发。

由于历史是过去已经发生了的事实，学者在研究时自然习惯于采用回溯分析而较少采用前瞻分析。回溯分析是在已经知道历史结局的基础上，论述历史发展的原因、过程和意义，然后做出历史的定位和相应的评价。前瞻分析则需要看到在历史事件的最初起点上，实际上存在着不同发展前景的偶然性和选择性。从戊戌变法既有的结局来看，"百日维新"很自然地被历史学家确定为变法的"高潮"，而在"高潮"阶段竟然没有提出"兴民权，开国会，定宪法"的政治纲领，这场变法自然就有了"历史局限"，其历史意义随之也被低估。问题在于，在康有为等维新士人原有的变法构想中，自光绪帝颁布《明定国是》诏宣布变法起，或许只是进入变法的初始阶段，这一阶段的主要任务正如陈先生所指出的是"希望先以官制、教育等方面的变法打下基础"。即主要是改官制、兴教育，而不是实行君主立宪。如果用前瞻分析的方法来审视，这一阶段不但不是变法的"高潮"，而且很可能仅仅是变法的"序幕"。至于真正的"高潮"，那是计划20多年后才正式实行的君主立宪。由此可见，正是维新运动夭折的历史结局，才使原本属应于"序幕"的"百日维新"被后来的研究者确定为"高潮"；然而，在确定为"高潮"的同时也就缩短了研究者的学术视野，多了"后见之明"而少了"了解之同情"。

如果能够尽量避免"先入为主"的预设，认真解读和研究有关康有为等维新人士的变法思想及其相关历史文献，我们就会发现康有为对于变法进程的构想，是按照开民智—改官制—定宪法—开国会的进程逐步推行的。故在"百日维新"前他致力于开学会、办报刊，从事开民智的活动，到了"百日维新"阶段，才开始推出"改官制"的变法举措，在接受光绪帝召见和总理衙门大臣垂询时，他都反复强调"宜变法律、官制为先"，具体举措便是设立"制度局"，即成立一个辅佐光绪帝决策而兼有议政、行政职能的中枢机构，选拔维新人士参与决策新政事宜，即陈先生所指出的"使改良派参与掌握政权"。只是因遭到军机大臣的抵制而未能成立。至于定宪法，开国会，实行君主立宪，那是待条件成熟后才能实现的远期目标。

康有为主张效法日本明治维新推行变法，而明治维新从明治天皇下诏宣布维新到实行君主立宪，其间也经历了20余年，即从1868年颁布《五条誓约》，其后推行太政官制度，1885年废除太政官制度，建立内阁制度，到1889年公布《大日本帝国宪法》，才正式确立天皇制君主立宪政体。故康有为在1898年1月在上呈光绪帝的《日本变政考》中强调了定宪法、开国会的重要意义，同时提出中国效仿日本明治维新逐步实行君主立宪的主张。维新派逐步实现君主立宪的变法构想一直到戊戌之后也没有改变。1901年6月，梁启超在《清议报》上发表《立宪法议》一文，依然坚持了这一变法构想。他指出，实施宪政是中国实现富强的必由之路，"故采定政体，决行立宪，实维新开宗明义第一事"。而实施宪政的前提则是民智稍开而后始能行之，主张效法日本明治维新的宪政之路，以渐进的方式来建立君主立宪政体。他向清廷提出了实行立宪的具体步骤：一、下诏定中国为君主立宪国；二、派大臣三人考察欧美各国及日本宪政；三、派员考察归来则设立法局起草宪法；四、立法局翻译各国宪法原文及解释宪法的名著，颁布天下；五、公布宪法草案，让全国士民参与讨论，用5至10年时间确立宪法定本，宪法颁布后非经全国人民投票不得擅行更改；六、自下诏宣布立宪起，以20年为实行宪法之期。清廷后来的"预备立宪"，大体也是按照梁氏的这一规划来推行的。

陈先生还指出："对来自各方强大的阻力，康有为等人暂不把开国会、立宪法作为首先付诸实现的主张，未始没有策略上的考虑。""平心而论，改良派认为当时中国并不具备马上开国会、定宪法的条件，也不是全无根据。"揆诸史实，确如所见。康有为的有关言论表明其正是依据当时的社会条件，从策略上考虑过暂不提出"兴民权""开议院"的变法主张。"百日维新"前夕，他即指出："民智未开，遽用民权，则举国聋瞽，守旧愈甚，取乱之道也。故立国必以议院为本，议院必以学校为本。"①"百日维新"期间，又在《国闻报》上发表《答人论议院书》一文，强调兴民权、开议院的重要前提条件是普及教育，开通民智。因中国与西方"国势民情地利不通"，"不能以西人而例中国"，在实行立宪的社会条件还不成熟之时，若贸然提出兴民权、开议院，则只会给守旧者提供反对变法的口实。甚至"助守旧者以自亡其国"。康有为正是看到了光绪帝处于权力有限的地位，故主张强化光绪帝的君权，"以君权治天下"，乾纲独断，排除守旧势力的阻挠，强力推行变法，然后逐步实现君主立宪。戊戌之后，梁启超一再鼓吹通过"开明专制"的过渡阶段，将中国逐步引上宪政之路，也正是延续了乃师的这一变法思路。

陈先生关于戊戌变法的这些睿见，虽然今天大多被史学界所接受，但在30年前提出来，却是很不容易的。研究历史事件不仅仅局限在事件发生的那个时段，而是放在更长远的历史时段内，以更广阔的学术视野来审视的研究思路，在今天依然有着非常重要的学术价值。

二、重视维新运动和革命运动代表人物及其活动的地域环境研究

陈先生在论及维新运动和革命运动的主要代表人物时还提出了一个值得深入探讨的重要问题，即这些代表人物产生和活动的地域环境。他指出：

> 维新运动的主要代表人物康有为、梁启超和革命运动的主要领袖孙中山，都生于广东，并在广东萌发了政治改革思想和进行了早期的政治活动。这点决不是什么偶然的巧合。……两派领导人物与广东的

---

① 康有为：《日本变政考》卷11，姜义华、张荣华编校《康有为全集》第4集，第259页。

关系，反映了两个运动在经济、政治、思想等方面的某些共同背景。

陈先生还援引梁启超关于广东的地域特点是"富而通"的说法，进一步阐释说：

> 在我们今天看来，所谓"富"，就是在经济方面广东的工商业比较发达，亦即资本主义在广东有较为明显的发展；所谓"通"，就是在思想文化方面比较早和比较易接触西学和新学。

为什么近代广东能够产生这些著名的代表人物？这与广东的地域环境有什么关系？两派代表人物又有什么共同背景？这些都是值得深入研究的问题。我们常说研究历史人物需要"知人论世"，即关注历史人物及其所处时代的关系，重建历史人物言说和活动的"时代语境"。年鉴学派第三代所倡导的"新史学"，其研究动向之一即是出现了重新重视历史大人物研究的"回归现象"，而其研究的思路正是不仅重视研究历史人物本身，同时重视研究历史人物所处的时代，乃至后时代。近年来，国内外举行的近现代重要历史人物的研讨会，大多以"人物及其时代"为主题，说明学术界对此已经比较重视。

同样，我们在论及历史人物时也常说"人杰地灵"，实际上也是强调历史人物产生和活动的地域环境。人口众多、幅员辽阔，交通、经济、社会和文化各方面都发展不平衡的近代中国，受地域环境的制约和影响则更为明显。梁启超在《近代学风之地理的分布》中，曾强调过地域环境对历史文化的制约和影响。他说："以我国幅员之广漠，民族之复杂，气候兼寒温热三带，地形兼山谷平原海滨三界，任举一省，皆足当欧洲一国或二三国，一省之中，而自然界之形与气之区以别者，且无量也。气候山川之特征，影响于住民之性质，性质累代之蓄积发挥，衍为遗传，此特征又影响于对外交通及其他一切物质上生活。物质上生活，还直接间接影响于习惯及思想，故同在一国同在一时，而文化之度相去悬绝，或其度不甚相远，其质及其类不相蒙，则环境之分限使然也。环境对于'当时此地'之支配力，其伟大乃不可思议。……吾由是则信唯物史观派所主张谓物质的环境具万能力，吾侪一切活动，随其所引以为进展，听其所制以为适应，其含有一部分真理，无少疑也。"① 虽然梁启超除接受唯物史观外，也多少受到当时西方的地理环境决定论和文化史观的影响，但他的上述见解所提示的重视地域环境和文化传统对历史人物的产生、活动的制约及影响，仍然不失为一条有价值的研究路径。

从广东"富而通"的地域特点来看，近代工商业的发展状况，便与其他沿海、沿江地区有所不同。以19世纪广州的近代工业为例，虽然较早出现了外资企业和洋务企业，但在社会经济中的作用则没有上海、天津等城市那样明显而重要；私人资本企业则以适应丝、茶等对外贸易需求而出现的制茶业、缫丝业为主，且大体处于工场手工业阶段。据姜铎先生对19世纪天津、广州、武汉和上海四城市近代工业投资的比较研究，广州近代工业（包括外资、洋务及民营企业）的资本总额仅有200万元，远远落后于天津（3902.6万元）、武汉（3520万元）和上海（3087.8万元）等城市。其中洋务企业的资本仅50万元，更是远远落后于天津（3680.5万元）、武汉（2300万元）和上海（1429.2万元）。② 据另一统计，广东的本国资本近代工业除广州之外，主要集中在顺德、南海、佛山、香山和汕头等地，迄1894年，共有43家，资本1832万元③，以缫丝业为主，全部是私人资本企业。广东之"富"可能主要是从事丝、茶等贸易的买办、商人以及华侨商人财富的积累。广东工商业的这种发展状况，对维新运动和革命运动有什么具体影响，确实需要进一步深入研究。

从总体来说，广东人确实在"思想文化方面比较早和比较易接触西学和新学"。鸦片战争前后，林则徐编《四洲志》、魏源编《海国图志》、徐继畲撰《瀛环志略》和梁廷枏撰《海国四说》，都得益于广州地区传教士较早带来或出版的西学书刊。不过，广东人通过哪些具体途径、接受了哪些西学和新学？又对其维新和革命思想及其活动产生了哪些具体影响？仍然有待于深入探讨。

广东虽是得风气之先的地区，但在19世纪后期却出现了西学书籍缺少的现象。据康有为记述，光绪十二年（1886）春，他通过翰林院编修张

---

① 梁启超：《饮冰室合集·文集之四十一》，第50页。
② 参见姜铎《洋务运动津、穗、汉、沪四城的早期近代化》，载《近代史研究》1993年第4期。
③ 据杜恂诚《民族资本主义与旧中国政府（1840—1937）》附录《历年所设本国民用工矿、航运及新式金融业企业一览表（1840—1927）》提供的资料统计。

鼎华向两广总督张之洞建议开局译述西书，称"中国西书太少，傅兰雅所译西书，皆兵医不切之学，其政书甚要，西学甚多新理，皆中国所无，宜开局译之，为最要事"。张之洞表示同意，并将开局译书之事交付康有为与文廷式负责，因受经费限制"既而不果"，康有为又建议借商人之力举行，然"事卒不成"①。大概因当时广东缺乏精通西文西学的人才，最终还是"未刻洋务书，惟属人在上海译述"②。

正因如此，广东士人接受西学和新学的途径便受到了限制。历来趋新而多变的梁启超在广州之学海堂、菊坡精舍等书院求学时，所接触的也多是经学和词章之学。直至1890年春入京会试后，南归途经上海时，"从坊间购得《瀛环志略》读之，始知有五大洲各国。且见上海制造局译出西书若干种，心好之，以无力不能购也"③。同年进入万木草堂，才接受了乃师讲授的"新学"。徐继畬《瀛环志略》一书早在1848年即刊行于世，喜欢追求新知的梁启超却不在广州而在上海第一次读到此书，可见得风气之先的广东已经远远落后于上海，连梁启超在接受西学和新学方面都显得有点孤陋寡闻，其余的广东士子则可想而知。

康有为的情况较梁启超稍好一些。1874年，"始见《瀛环志略》、《地球图》，知万国之故，地球之理"。1879年，结识由京城返乡的翰林院编修张鼎华，多次彻夜长谈，"尽知京朝风气，近时人才，及各种新书"。"既而得《西国近事汇编》、李□（圭）《环游地球新录》，及西书数种览之。薄游香港，览西人宫室之瑰丽，道路之整洁，巡捕之严密，乃始知西人治国有法度，不得以古旧之夷狄视之。乃复阅《海国图志》、《瀛环志略》等书，购地球图，渐收西学之书，为讲西学之基矣。"④ 1882年，康氏参加顺天乡试，南归途中"道经上海之繁盛，益知西人治术之有本，舟车行路，大购西书以归讲求焉"。"自是大讲西学，始尽释故见"。次年，又"购《万国公报》、大攻西学书，声、光、化、重学及各国史志，诸人游记，皆涉焉。于时，欲辑万国文献通考，并及乐律、韵学、地图学。是时绝意试事，专精问学，新识深思，妙悟仰思，倦读仰思，日新大进"⑤。

---

① 楼宇烈整理：《康南海自编年谱》，第14页。
② 许同莘编：《张文襄公年谱》，第52～53页。
③ 丁文江、赵丰田编：《梁启超年谱长编》，第22页。
④ 楼宇烈整理：《康南海自编年谱》，第6、9～10页。
⑤ 楼宇烈整理：《康南海自编年谱》，第10～11页。

由此可见，康氏之所以接受更多的西学，香港和上海之游是最重要的契机。这表明广东所具有的地域优势，并非仅指在本地容易接受西学和新学，而主要是能够相对方便地游历香港以及借轮舟之便前往上海，或因有海外华侨的关系而比较容易出洋。郑观应即是在17岁时因应童子试不中而奉父命赴上海学贾，才开始接受到了西学。孙中山也是在12岁就漂洋过海，远赴檀香山投靠其兄，开始接受系统的西方教育。

对于维新派产生的社会根源和地域环境，国外学者则有不同看法。美国学者石约翰曾认为，维新运动与19世纪70年代兴起的清议运动有着重要的内在联系，维新派与清流派在政治上亦有惊人的相似之处，两者有仕途坎坷、无缘参政的共同经历，也有谴责卖官鬻爵、主张广开言路的共同诉求，最典型的代表就是康有为，其所作所为不仅带有典型的清议作风，而且和清流派成员过从甚密。而清议持续发展的根源则"应在这一时期的社会史中寻求"。同治以来因军功升迁的官员和科举名额的增多及捐纳之风盛行，减少了可得官职的数目，通过科举入仕的机会急剧减少，士人普遍产生了沮丧情绪，这正是维新人士要求变法的社会根源。另一位美国学者波拉切克也认为，士人的沮丧情绪是维新派思想上激进主义的根源，进而表达了一种"社会紧张状态"。他发现在广东和湖南的一些地区（他集中研究了康有为的故乡南海县）中下层绅士家庭及社区所积累的财产，在19世纪后期不断下降，由此带来了生涯危机，这促使他们开始寻求新的发迹机会，"对新发迹机会的追求，又促使他们中许多人变成所在省份的改革运动的领导人"[①]。虽然这些观点和结论还有待进一步验证，也不无可商榷之处，但关注维新运动及其领导人产生的社会根源和地域环境的研究思路则不乏有益的启示。

章开沅先生早在20世纪80年代初曾大力呼吁要加强对辛亥革命期间社会环境的研究。他指出，我们常说社会存在决定社会意识，"但辛亥革命史研究却长期未能给社会存在以全面的切实的注意。特别是对于近代中国社会的经济结构和阶级的研究，至今仍然是比较薄弱的环节"。过去的研究"非常明显地偏重于少数历史人物和若干政治事件"，但"对于这些人、事所处的社会环境缺乏比较切实的考察与剖析，因而对于隐藏在人物和事件后面的社会动因难以作比较更贴切的判断和说明。有的论著之所以

---

① （美）柯文：《在中国发现历史——中国中心观在美的兴起》，第138～139页。

只能局限于史事罗列，其病根或亦在此"。①

近20年来，随着晚清经济史、社会史、商会史等研究的深入，对于晚清社会结构和阶级结构的研究已经有了较大改观，地方史和区域史研究也得到了学术界的重视。但是，地域环境与历史人物关系的研究似乎还需要进一步给予关注，至少康有为、梁启超、孙中山这类重要历史人物为什么都出现在广东这一问题还有待深入探讨。陈先生的另一篇大作《孙中山与广东》②曾分析了广东之所以能够产生孙中山这样的伟人的三个"特殊条件"：一是具有革命传统，二是得风气之先，三是华侨众多。在今天看来，这样的解释或许还可以进一步深化，因为前两个条件在其他沿海地区似亦同样存在，但提出这一问题本身便具有重要的学术价值。

三、维新运动和革命运动同时并起

关于戊戌维新和辛亥革命的关系，陈先生也提出了独到的见解。他实事求是地肯定了戊戌维新运动的历史意义及其对辛亥革命的促进作用和正面影响，也指出了维新运动作为一场与革命道路相异的改良运动，对革命的发展所产生的消极影响；并强调了维新运动和革命运动"同时并起"这一历史事实。指出：

> 我们应当充分估价戊戌维新运动对辛亥革命的促进作用，但这种估价又要恰如其分。这两个运动是同时并起的，尽管失败有先后，但我们不能说辛亥革命继承了戊戌维新运动。

在分析了两者思想纲领的不同之处后，陈先生进一步指出：

> 实际上，他们的政治思想也几乎是在相同的时间内形成的，革命思想和维新思想之间并没有继承的关系，也不必把两个运动看成两个历史阶段。

---

① 章开沅：《要加强对辛亥革命期间社会环境的研究》，《辛亥革命与近代社会》，天津人民出版社1985年版，第205页。

② 收入陈锡祺《孙中山与辛亥革命论集》，第256～267页。

陈先生强调两个运动同时并起的历史事实，值得我们认真思考。维新运动一般以1895年的"公车上书"作为起点，而革命运动则以1894年兴中会的创立作为开端；既然如此，两个运动同时并起本是一个基本的历史事实。我之所以认为陈先生的见解值得人们认真思考，是因为中国近代史学界曾流行一个说法，即"戊戌维新运动的失败证明改良主义的道路在中国走不通"。这一说法实际上隐含了这样的预设，即革命运动之所以发生，正是由于改良主义的道路走不通。这显然是用回溯分析的方法，在已经知道了历史结局的前提下得出的命题。问题在于，两个运动的同时并起恰恰说明在面临空前民族危机的局势下，仁人志士对于救亡图存的道路有着不同的选择，在选择救国道路的历史起点上，谁也无法证明哪一条道路走不通。即使维新运动的失败，同样也不能证明改良道路在中国走不通，因为如果从更长的历史时段来考察维新运动，则清末立宪运动也可以说是维新运动的继续；换言之，继承戊戌维新运动的不是辛亥革命而是清末立宪运动；维新运动和革命运动不仅同时并起，而且此后也一直同时并存。

陈先生关于维新与革命两种政治思想"几乎是在相同的时间内形成的"的见解同样值得我们关注。如果允许我对这一见解稍作引申——既然两种政治思想同时形成，则不论是维新志士还是革命志士都有可能同时受到这两种政治思想的影响，或者说这两种政治思想都可能同时在一个人身上体现出来。

这种思想状况在梁启超身上便有明显反映。据梁氏《清代学术概论》的记述，其主持时务学堂时，"多言清代故实，胪举失政，盛倡革命"。"又窃印《明夷待访录》、《扬州十日记》等书，加以案语，秘密分布，传播革命思想，信奉者日众。"[①] 虽然这是20多年后的追述，但一度萌发排满革命意识也是事实。在留存的《时务学堂日记》批语中，即对清兵入关之际屠杀汉族人民的暴行，表示了强烈痛恨，"屠城屠邑，皆后世民贼之所为，读《扬州十日记》尤令人发指眦裂"[②]。另据狄楚青《任公先生事略》记述，梁启超将前往湖南时务学堂时，"与同人等商进行之宗旨：一渐进法，二急进法，三以立宪为本位，四以彻底改革，洞开民智，以种族

---

① 朱维铮校注：《梁启超论清学史二种》，第69页。
② 苏舆编：《翼教丛编》，上海书店出版社2002年版，第146页。

革命为本位。当时任公极力主张第二和第四两种宗旨"①，可见梁启超当时确有"种族革命"的思想。不过，需要说明的是，梁启超在时务学堂所主张的"革命"，仍是传统话语中的"革命"，还不完全含有西文 revolution 的意义。传统话语中的"革命"一词源于《易经》："天地革而四时成，汤、武革命，顺乎天而应乎人，革之时义大矣。"其基本意义是指以武力推翻前朝的改朝换代。②

　　孙中山早期思想中同样存在这样的现象。学术界过去通常的说法是，孙中山早期思想经历了从改良到革命的转变过程，认为1894年孙中山先后上李鸿章书和创立兴中会就是这一转变的表征。在我看来，孙中山思想中既有维新思想也有革命思想，这两种思想不是对立的关系，而是互补的关系。孙中山在《上李鸿章书》中提出的"人能尽其才，地能尽其利，物能尽其用，货能畅其流"作为"富强之大经，治国之大本"，与革命思想并不冲突，且具有普世价值。孙中山组织兴中会，确立"驱除鞑虏，恢复中国，创立合众政府"的政治目标以"振兴中华"，不正是为了实现这一"富强之大经，治国之大本"吗？即使上李鸿章书这一行动本身也无可厚非，难道一个革命家除了采取武装斗争外，就不能通过其他方式或策略来达到革命的目的？如果只是一味地强调武装斗争恐怕还不能算是一个成熟的革命家。

　　以往的研究因多少受线性思维的影响，往往将历史运动一概视为前后继承、不断进步的发展过程，希望找出一条线索清晰、主题突出的历史规律，原本内容丰富而面相多维的中国近代史便成了一部从改良走向革命的历史，一些深层次的历史内容长期得不到充分发掘，许多与认识国情密切相关的重要问题也得不到认真探讨。要推动戊戌维新和辛亥革命史研究的深入，确实需要我们转换研究思路，开阔学术视野，而学术研究总是在前辈学者的引导和启发下，才不断有所创新，有所前进。

---

① 丁文江、赵丰田编：《梁启超年谱长编》，第87～88页。
② 梁启超在戊戌后所使用的"革命"一词则有了revolution的意义，参见陈建华《"革命"的现代性：中国革命话语考论》，上海古籍出版社2000年版，第5～17页。

多维视野下的辛亥革命史研究

武昌起义后不久即问世的苏生《中国革命史》（辛亥九月出版）可以说是关于辛亥革命史的最早著述，而1912年6月刊行的渤海寿民编《辛亥革命始末记》则是最早以"辛亥革命"命名的史书。① 所以，辛亥革命史的研究也有了近百年的历史。不可否认，辛亥革命史长期以来将孙中山为首的革命党人的活动作为研究主线，虽然自20世纪80年代以后，学术界开始逐渐关注和研究立宪运动和清末新政，并给予了新的审视和评价，但正如朱育和教授所指出，由于受中国现代革命话语的较大影响，仍然形成了一种"以孙中山为中心"的辛亥革命史观。②

如果从多维视野来审视辛亥革命，这场革命实际上应该包括三个"运动"，即革命派领导的革命运动、立宪派发动的立宪运动和清政府推行的新政。③ 后两者之所以长期以来不纳入革命的范畴，其中一个重要的原因是对革命作了比较狭义的理解，认为只有流血的武装斗争才算是革命。其实，1902年梁启超发表《释革》一文，就对革命的含义作了较恰当的阐释，认为革命的含义有传统和现代之分，传统话语中革命的基本含义是指以武力推翻前朝的改朝换代，"皆指王朝易姓而言"。而现代意义上的革命则包含英语的 reform 和 revolution 之义，前者如1832年的英国国会改革运动，后者如1789年的法国大革命。④ 从革命的"内容"而不仅从"形式"来讲，只要社会制度和社会形态发生根本性的变革都可称得上是一场革命。清末立宪运动的根本目标是要建立君主立宪政体和资本主义社会；而

---

① 参见严昌洪、马敏《20世纪的辛亥革命史研究》，载《历史研究》2000年第3期。

② 参见朱育和《关于辛亥革命史研究的几个问题》，载《清华大学学报》（哲学社会科学版）2002年第1期，第11～12页。

③ 张海鹏、李细珠《中国近代通史第五卷：新政、立宪与辛亥革命》（江苏人民出版社2006年版）在论述1901—1912这段历史时，虽然总的叙述框架还受以往的辛亥革命史体例的影响，但是已经开始用较多的篇幅来关注和研究清末新政和立宪运动。

④ 参见李华兴、吴嘉勋编《梁启超选集》，第368～369页。

清末新政就推行者的主观愿望来说，自然是为了维护自身的统治，但其客观效果却是促进了资本主义因素在中国出现和成长，为社会制度和社会形态发生变革多少作了铺垫和积累。

一、革命运动：辛亥革命的原动力

辛亥革命的发生首先是孙中山领导的革命运动长期坚持不懈的结果，这是不争的历史事实。早在1894年，孙中山在檀香山创立了中国近代第一个民主革命团体兴中会，第一次在中国提出了"振兴中华"的口号和民主革命的纲领"驱除鞑虏，恢复中国，创立合众政府"。孙中山领导兴中会于1895年发动了广州起义，1900年又发动了惠州起义，两次起义虽然失败，但国人对革命的认知发生了很大变化，正如孙中山所说，广州起义失败后，"举国舆论莫不目予为乱臣贼子、大逆不道，咒诅漫骂之声不绝于耳；吾人足迹所到，凡认识者，几视为毒蛇猛兽，而莫敢与吾人交游也"。而惠州起义失败后，"则鲜闻一般人之恶声相加，而有识之士且多为吾人扼腕叹惜，恨其事之不成矣。前后相较，差若天渊"①。

1903年8月，孙中山在日本东京郊区青山练兵场附近创办军事学校，训练革命军事骨干，让学生入学时填写的盟书首次提出了"驱除鞑虏，恢复中华，创立民国，平均地权"十六字誓词。1904年4月26日在上海发行的《警钟日报》通过发表孙中山的一封信，首次在国内公开介绍了十六字誓词，为革命党人提供了可以共同遵循的政治纲领。此时，孙中山作为革命运动领袖的地位，已经得到了日益倾向革命的仁人志士的认同，章士钊在1903年译述《孙逸仙》一书的序言中说："孙逸仙者，近今谈革命者之初祖，实行革命者之北辰。"② 1904年4月20日《警钟日报》也指出："有孙逸仙而中国始可为。"

1905年8月同盟会的成立是民主革命高潮到来的重要标志，同盟会以"驱除鞑虏，恢复中华，创立民国，平均地权"十六字誓词作为政纲，其机关报《民报》发刊词将这一政纲明确阐释为民族、民权、民生"三大主义"。同盟会的政纲将民族革命和政治革命相结合，表明不仅要推翻清朝政府，还要结束二千年来的君主专制政体。孙中山还提出了"国民革

---

① 孙中山：《建国方略》，《孙中山全集》第6卷，第235页。
② 黄中黄（章士钊）：《孙逸仙》，中国史学会主编《辛亥革命》（一），第90页。

命"的概念,"所谓国民革命者,一国之人皆有自由、平等、博爱之精神,即皆负革命之责任",以区别于中国历史上农民暴动的"英雄革命"。宣布:"凡为国民皆平等以有参政权,大总统由国民公举。议会以国民公举之议员构成之。制定中华民国宪法,人人共守,敢有帝制自为者,天下共击之!"① 这标志着孙中山领导的革命运动具有了比较完全意义上的民主革命的性质。

革命运动的迅速发展离不开革命思想的广泛宣传。1903 年发生的"拒俄运动"是中国新型知识分子由爱国走向革命的转折点,这一年出现了民主革命思想传播的高潮。据统计,1903 年至 1905 年同盟会成立前夕,革命党人创办或主持的报纸有 12 种,期刊有 20 种,影响大的革命书籍有 19 种。② 出现了三位最著名的革命宣传家及其代表作,即邹容及其《革命军》、陈天华及其《警世钟》和《猛回头》、章太炎及其《驳康有为论及革命书》;尤以《革命军》影响最大,发行逾百万册,居清末革命书刊销数第一位。《革命军》庄严宣布:"天清地白,霹雳一声,惊数千年睡狮而起舞,是在革命!是在独立!"明确提出效法美国建立"中华共和国",高呼"中华共和国四万万同胞的自由万岁!"《革命军》被誉为中国的人权宣言。

以孙中山为首的革命党人一直将武装斗争作为革命运动的主要手段。同盟会成立之后至武昌起义前夕,革命党人先后发动了十多次著名的武装起义,即 1906 年的萍浏醴起义,1907 年广东潮州黄冈起义、惠州七女湖起义、钦州防城起义、广西镇南关起义、光复会浙皖起义,1908 年钦廉上思起义、云南河口起义、安庆马炮营起义,1910 年广州新军起义和 1911 年黄花岗起义。这些起义固然反映了革命党人具有脱离民众的单纯军事观点和冒险主义的倾向,这是起义失败的重要原因之一,也是后人总结的历史经验教训。但革命党人为了救国救民,不顾自身力量的弱小,义无反顾地投入反清起义,希望以自己的鲜血唤醒民众继续抗争,这又是革命最终能够取得胜利的重要原因之一。革命志士所表现出来的革命气节和献身精神足以"惊天地,泣鬼神"而垂千古。黄花岗烈士方声洞在起义前

---

① 孙中山:《军政府宣言》,《孙中山全集》第 1 卷,第 296~297 页。
② 参见李新主编《中华民国史》第 1 编上册,中华书局 1981 年版,第 192~194 页。下引该书同此版本,不再另注。

夕给父亲的绝笔书中写道："夫男儿在世，不能建功立业以强祖国，使同胞享幸福；奋斗而死，亦大乐也。且为祖国死，亦义所应尔也。"林觉民奔赴前线时，给爱妻陈意映留下绝笔书说："吾充吾爱汝之心，助天下人爱其所爱，所以敢先汝而死，不顾汝也。汝体吾此心，于悲啼之余，亦以天下人为念，当亦乐牺牲吾身与汝身之福利，为天下人谋永福也。"① 喻培伦就义前慷慨高呼："学说是杀不了的，革命尤其杀不了！"② 革命志士为祖国的独立和民主、为人民的自由和幸福、为主义的彰显和实现而英勇献身的精神成为了推动反清革命继续进行的巨大动力！正如孙中山评价黄花岗起义的重大意义所指出："是役也，碧血横飞，浩气四塞，草木为之含悲，风云因而变色。全国久蛰之人心，乃大兴奋；怨愤所积，如怒涛排壑，不可遏抑。不半载而武昌之大革命以成，则斯役之价值，直可惊天地，泣鬼神，与武昌革命之役并寿。"③

辛亥革命之所以在武昌爆发，除了湖北地区成为当时中国社会矛盾的聚集点的这一重要客观因素外，更是与革命党人在新军和学生中长期坚持革命的宣传和组织工作分不开的。湖北革命党人的活动有两个突出特点：一是着重在学界和军界发展革命力量而不轻易发难；二是革命团体屡受摧残而不垮，革命活动屡遭镇压而不息。从1904年成立第一个革命团体科学补习所，到1906年成立日知会，再到起义前夕的文学社和共进会，武汉地区先后出现约30个革命团体。而自孙中山于1906年4月派同盟会湖北分会会长余诚回湖北发展同盟会员之后，武汉革命党人在组织上便与同盟会发生了联系，在政治上接受了孙中山的领导。④ 正是由于长期深入的革命宣传和组织工作，当起义的主要领导人因官方的搜捕或牺牲或出走的危急关头，工程第八营的革命士兵仍然按原订计划打响了武昌起义的第一枪。

武昌起义爆发时，孙中山远在欧美从事筹款和外交活动。表面上看来，孙中山在国外的活动，似乎与武昌起义的发生并无直接关联，但应该承认孙中山敏锐地意识到了革命取得成功的重要条件并为之竭力争取；后

---

① 方声洞：《赴义前别父书》；林觉民：《与妻书》，萧平编《辛亥革命烈士诗文选》，中华书局1962年版，第167～168、171页。
② 吴玉章：《辛亥革命》，人民出版社1961年版，第115页。
③ 孙中山：《〈黄花岗烈士事略〉序》，《孙中山全集》第6卷，第50页。
④ 参见章开沅、林增平主编《辛亥革命史》下册，人民出版社1981年版，第13页。

来的事实证明，南京临时政府在财政上陷入困境，在外交上得不到各国承认，正是新生共和国致命的"软肋"。孙中山对武昌起义迅速引起各省独立响应的复杂局面亦有清醒的认识，他在纽约对同志说："这回革命一起，不旬日已有十三省次第响应独立。独立如斯，太过迅速、容易，未曾见有若何牺牲及流血，更不知前仆后继之人及共和之价值，而满清遗留下之恶劣军阀、贪污官僚及土豪地痞等之势力依然潜伏，今日不能将此等余毒铲除，正所谓养痈贻患，将来遗害民国之种种祸患未有穷期，所以正为此忧虑者也。"① 孙中山的这些忧虑也为辛亥革命后的历史进程所证实。这表明，在胜利刚刚来临之际，孙中山就对中国的现状和前景都作了冷静而深刻的思考，表明他不仅是一位关注现实、力求实际的革命家，也是一位思想前瞻、富有远见的政治家。

在中华民国正式成立前夕，国内外舆论视孙中山为新生共和国的元首。武昌起义后第四天（10月14日）《纽约时报》刊载芝加哥13日来电称："孙博士是大清国革命党的领袖，并且，如果武昌起义取得成功，他即将成为这个国家的总统。"② 1911年10月31日，新成立的湖北军政府为了稳定局势、安抚人心，在其机关报《中华民国公报》上，以孙中山的名义发布了《中华民国军政府大总统孙》布告。③ 虽然因欧美列强为维护其在华权益而属意袁世凯，使孙中山的筹款和外交努力成效有限，但革命党人仍对孙中山欧美之行给予了高度评价。1911年12月20日《民立报》发表马君武所撰社论《记孙文之最近运动及其人之价值》，指出："国人日望孙文之归"，"外人之敬重孙君，非为具为革命党首领之故也，以为有孙君之热忱、忍耐、博学、远谋、至诚、勇敢及爱国心，而复可以为革命党首领。孙君今日之受欧美人崇拜，以视意大利之加利波的（按：今译加里波第，19世纪意大利民族解放运动领袖）、匈牙利之噶苏特（按：今译科苏特，19世纪匈牙利民族解放运动领袖），有过之无不及"。孙中山一回国即被选举为中华民国临时大总统，这不仅反映了南方独立各省代表的共同意愿，也是历史对孙中山领导的革命运动的充分肯定。

---

① 李朝晋口述、李滋汉笔记：《孙中山三赴纽约》，《近代史资料》总第64号，第12页。
② 郑曦原编：《帝国的回忆：〈纽约时报〉晚清观察记》，第397页。
③ 参见陈旭麓、郝盛潮主编，王耿雄等编《孙中山集外集》，上海人民出版社1990年版，第541～543页。

二、立宪运动：辛亥革命的助推手

长期以来，学术界十分强调辛亥革命时期革命派与立宪派的政治分野和对立，当年的革命派和立宪派也同样如此表述。1903年12月，孙中山在《檀山新报》上发表《敬告同乡书》就宣布"革命与保皇，理不兼容，势不两立"，"决分两途，如黑白之不能混淆，如东西之不能易位"。① 梁启超也曾声称："今者我党与政府死战犹是第二义，与革党死战，乃是第一义。有彼则无我，有我则无彼。"② 同盟会成立后，双方以《民报》和《新民丛报》为主要舆论阵地所进行的大论战，更使这种政治对立达到了白热化的程度。《民报》第三号以"号外"的形式发布了《〈民报〉与〈新民丛报〉辩驳之论纲》，列举出双方有重大原则分歧的12个问题，旗帜鲜明地指出，《民报》是站在国民的立场，以政府恶劣，主张国民革命以实现共和立宪；《新民丛报》是站在政府的立场，以国民恶劣，主张政府实行开明专制。论战涉及的问题虽然广泛，但双方都一致承认"中国存亡诚一大问题"③。所以论战归根结底的问题，是选择暴力革命还是渐进改革的途径来救亡图存，以实现国家的独立、民主和富强。

平心而论，革命派和立宪派的论战，虽然是关于中国前途的两条道路之争，并在要不要用暴力革命推翻清政府这个重大问题上存在着根本分歧。但是，不论是采取渐进的改革还是采取激进的革命，其最终达到的目标，都是要仿效欧美或日本在中国建立近代民主政体和资本主义社会。由此，在建立民主政治、发展民族经济、抵御外来侵略等方面，双方虽有异见亦有共识；或许可以说，在当时的历史条件下，都是对祖国前途命运的一种深切关注，都是对如何实现国家强盛、民族振兴的一种真诚探索，也都是对中国现代化道路的一种选择。武昌起义的爆发，证明了选择革命道路的必然性和正确性，但在起义爆发之前，这场论战却为人们提供了选择救国道路的思维空间，尤其为选择革命道路作了有力的铺垫。而不同的政治派别的思想论战之所以能够发生，不同的政治理念之所以能够交锋，恰恰又是思想启蒙和社会进步的一个重要标志。正是通过这场论战，不仅民

---

① 《孙中山全集》第1卷，第231～232页。
② 丁文江、赵丰田编：《梁启超年谱长编》，第373页。
③ 民报：《〈民报〉与〈新民丛报〉辩驳之纲领》，原载《民报》第3号"号外"，见中国史学会主编《辛亥革命》（二），第272～273页。

主革命思想得到了一次空前的大普及，而且对于如何实现中国的独立、民主和富强也有了更多的理性思考。

其实，立宪派与革命派并非一开始即处于对立地位。1899年梁启超在日本东京创办高等大同学校，"教材多采用英法名儒之自由、平等、天赋人权诸学说，诸生由是高谈革命"①。并一度与孙中山过从甚密，"咸主张革命排满论调，非常激烈"，谋求与兴中会合作，计划共同组织革命团体。② 1900年康有为、唐才常等人策划的自立军起义也是改良派以武力开辟政治改革的一次尝试。1902年具有强烈反满倾向的梁启超写下了《拟讨专制政体檄文》，宣称："专制政体之在今日，有百害于我而无一利！"③并发表《释革》一文，鼓吹革命为"天演界中不可逃避之公理"，"今日救中国独一无二之法门"。④ 大力提倡"破坏主义"，呼吁"必取数千年横暴混浊之政体，破碎而齑粉之"。⑤ 梁启超作为20世纪初年"言论界之骄子"所进行的启蒙宣传，在《新民说》长文中提出了落后国家现代化进程中"新民"即"人的现代化"的命题更是影响深远。当年深受梁启超思想影响的郭沫若在《我的童年》中曾称梁氏"不失为一个革命家的代表"，当时的青少年"可以说没有一个没有受过他的思想和文字的洗礼"。⑥ 梁启超的民主观念和革命主张实际上成为了20世纪初年不少仁人志士倾心民主、走向革命的思想资源，邹容的《革命军》便借鉴和汲取了梁启超的这些思想。反对暴力革命的严复亦指出梁启超的文字宣传在鼓动革命上"不得不谓其大有效力耳"。他说："往者杭州蒋观云尝谓：梁任公笔下大有魔力，而实有左右社会之能，故言破坏，则人人以破坏为天经；倡暗杀，则党党以暗杀为地义。溯自甲午东事败衄之后，梁所主任之《时务报》，戊戌政变后之《清议报》《新民丛报》及最后之《国风报》，何一非与清政府为难者乎？指为穷凶极恶，不可一日复容存立。于是头脑单简之少年，醉心民约之洋学生，至于自命时髦之旧官僚，乃群起而为汤

---

① 冯自由：《革命逸史》初集，第72页。
② 冯自由：《革命逸史》初集，第64页。
③ 李华兴、吴嘉勋编：《梁启超选集》，第380页。
④ 梁启超：《释革》，《饮冰室合集·文集之九》，第41、42页。
⑤ 梁启超：《新民说·论进步》，《饮冰室合集·专集之四》，第64页。
⑥ 郭沫若：《我的童年》，《沫若文集》第6卷，人民文学出版社1958年版，第112页。

武顺天应人事。"①

立宪派的主观愿望固然是希望清政府通过实行君主立宪来避免和阻止革命的发生，但立宪运动的客观效果却助长了革命的声势；可以说立宪运动成为瓦解清政府统治基础的另一条战线，或者说成为了革命运动的助推手。1910年立宪派连续发动了四次国会请愿运动，所动员的各阶层人士十分广泛而影响深远。参与国会请愿的社会群体，涉及绅商学警报军各界人士以及八旗士民和海外华侨，参与人数之众多，请愿声势之浩大，皆前所未有。仅据直隶留下的不完整的请愿签名册统计，即包括该省72州县绅民25051人。至10月中旬，仅奉天一省即有20多个城市举行了集会，请愿签名者多达30余万人。② 国会请愿同志会机关报《国民公报》自1909年创刊后，"利用排满革命之暗潮，痛诋清政而鼓吹立宪"，形成"足以揭破清廷之昏暴，引导民众革命之激潮"。③ 革命党人创办的《神州日报》《民呼日报》《民立报》则连续发表社论，对国会请愿运动"为民请命"的行动给予声援和支持。④ 与立宪派发动国会请愿运动相呼应，由云贵总督李经羲主笔拟稿，会同东三省总督锡良等十八省督抚、将军、都统联衔电奏朝廷，吁请："立即组织内阁，特颁明诏，定明年开设国会。"⑤ 也壮大了立宪运动的声势。而清政府对立宪运动的横加压制，终于导致原来倾向于改良的人们相继转向了革命。据《铁庵笔记》记载，国会请愿者"相率痛哭流涕，斫腕沥血，上书请愿早开国会，以定邦基"；清政府则"漫然拒绝，甚至饬步军衙门驱逐请愿诸代表，遂使天下志士灰心疾首，一瞑不顾，势迫形驱，相率入于革命"。⑥

辛亥四川保路运动也是由立宪运动转向革命运动的典型事件。1911年5月，清政府以"铁路国有"为名将商办川汉、粤汉铁路修筑权转让给四国银行团。在立宪派的领导下，掀起了波及全川的保路运动。立宪派无情揭露了清政府破坏宪政的行径，指责清政府"借款收路"，"为宪政前

---

① 严复：《与熊纯如书·三十八》，王栻主编《严复集》第3册，第645页。
② 参见侯宜杰《二十世纪初中国政治改革风潮——清末立宪运动史》，第284、311页。
③ 丁文江、赵丰田编：《梁启超年谱长编》，第513页。
④ 参见侯宜杰《二十世纪初中国政治改革风潮——清末立宪运动史》，第469～470页。
⑤ 《各省督抚合词请设内阁国会奏稿》，载《国风报》第1年，第26期，"文牍"，第32页，宣统二年九月二十一日。
⑥ 转引自侯宜杰《二十世纪初中国政治改革风潮——清末立宪运动史》，第475页。

途的根本上之破坏"。① 号召民众奋起"抗官"以争取"立宪国民的自由权"②，为鼓动广大民众起来推翻清王朝制造了舆论。同盟会员则因势利导，"组织民军，共同革命"③。以9月7日川督赵尔丰枪杀请愿民众、制造了"成都血案"为转折点，立宪派领导的保路运动发展成为同盟会领导的武装起义，最终成为了武昌起义的导火线。

三、清末新政：辛亥革命的催化剂

1901年清政府开始推行的新政，可以说是戊戌变法的继续和扩大，维新运动虽然被慈禧太后所镇压，但镇压者依旧成了被镇压者遗嘱的执行者，于是有了清末十年所推行的新政，其改革举措远比戊戌变法范围广泛而更有力度，可以说是中国历史上第一次大规模引进"西政"的尝试：在政治制度层面，从改革官制到仿行宪政；在司法制度层面，从革除一些酷刑到试图建立近代法律体系和司法制度；在经济制度层面，从奖励农工商业，到试图确立近代产权制度；在军事制度层面，从编练新式陆军，到确立近代军制；在文教制度层面，从设立学堂、改革科举，到停废科举，建立近代学制。就广义的革命而言，清末新政或许可以称得上是一次"革命"。研究新政的美国学者任达即直接称之为"新政革命"（The Xinzheng Revolution），并认为："晚清革命本身便足以使人惊叹不已。那已经发生的转变，无论在速度、范围和持久性方面，在到当时为止的近代世界史上都是无与伦比的。"④ 这样的评价可能过高，新政的不少"成就"或停留于章程条文，或局限于有始无终；1909年御史赵炳麟即指出："恐纸片上之政治与事实上政治全不相符，从纸片上观之，则百废具举，从事实上核之，则百举具废。"⑤ 可见新政的实际成效，还有待于更深入的研究。

新政的推行至少有两个值得注意的结果：一是新兴社会群体（绅商学

---

① 邓孝可：《答病氓》，《四川保路同志会报告》第21号。
② 《川汉铁路特别股东会停办捐输歌》，四川省档案馆编《四川保路运动档案选编》，四川人民出版社1981年版，第171～172页。
③ 曹叔实：《四川保路同志会与四川保路同志军之真相》，隗瀛涛、赵清主编《四川辛亥革命史料》上册，四川人民出版社1981年版，第380页。
④ （美）任达著：《新政革命与日本——中国，1898—1912》，李仲贤译，江苏人民出版社1998年版，第219页。
⑤ 赵炳麟：《请确定行政经费疏》，《赵柏岩集·谏院奏事录》卷6，第3页，民国十一年全州赵氏印。

军）的出现和队伍壮大，二是北洋集团的崛起和势力膨胀。

新政固然是自上而下的一场改革，但不能忽视新兴社会群体所作的种种努力；其昭示的前景，正是力图使社会的经济和文化活动摆脱政治的强行干预而获得自由发展的空间。新兴社会群体所争取的最主要权利，就是财产权和参政权。1903年清政府设立商部（1906年改为农工商部），陆续颁布了一系列商业法规和奖励实业章程。这些法规和章程的颁布对于促进工商业法人社团的兴起，维护商人的权利，提高商人的地位都起了积极作用。1907年预备立宪公会发起参与制定商法的活动，提出新兴商人要求财产权的强烈诉求，"我商人之在国内者，顾无一定之法律足以保其财产之安全，不可谓非吾国民之大耻矣"。呼吁"以本国之惯习，参各国之法典，成一中国商法"[1]，以保护商人的利益。1906年清政府宣布"仿行宪政"，为新兴社会群体争取参政权的活动提供了合法阵地；1909年各省咨议局成立和1910年资政院开议，都表明新兴社会群体的参政权有了一定程度的实现。

张之洞在湖北大力兴办军工民用企业、推广学堂和编练新军，更是直接在物质、人才和精神上为武昌起义创造了条件。被张之洞派往日本留学的张继煦，称之为"种豆得瓜"的结果："辛亥革命曷为成功于武昌乎？论者以武昌地处上游，控扼九省，地据形胜，故一举而全国响应。斯固然矣。抑知武汉所以成为重镇，实公二十年缔造之力也。其时工厂林立，江汉殷赈，一隅之地，足以耸动中外之视听。有官钱局、铸币厂，控制全省之金融，则起事不虞军用之缺乏。有枪炮厂可供战事之源源供给。成立新军，多富于知识思想，能了解革命之旨趣。而领导革命者，又多素所培植之学生也。精神上，物质上，皆比较彼时他省为优。以是之故，能成大功。虽为公所不及料，而事机凑泊，种豆得瓜。"[2]

新政的推行也造成了以袁世凯为首的北洋集团的崛起和势力膨胀，也可以说北洋集团是新政的最大受益者；新政最重要的举措是练兵筹饷，至1911年，编成的新军共14镇，18个混成协，总兵力为15万～16万人，而拥有最精良装备的北洋六镇即有7万余人，这成为袁世凯日后攫取革命

---

[1] 天津市档案馆等编：《天津商会档案汇编（1903—1911）》上册，天津人民出版社1989年版，第284页。

[2] 张继煦：《张文襄公治鄂记》，湖北通志馆校刊委员会1947年版，第7页。

果实的最大政治资本。

新政的推行还带来了社会利益的分化和社会矛盾的积聚,造成了严重的经济和社会危机。举办新政需要大量的经费支持,这对于背负着巨额赔款和外债的清政府来说,实在是捉襟见肘,难以为继。1910年清政府试编下一年财政预算,支出达33865万两,收入仅29696万两,赤字4169万两,加上地方赤字共7939万两。① 于是,滥铸铜元、苛征捐税便成为清政府解决财政危机的主要手段。从1904年至1908年,全国所铸铜元已达120亿枚以上,至1910年,国内流通的铜元多达140亿枚,造成严重的通货膨胀,1904年每一银元换铜元88枚,而1909年末则换180枚,"盖视四年前之价不及其半,几于与所含铜价相接近。政府虽欲更藉以牟利,而亦有所不能矣"。② 沉重的捐税导致民生的凋敝,"近年度支所入,岁逾一万万两,练兵之经费,新政之诛求,铜元之损失,何一非取给于民,八口之家,不聊其生者,比比皆是"③。连慈禧太后的懿旨也不得不承认:"近年以来,民力已极凋敝,加以各省摊派赔款,益复不支,剜肉补疮,生计日蹙。深宫惓怀民瘼,常切疚心。闻各省督抚,因举办地方要政,又复多方筹款,几同竭泽而渔,其中官吏之抑勒,差役之骚扰,劣绅讼棍之播弄,皆在所不免。吾民有限之脂膏,岂能堪此剥削?"④

清朝官吏的贪污腐败也十分惊人,洞悉官场内幕的辜鸿铭当时即指出:"今日中国之所谓理财,非理财也,乃争财也","盖今日中国,大半官而劣则商,商而劣则官,此天下之民所以几成饿殍也"。⑤ 结果清末十年间各地民怨沸腾而民变频繁。据不完全统计,城乡民变1905年为103次,1906年为199次,1907年为188次,1908年为112次,1909年149次,1910年266次;⑥ 其中以莱阳抗捐民变和长沙抢米风潮规模最大。是年8月5日出版的《国风报》第18期所刊《论莱阳民变事》评论说:"我国今日之新政,固速乱之导火线也。十年以来,我国朝野上下莫不奋

---

① 参见金冲及、胡绳武《辛亥革命史稿》第2卷,上海人民出版社1985年版,第410页。
② 沧江:《各省滥铸铜元小史》,载《国风报》第1年第5期,"调查",第6页,宣统二年二月二十一日。
③ 赵炳麟:《请确定行政经费疏》,《赵柏岩集·谏院奏事录》卷6,第4页。
④ 朱寿朋:《光绪朝东华录》第5册,总5251页。
⑤ 辜鸿铭:《张文襄公幕府纪闻·官官商商》,黄兴涛编《辜鸿铭文集》(上册),第431页。
⑥ 参见李新主编《中华民国史》第一编下册,第1页。

袂攘臂,嚣然举行新政。兴学堂也,办实业也,治警察也,行征兵也,兼营并举,日不暇给。然而多举一新政,即多增一乱端……夫我国今日所谋之新政,固行之东西文明诸国,致治安而着大效也;然移用于我国,则反以速亡而召乱。"新政的推行不但没有缓解清政府的统治危机,反而成为了革命的催化剂。

当立宪派一再请愿要求速开国会、督抚纷纷奏请成立责任内阁之际,清政府却对立宪派的请愿活动横加压制,又欲以中央集权的名义削夺督抚之权。1911年5月"皇族内阁"的出笼,彻底暴露了清政府假立宪真专制的本来面目,将原来拥戴清政府的立宪派和汉族官僚都推向了自己的对立面。武昌起义能够及时得到各省响应,清王朝的统治能够迅速分崩离析,与立宪派和汉族官僚纷纷转向革命不无关系。一方面,因军制和教育改革所产生的具有革命意识的新军和学生,因社会矛盾激化而积聚的会党和民众,因自身利益受损而对清政府极度失望的官绅商民,实际上都成为了清王朝的掘墓人;另一方面,因推行新政而权势膨胀的袁世凯及其北洋集团则又成为独裁政治的继承人。辛亥革命的发生和结局似乎都表明:这场革命正是革命、立宪和新政的"合力"所孕育和造成。

四、结语

美国学者亨廷顿在比较研究发展中国家现代化道路时得出这样的结论:"现代性(modernity)带来稳定,现代化(modernize)引起动乱。"①从传统社会到现代社会的转型时期也是一个克服社会动荡和防止政治衰朽的历史阶段,清王朝不能克服社会动荡和防止政治衰朽,革命的发生便成为了必然。而革命的发生从来不是单一因素促成的,革命的进程和结局同样受到多种因素的制约和影响。如果仅仅以革命党人的活动为主线来研究辛亥革命史,必然妨碍我们从更广阔的视野和更深层的因素来揭示这场革命发生的原因、进程、结局和影响,以及总结这场革命的历史特点和经验教训。

正因如此,辛亥革命史在继续深入研究革命运动的同时,应该进一步加强立宪运动和清末新政的研究,尤其应该深入探讨三者的相互关系和社

---

① (美)塞缪尔·P. 亨廷顿著:《变化社会中的政治秩序》,王冠华、刘为等译,生活·读书·新知三联书店1989年版,第44页。

会影响。过多地强调立宪运动、清末新政的"改良"性质和责难革命的"破坏"作用，都不利于辛亥革命史研究的深入。辛亥革命既然已经发生，历史便不可能假设。研究者不宜仅仅申述自己的"后见之明"，而是需要深入探讨这场革命发生的各种政治、经济和社会条件，特殊的、深层的各种因素以及对中国近代历史发展所产生的客观效果和深远影响，以有利于更好地吸取历史的经验教训，为今日探索符合中国国情的现代化道路、实现中华民族的伟大复兴提供更有价值的历史借鉴。